本书为山西省哲学社会科学规划课题"马克思主义基本原理与中国传统文化相结合研究"（2021YY173）最终成果。

本书受山西中医药大学博士科研启动基金"文化自信视域下中华优秀传统文化传承弘扬研究"（2023BK48）资助。

中华优秀传统文化的当代认识与传承初探

陈淑娟　著

中国社会科学出版社

图书在版编目（CIP）数据

中华优秀传统文化的当代认识与传承初探 / 陈淑娟
著. -- 北京 : 中国社会科学出版社，2024. 12. -- ISBN
978-7-5227-4115-4

Ⅰ. K203

中国国家版本馆 CIP 数据核字第 202436GY99 号

出 版 人	赵剑英	
责任编辑	耿晓明　胡安然	
责任校对	张爱华	
责任印制	李寡寡	

出　　版	中国社会科学出版社	
社　　址	北京鼓楼西大街甲 158 号	
邮　　编	100720	
网　　址	http://www.csspw.cn	
发 行 部	010-84083685	
门 市 部	010-84029450	
经　　销	新华书店及其他书店	

印　　刷	北京明恒达印务有限公司	
装　　订	廊坊市广阳区广增装订厂	
版　　次	2024 年 12 月第 1 版	
印　　次	2024 年 12 月第 1 次印刷	

开　　本	710×1000　1/16	
印　　张	14.5	
插　　页	2	
字　　数	232 千字	
定　　价	78.00 元	

目　　录

第一章　绪言

第一节　文化与文化自信

毋庸置疑，文化问题是个重大的理论与实践问题。要深入探讨中华优秀传统文化的传承问题，首先要科学认识文化的本质与功能。

一　文化的定义

"文化"是现代人使用频率最高的词汇之一。日常生活里，有酒文化、茶文化、饮食文化等；在理论领域，有政治文化、法律文化等；各民族有自己的民族文化，如汉文化等；还有各种地域文化，如川文化、湘文化等。各种文化像空气一样弥漫在我们的生活中，潜移默化地影响和塑造着我们的思想与行为。但究竟什么是文化，却歧见毕呈，众说纷纭。这是由文化自身的特性所决定的。文化无处不在，具有广泛的渗透性。所处领域不同，认知角度不同，对文化定义的界定也就很难取得一致。

总体而言，根据文化概念内涵和外延的差异，学者们大体上从两个层面理解文化，即广义文化和狭义文化。

广义文化又被称为大文化，认为文化就是人化，即人类所创造的一切都是文化。梁启超就认为："文化者，人类心能所开释出来之有价值的共业也。"① 这里的"共业"包含众多领域，物质领域（如生产工具、耕种技术、交通工具等）、精神领域（如哲学、科学、艺术、宗教

---

① 梁启超：《什么是文化》，《学灯》1922 年第 12 期。

等)、制度领域（如法律、规章制度等）、社会领域（如风俗习惯、礼仪等）。《辞海》中将文化定义为："人民群众在社会历史实践过程中所创造的物质财富和精神财富的总和。"①《现代汉语词典》《中国文化辞典》对文化的定义也与《辞海》一致。由此可见，广义的文化着眼于人与自然界的本质区别，突出人对自然的改造及其结果。广义文化的优点在于其指出了文化是人创造的，有利于从整体上认识人类。陈先达认为："这个定义最大的缺点是没有区分文化与社会，也没有区分文化与文明。"②

狭义文化又被称为小文化，认为文化是观念形态的精神文化，是人类的精神创造活动及其结果。1871 年，英国著名文化人类学家泰勒出版《原始文化》一书。在书中，泰勒提出了关于"文化"的经典定义："文化或文明是一个复杂的整体，它包括知识、信仰、艺术、道德、法律、风俗以及作为社会成员的人所具有的其他一切能力和习惯。"③

在汉语言系统中，"文化"的本义为"以文教化"，强调对人思想上的统治、影响和改造，也属于小文化的范畴。陈独秀也认为文化就是指文学、艺术之类的事情。文化是社会政治、经济的反映，同时又反作用于政治、经济。这里的文化，亦属于小文化。

广义文化与狭义文化不是彼此割裂的。狭义文化从属于广义文化，与其有着不可分割的联系。物质资料生产方式对人类精神生产有着基础性和决定性的作用。按照历史唯物主义的观点，随着物质生产的进步，人类的文化生产也是进步的。物质生产和文化生产具有不同步性，但文化发展终归是以物质生产为轴心而起伏波动的。任何时代的文化，都是对当时的经济关系、政治关系、社会关系的反映。

广义文化和狭义文化，内涵和外延差异甚大，有各自不同的作用，适用于不同学科和研究课题。广义文化把人类社会历史生活的全部内容都纳入文化的定义域中，因此，一般来说，人类学、考古学等学科的学者多持大文化观。如仰韶文化，包括当时整个社会生产、制度、建筑、

① 《辞海》，上海人民出版社 1977 年版，第 1628 页。
② 陈先达：《文化自信中的传统与当代》，北京师范大学出版社 2017 年版，第 32 页。
③ ［英］爱德华·泰勒：《原始文化》，蔡江浓编译，浙江人民出版社 1988 年版，第 1 页。

艺术等所有方面的状况。狭义文化从观念、精神层次上界定文化，对于政治学、社会学等学科的研究是非常必要的，因为它可以区分整个社会结构。狭义文化对于文化建设来讲，更具指导意义。要构筑中国精神，凝聚全体人民的精神力量，巩固全体人民团结奋斗共同的思想基础，就是要发挥狭义文化的作用。

二 文化自信的内涵及当代价值

文化立世，文化兴邦。文化传承历史，牵系未来。文化是一只看不见的手，却力量巨大。文化所能达到的高度，一定意义上代表着一个国家和民族的能量与分量。文化的力量贵在自信，文化自信是价值判断和实践选择。当代中国正处在重建文化自信和实现民族复兴的伟大时代。坚韧不拔、百折不挠的文化自信是成就民族复兴的必备条件。

文化自信是指国家、民族、政党等文化主体对自身文化的自觉认同、肯定、坚守与积极践行，对自身文化发展前景及生命力的坚定信念，是在处理与外部文化关系时表现出来的文化气概与气度。文化自信是社会发展的重要力量，是一个民族能够走在时代前列的必备条件。1978 年以来，中国保持了长期持续稳定发展，国家实力显著提升，人民生活水平明显提高，中国人的民族自信心和民族自豪感不断增强。

思想是时代和实践的产物。党的十八大以来，在建设社会主义文化强国进程中，中国共产党的文化理念不断升华，高度关注文化自信问题。习近平总书记在多次活动与讲话中谈到文化自信，全面系统地阐述了文化自信的内涵、意义及建设路径，凝聚起强大的精神力量，中华优秀传统文化也焕发出新的生机活力。

文化自信成为新时代引人注目的理论命题。其中的主旨在于文化自信自强是新时代中国特色社会主义的现实需要，是国家强大的重要表现，文化自信是中华民族寻求民族复兴之路的文化史的历史启示。当代中国，文化自信既是一种文化自觉与自豪，又是实现民族复兴的强大精神动力。一个民族，只有具有高度的文化自信，才能立得住、站得稳、行得远。从现实层面来看，在西方话语体系主导之下，中国人依然存在着对自己的文化不够自信的情况，同时，中国的国际话语权也有待提升。文化自信的提出，正是对这种状况的一种关注和回应。因此，理解和认识文化自信不仅具有理论意义，而且具有现实意义。

（一）文化自信的内涵

自信既是人们日常生活中的常用词汇，也是一个心理学概念。作为心理学概念，是指个体在长期社会实践中逐步形成的对自身能力和力量的积极肯定，是一种稳定的性格特征和精神状态。自信是个体积极迎接新挑战的态度，是从容面对陌生事物的稳定心态。自信是合理的自我肯定，不是自大和自卑。个体稳固的自信心是在长期生活体验基础上逐渐形成的。自信是一种稳定的性格特征，自信的人不会因为外界的影响轻易改变自己的做法和立场。

文化自信是文化主体对自身文化理想、文化价值的高度认可和积极践行，是对自身文化活力与前景确信和肯定的稳定心理状态。也就是说，文化自信是文化主体在对自身文化高度认同和情感归属的基础上，充分相信自身文化的发展前途，坚定执着地推进自身文化的发展创新。文化自信的本质其实就是文化主体在自我与他者的对话中寻求到了精神平等，是文化主体既积极奋进又不卑不亢的积极精神状态，是一种建立在文化知己知彼基础上的精神成熟。全球化背景下，文化自信既是文化坚守，也是处理中外关系时呈现出来的文化气概和文化气派。一个民族，只有具有高度的文化自信，实现了精神上的独立自主，才能在历史发展中拥有坚守传统的从容和转向现代的勇气，才能在文明交流碰撞中自觉清醒地保持自我。

对一个民族而言，文化自信是其在文化自觉的基础上理性看待自身文化的成熟表现和气度。文化的兴衰与民族的命运息息相关。文化自信绝不是一个简单的口号。当代中国，文化自信是文化自觉与自豪，是国家强大的表现。文化自信不是文化自卑，更不是文化自大。一方面，文化自信表现为坚守中华文明立场，实现精神独立自主，摆脱他人控制和影响，积极传播和践行自身文化，积极把自身文化中的精华推介到其他文化中去；另一方面，积极学习吸纳其他文化中的先进成分也是文化自信的表达。文化自信绝不是文化上的闭关锁国，不会因为担心文化交流时会被对方"吞噬"而拒绝交流。排斥文化交流与对话是文化怯懦的表现。"和而不同"思想对中国历史文化的发展有着重大影响，不同民族在几千年的历史进程中，和而不同，相互融合，才有了中华文化的雍容气度。中华文明的连续性与中华文明的包容性密切相关。要相信中华文化"有容乃大"的包容力，能够吸收外来文化中的有益成分。

新时代中国特色社会主义文化是一个有机整体，主要包括中华优秀传统文化、革命文化和社会主义先进文化三个层面的内容。新时代文化自信是对中国特色社会主义文化的整体自信。一个民族，其文化既继承传统又推陈出新，才能生机勃勃。优秀传统文化是中华民族的"根"和"魂"，是中华儿女的精神家园，是我们坚定文化自信的历史根基；革命文化承载着中国共产党人和中国人民为实现民族独立而顽强不屈、浴血奋战的共同记忆和坚定的理想信念，是文化自信的精神支柱；社会主义先进文化反映着当代中国的伟大实践和时代特色，为文化自信铸就现实机理。这三者是中华文化在不同历史阶段的不同文化样态，是一个不可分割的有机整体，是坚定文化自信的三个维度。新时代的文化自信，既是对我国博大精深、灿烂辉煌的传统文化的敬意，是对中华民族悠久历史的敬意，也是对我们祖先的敬意；对革命文化的自信，是对中国人民艰苦卓绝、浴血奋战的革命史和奋斗史的礼敬，是对前赴后继的革命先烈及其革命精神的崇敬，是对红色基因的传承和彰显；对社会主义文化的自信，是对社会主义建设伟大事业及其成就的敬意，是对社会主义建设和改革开放事业中的无数先进人物的敬意。任何民族的文化都是传统和现代的有机结合体。坚定文化自信，建设文化强国，要有整体思维，正确认识与处理三者之间的辩证关系，不能以任何一种文化代替和否定另外两种文化。如此，才能不断铸就中华文化新辉煌。

（二）文化自信的当代价值

文化是民族的血脉，是人民的精神家园。中华民族要实现伟大复兴、国家要走在时代前列、党要保持持久活力，必须依靠和提升文化软实力。文化自信问题，成为当代中国具有重要理论价值和实践意义的重大课题，是历史、现实、时代多重因素综合促成的。

1. 文化自信是实现中华民族伟大复兴的精神动力

人无精神不立，国无精神不强。一个民族只有精神达到一定高度，才能真正矗立于世界民族之林，中华文化大发展大繁荣是中华民族伟大复兴的内在诉求。对今天的中国而言，文化自信是具有时代性的命题。文化自信命题的提出，体现了中国人的文化自觉与自豪。

19 世纪中叶以前，由于长期处于东亚文化圈的核心，中国人很自然地拥有一种文化上的优势意识和主体意识。19 世纪中叶，西方列强以坚船利炮打开了中国的大门，中国屡遭重创。西方的坚船利炮不仅在军事上打败了中国，更是一层层击垮了当时中国人的文化心理优势和文化主体意识，改变了很多中国人的文化心态。巨大而深刻的民族危机使中国人不得不面对和审视中西之间的历史差距。在这个过程中，全盘西化的思想开始蔓延，民族自信、文化自信成为中国的重大问题。也就是说，中国是在近代面临内忧外患、生死存亡时才出现真正意义上的文化危机。民族是文化的主体，文化是民族的灵魂。民族文化的命运和民族的命运是密不可分的。国家不亡，民族不分裂，文化才有所归依。近代中华民族命运的困厄，影响了中国人的民族自信心，这成为笼罩在中国人文化心理上一块不小的阴霾。

伴随着中国现代化进程的推进，中国人在改变自己现实命运的同时，也在不断改变着自己的文化心态。然而，调适经过漫长历史浸染积淀而形成的文化心理，是一项长期且复杂的工作。因此，增强文化自信是一个大课题。只有增强文化自信，我们才能写好民族复兴的伟大篇章。

文化自信，体现着中华民族的文化主体性，是中国能够在国际竞争中站稳脚跟的坚固支撑，是中华民族能够对人类文明做出新贡献的底气。文化自信建设，是事关文化安全和民族精神独立性的大问题。文化自觉是文化自信的前提。文化自觉是对自身文化的理性审视、反思和评价，是对民族文化与其他文化关系的理性把握，是对文化发展目标和道路的清晰认识。中华民族正是在文化自觉的基础上逐步形成了强烈的文化体性，有了文化意义上更加坚定的自我。文运同国运相连，文脉同国脉相连。坚定文化自信的目的是要实现文化自强。强大的文化自信是我们战胜民族复兴道路上重重困难的心理支撑和精神力量。文化强大是社会主义现代化强国的重要组成部分，而文化强大是建立在文化自信基础上的，强大的文化自觉自信自强，赋予人民强大的精神力量，必将成为实现中华民族伟大复兴的精神支柱。

2. 文化自信是增强国家文化软实力的源泉与动力

软实力这个概念，是美国哈佛大学肯尼迪政府学院教授约瑟夫·奈提出来的。究竟什么是软实力，约瑟夫·奈给出的定义是："它是一种依靠吸引力，而非通过威逼或利诱的手段来达到目标的能力。这种吸引力源于一个国家的文化、政治理念和政策。"① 约瑟夫·奈认为一个国家的国力由硬实力和软实力两种力量组成。硬实力主要指一个国家的资源、经济、军事、科技等方面的实力。硬实力的力量是有限的，软实力则是具有无限张力的力量。约瑟夫·奈认为："如果一个国家的文化和意识形态具有吸引力，其它国家自然愿意效仿。"② 可见，在约瑟夫·奈那里，"软实力"是指运用非物质性力量、非强制性手段控制他国的能力，是对他国以吸引、同化为目的的影响力，是一种"同化式的实力"。"软实力"概念的提出的确是一个学术贡献，但其西方立场是不可忽视的。

中国的"文化软实力"理论是立足于增强自身综合国力、推动社会进步和国家间正常交流和友好往来的。也就是说，中国提升文化软实力不仅是为了树立良好的国际形象以增强外部吸引力，更是为了增强内部凝聚力和向心力，促进国家统一、民族团结和国民精神自信，提高全社会文明程度，为民族复兴营造良好的内外舆论环境。

对任何一个国家而言，硬实力是国家强大的基石和底气，是软实力的基础。"文化作为软实力作用的真正发挥，并不完全在于文化价值本身，而往往取决于一个国家和民族在世界的经济地位和政治地位。"③ 在贫穷落后的旧中国，中国传统文化在西方的影响非常有限。今天，儒学声名大振，从根本上说，是中国的崛起在文化上的反映和体现。

软实力是一个国家的精神脊梁，是国家强大的精神支柱。软实力为硬实力的发展提供思想支撑和价值指引，并为其发展开辟空间。一个国家和民族的真正强大，离不开硬实力和软实力两方面的支撑。当今世界，建立在硬实力基础上的文化软实力越来越成为国际竞争的深层次内容，文化软实力已经成为很多国家发展战略的重要内容。一个国家，硬实力不行，可能一打就败；软实力不行，则可能不打自败。

文化自信从根本上体现了人们对所属国家（或民族）核心价值的

---

① ［美］约瑟夫·奈：《软实力》，马娟娟译，中信出版社2013年版，第7页。
② ［美］约瑟夫·奈：《软实力》，马娟娟译，中信出版社2013年版，第15页。
③ 陈先达：《文化自信中的传统与当代》，北京师范大学出版社2017年版，第211页。

认同，是对自身文化生命力的坚定信念，是民族自信心和自豪感的集中体现，能够为文化软实力的提升提供源源不断的精神动力。因此，文化自信是文化软实力的重要标志，是国家综合国力的重要构成要素。文化软实力的性质和作用，取决于文化的根本属性和内涵。社会主义先进文化体现了社会主义制度的本质，倡导文化友好交流和相互借鉴，有助于提升我国文化发展水平，树立社会主义核心价值观，促进民族团结，有助于促进世界文化多样性的发展和和谐国际关系的建立。对今天的中国而言，对中国特色社会主义文化高度自信是推动中华民族文化软实力不断发展的源泉与动力。

3. 文化自信是培育和践行社会主义核心价值观的稳固基石

对一个国家、一个民族而言，文化自信状况反映着其集体精神状态，反映并影响着其文化发展的实际进程和客观态势。文化自信事关民族的兴衰，事关社会和谐稳定。建设社会主义文化强国是实现中华民族伟大复兴的重要基础和前提。文化强国，首在强魂。"魂"就是核心价值观。随着我们参与全球化程度的日益加深，我们不得不面对不同价值体系的深度较量，文化自信、价值自信的重要性也越来越凸显。没有先进且深入人心的价值观，则不可能有强大的精神支柱，无法抵御外来价值渗透，文化安全将无从保障，更遑论建设文化强国。

文化自信有诸多构成维度，价值观自信则是其中具有统摄意义的维度。这是因为核心价值观是决定国家文化性质和方向的最深层次要素。软实力竞争的本质是价值观的较量。对一个国家、一个民族而言，核心价值观是其文化精髓的高度概括，是民众判断善恶美丑、是非曲直的准则，是增强民族凝聚力和文化认同的思想基础，是其精神高度和文明程度的标志，是其最持久、最深层的力量。价值观自信是文化自信的价值确证。对任何文化体系而言，价值观都深深影响着其基本气质与深层意义世界。一个国家，没有先进而强大的价值力量，是不可能成为一个强大先进的国家的。

社会主义核心价值观是新时代文化自信的集中体现。文化的核心是价值观，价值观的重要滋养在文化。文化自信是基于某种文化理念而产生的肯定和情感倾向，是对本民族文化蕴含的价值观的肯定和认可。一个民族的核心价值观须同其历史文化相契合。价值观自信是保持民族精神独立性的重要支撑。任何牢固的核心价值观都有其固有的根本。民族的文化基因和精神内核不会随着时间流逝而轻易改变。中华传统文化建构的是中华民族共有的精神家园和意义世界。中国照搬西方价值观是难以想象的，因为中西方有着不同的历史文化背景。社会主义核心价值观只有立足自身文化传统，具有中国韵味和中国气派，才会有生命力和凝聚力。今天的中国，只有建立起高度的文化自信，社会主义核心价值观才能内化于心，外化于行。

4. 文化自信是应对世界文化竞争的心理支撑与精神底气

当今世界，文化领域日益成为国家之间竞争的重要场域。世界很多国家纷纷推出了自己的文化战略。从文化中借力，在文化上发力，提升本国文化战略优势，成为很多国家的战略选择。

今天世界各国文化竞争之所以日益激烈，主要有以下几方面的原因：第一，冷战结束使得文化竞争的作用更加凸显。冷战是以硬实力竞争为表、软实力竞争为里的特殊战争形态。冷战结束后，文化竞争在国家竞争中的地位和作用更加凸显。第二，经济全球化的加速推进也使得世界文化竞争更加激烈。全球化是当今世界最为显著的时代特征和客观趋势，已成为一个融入人们日常生活的频繁话语。尤其是 20 世纪 90 年代以来，各国在政治、经济、文化等方面的联系、交往与互动不断加强，"全球化"日趋成为一个总体性的范畴。人类必然从民族历史走向世界历史，全球化必然伴随着文化竞争。第三，互联网技术的加速发展为文化竞争提供了新的平台。美国希利斯·米勒认为："媒介就是意识形态。"① 互联网塑造了新的话语权力平台，是文化竞争的重要平台。互联网已经成为党的文化工作的一个新的阵地，也是影响文化领域博弈的变量。

第二节　中华优秀传统文化

中华民族在东亚大陆这块广袤的土地上繁衍生息，创造了连绵不

---

① ［美］希利斯·米勒：《全球化时代文学研究还会继续存在吗?》，国荣译，《文学评论》2001 年第 1 期。

断、丰富深厚的悠久文化。中华文化中历久弥新的优秀成分是中华民族的"根和魂",是中华文明数千年长盛不衰的"文化密码"。

1978 年以来,对传统文化学习和研究的热潮不断出现,这表明中国人对民族传统文化的认同在不断增强,文化自觉和自信在日益提升。面对世界百年未有之大变局,中华民族正处在民族复兴的伟大进程中,民族复兴必然与文化复兴相关联。中华优秀传统文化是民族复兴不可或缺的思想资源。今天,我们建设社会主义文化强国是对民族复兴在文化方面的战略开拓和提升。

一 中华传统文化的内涵及基本特征

(一) 中华传统文化的内涵

把握中华优秀传统文化的内涵,前提是明晰中华传统文化的内涵。民族性、国度性是文化的基本属性之一。在人类历史上,不同民族和国家的人们在不同的自然和社会条件下,创造出不同风格和特点的文化。中华传统文化是民族意义上的文化,是中华儿女在东亚大陆这片土地上创造的独特文化样态。也就是说,"中华传统文化"这一概念中的中国,既是地理概念,也是文化概念。

中国作为地理概念,是指中国版图。上古时期,华夏族(古汉族自称)建国于黄河流域,自认为居于天下之中央,故称中国,而将周边地区称为四方或四夷。秦汉以后,以汉族为主体的大一统的中央集权制政权建立,"中国"的内涵也随之拓展,指定都中原的王朝。历朝版图虽有变化,但基本趋势是不断拓展。中华人民共和国成立以后,形状酷似雄鸡的版图得以确立。本书所讲的中国传统文化,就是指此地域范围。

中国作为文化概念,是指整个中华儿女的精神家园。中华文明是当代世界唯一以国家形态延绵几千年的文明。在数千年的历史进程中,中国各族人民共同创造了灿烂的中华文明,缔造了伟大的中华民族。中华民族是由华夏族演绎而来的汉族与中华大地上其他民族在共同缔造统一多民族国家的历史进程中交融汇聚而成的。中华民族特有的大一统的历史传统,造就了其多元一体的结构。在漫长悠久的历史进程中,随着经济文化的发展,疆域的不断扩大,各民族的交流交往不断增加,民族共同体诸要素逐渐具备。费孝通认为："中华民族大家庭中的各民族通过物质和精神层面的交往交流交融，逐渐结合成了一个相互依存、统一而不能分割的'高层次的共同体'"①——中华民族。近代中国，异族入侵造成巨大的外部威胁，中国的所有民族面临着亡国灭种的危险，共同的命运加速了中华民族的凝聚和自觉。梁启超指出："现今之中华民族自始本非一族，实由多数民族混合而成。"② 许多学者都是将"中华文化"与"中国文化"在同一意义上使用的，本书也是如此，认为中华文化就是中华民族历经几千年创造的中国文化。

中华传统文化是中华民族在特定的地域空间范围内，在特定的政治结构、经济基础等条件下创造出来的文化成果。文化传统是一个国家、民族得以延续的精神基因和情感皈依。中华传统文化存在于中国人的思维模式、价值观念、审美情趣、行为方式等各方面，成为影响中国社会历史发展的强大力量，成为中华民族的"根"和"魂"。

如果从文化社会学的角度来看的话，传统是指一个国家或民族世代相传的具有自己特色的社会历史文化，如交往礼节、生活方式、伦理道德、风俗习惯、文学、艺术、哲学、宗教、思维方式等。文化发展的本质是创造。文化总是日新不已、生生不息的。随着科学技术、生产方式、生活方式以及政治结构等方面的变化发展，文化也总是处在产生、调整、更新、创造和发展的过程中。换言之，不是历史上曾经出现过的文化都可以流传下来，有些不合时宜的内容会被时代所淘汰，消失在历史的长河中。只有那些历经延传而积淀保留下来的，相对稳定存在的文化才能成为后世文化的组成部分。我们将这些经过时间洗礼具有持续生命力而得以代代相传至今的文化称之为传统文化。

中华传统文化是历史的结晶，具有浓厚的历史性和稳定性，但它绝不仅仅是陈列在博物馆里的文物，具有强烈的现实性和变易性，具有鲜活的生命力。事实上，作为历史的积淀，中华传统文化弥漫在中国人的现实生活里。今天中国人的言谈举止、思维方式、价值观等，都直接或

---

① 费孝通：《中华民族多元一体格局（修订本）》，中央民族大学出版社 1999 年版，代序第 8—14 页。

② 梁启超：《历史上中国民族之观察》，《梁启超全集》（第 12 卷），北京出版社 1999 年版，第 3420 页。

间接地体现着中华传统文化的特色。

综上所述，本研究认为，中华传统文化是指生活在中国疆域上的中华民族在长期的共同生活中创造的、具有鲜明特色和稳定结构的、世代传承并影响整个社会历史的宏大文化体系。中华传统文化是中华民族的精神延续，深深影响着中国人的思想意识和行为规范，也深深影响着社会历史进程。

"中华传统文化"这个概念有着丰富的内涵和广阔的外延。就民族性而言，它反映着民族的特质与风貌；就性质而言，它是中华民族发展进步的精神支撑和智力支持；就载体而言，它包括语言文字、政治思想、制度典范、哲学、伦理观念、宗教、文学、艺术、民风民俗、日常规范等；就文化结构而言，它是以儒家为主体，道家、法家等其他流派作为补充的结构；就内容而言，它是汉族文化和历史上各少数民族的文化长期交流碰撞，形成的一种多元一体的文化；就时代性而言，它是不断调整改变、发展创新的，是时代精神的体现；就价值理念而言，它是以爱国主义为导向，蕴涵刚健有为、仁政德治、团结统一、开放包容、以人为本等价值理念的整合。

（二）中华传统文化的基本特征

任何一种文化，都是在特定的地理环境和经济社会历史条件下形成的。半封闭型的大陆性地域、农业经济和宗法社会的社会土壤，孕育了独特的中华传统文化。中华传统文化的独特性使其不仅区别于其他文化，而且具有顽强的延续力，深刻而深远地影响着中国人的社会心理和行为规范。具体而言，中华传统文化具有以下基本特征。

1. 中华传统文化具有典型的伦理性特征

中华文化是世界历史上最成熟的伦理文化之一，两千多年前就形成了较为完备的理论形态。"如果把西方的文化视之为'智性文化'，那么中国文化则可以称之为'德性文化'。"① 也就是说，中华文化是指一种德智统一、以德摄智的文化。中国社会的伦理性特征，主要根源于几千年的农业宗法社会。与其他国家不同，中国是在血缘纽带解体不充分的条件下进入阶级社会的，由此形成了中国独特的宗法制度。六亲

---

① 冯天瑜等：《中华文化史》，上海人民出版社1990年版，第232页。

（父子、兄弟、夫妇）、九族（父族四、母族三、妻族二）等血亲宗法观念根深蒂固地弥漫在中国社会中，"忠""孝"等一整套道德规范得以孕育产生，并且日益精细化。经过历代统治者和士人的加工改造，血亲意识成为中国社会观念的核心，血缘成了中国人感情认同和心理沟通的基础，左右着中国人的心理和行为。

宗法社会孕育出来的中华文化具有浓厚的伦理性特征。中国人历来格外重视血缘关系，整个社会亲情意识浓厚。在中华文化中，亲情系统区分精细，不仅区分辈分，而且还非常细致地区分了父母系、嫡庶出等横向方面。中国人具有浓烈的"孝亲"情感，所谓"百善孝为先"，孝道成了中华传统伦理体系中的核心和基础。"家国同构"的社会范式，伦理与政治结合紧密，宗法伦理规范也深入到政治生活领域，形成了符合封建统治需求的政治伦理规范。如忠君、敬长、尊上等都是孝道的延伸。与此相适应，伦理道德学说也是中国传统学术思想的核心。

中华传统文化的伦理性特点，有其积极作用，但也有其消极性。中华文化强调道德面前人人平等，对统治者也可以形成道德制约。特定历史条件下，还能激励人们忠于国家，维护正义。但是，中华文化对伦理关系的过于强调，在某种程度上又成为人身压迫和精神压迫的渊源。

2. 中华传统文化具有连续性

中华民族生生不息，中华文化一脉相承，经久不衰，具有旺盛的生命力与自我革新能力，中华文明成了世界古老文明中唯一未曾中断的文明。英国历史学家汤因比认为："就中国人来说，数几千年来，比世界任何民族都成功地把几亿民众，从政治、文化上团结起来。他们向世界展示了这种在政治、文化上统一的本领，具有无与伦比的成功经验。"① 人类历史上，曾经出现过许多优秀的文化体系，但其他文化都因为各种原因中断了，唯有中华文化从未中断，延续传承至今，这体现了中华文化强大的生命力。中华传统文化的生命力，主要表现在其强大的融合同化力上。中国地域辽阔，民族众多，各民族在生活方式和文化理念上存在很大的差异。自秦建立起统一的中央政权后，各民族加速融合，出现

---

① 参见国家教委高教司组编，张岱年、方克立主编《中国文化概论》，北京师范大学出版社 1994 年版，第 353 页。

了几次民族大融合。中华文化是以汉文化为主体，以中原文化为核心，逐步吸收融合中国境内不同民族和地域文化而形成的。正是这种历史上持续不断的融合，造就了中华文化的博大精深。中国"从春秋以前的'南蛮与北夷交侵'，十六国时期的'五胡乱华'，到宋元时期契丹、女真、蒙古人接连南下，再到明末满族入关。入侵者虽然在军事上大占上风，甚至多次建立强有力的统治政权，但在文化方面，却总是自觉不自觉地被以华夏农耕文化为代表的中原文化所同化。"① 外国文化进入中国后，也大都逐步中国化。佛教文化的传入和逐步中国化就是最具代表性的例子。魏晋以来，佛教进入中国，中国人在学习佛学的过程中，不断创新再造和超越，其结果是佛教的一部分成为中国式佛教（如禅宗），一部分消融于宋明理学之中，实现了儒学的新发展。

3. 中华传统文化具有人文性，即非宗教性

在世界诸多文化体系中，宗教都占有重要位置，对其社会历史甚至人类历史都有着深远的影响。如基督教是西方文化的基础，基督教总体上是神本位的宗教。西方世界一次次的宗教战争给人类带来无穷的灾难。在基督教文化里，上帝是世界的创造者，是最高的信仰，是至高无上的。人在神面前是卑微的。此外，在印度、中东等地区的文化中，宗教影响都很大。道德源于宗教神启，宗教的神是神圣不可侵犯的。"中国文化就整个体系来说，是非宗教性的，充满了人文理性精神。"② 也就是说，中华文化具有无神论的传统，轻鬼神重人事，神本主义不是中华文化的核心。在中国文化体系中，人是中心，是一切问题的出发点和归宿，很少关注现实之外的来生。世界各国的文化，几乎都发端于原始的宗教和神话，中国也不例外。但从商周开始，中原农业文化逐渐占据主流，宗法道德观念开始确立，中国人重视现世人事的实用理性精神开始形成，神学观念得以削弱以致被摆脱。正因如此，中国历史上从未出现过类似欧洲中世纪那样的"黑暗时代"。在中国历史上，世俗的君权始终高于宗教神权，一旦神权试图超越君权，就会被毫不留情地围剿。中国的民间宗教，实用性很

---

① 黄高才、黄沛钰主编：《中国文化概论》，西安交通大学出版社 2009 年版，第 19 页。
② 田广林主编：《中国传统文化概论》，高等教育出版社 1999 年版，第 47 页。

强，这也一定程度上体现了中华文化的特色和智慧。

4. 中华传统文化重视群体轻视个体

中华传统文化诞生于以宗法制为基础的封建社会，重家族轻个人、重群体轻个体，在这种血缘宗法制的文化秩序中，更多地强调个人对群体的责任和义务。首先，中华文化强调家族本位。家族本位是中国社会的最大特征。在中国伦理中，血缘不仅是基本的人伦关系，而且是其他社会关系的前提，伦理、政治关系都以此为前提。在中国古代，几代同堂的大家庭实行"共居共财"制度，家庭成员经济上不独立，家庭命运直接决定着个人命运，且伦理关系首先也是在家庭中诞生的。在中国这样的家族本位社会中，把家庭看得比个人重要，特别重视家庭成员间的伦理关系，强调个人的义务。中国人对家族的热爱，进一步延伸为对国的忠诚，在家尽孝，在外尽忠。其次，中华文化是宗法集体主义文化。中国是在氏族血缘没有完全解体的情况下进入文明社会的，再加上此后自然经济长期延续，所以宗法制度在中国根深蒂固。宗法制度强调尊祖敬宗，并由此延伸出忠君。家国同构的社会结构使宗法关系渗透到社会最深层。在宗族内部，亲疏有异，等级有别。宗法制度通过血缘人伦关系将社会成员紧密地联系在一起。在宗法制度下，集体与个人浑然一体。家族世代聚居，有族长、族谱、族规、祠堂。在宗法社会，缺乏独立性的个体都只能依赖宗法关系主体行动。

二　中华优秀传统文化的内涵与评价标准

马克思主义认为，社会存在决定社会意识，社会意识具有相对独立性。优秀的文化可以跨越时空，历久弥新，这是马克思主义基本原理同中华优秀传统文化相结合的基本前提。这就要首先搞清楚中华优秀传统文化的内涵以及按照什么样的标准来鉴别中华优秀传统文化。

（一）中华优秀传统文化的内涵

任何一个国家或民族的传统文化都是在其历史演变中逐渐形成的。任何传统文化都具有两重性，都是良莠并存、优劣混杂的。优秀传统文化是指传统文化中的精华与值得肯定的地方。问题的关键是如何给中华优秀传统文化下一个清晰准确的定义。毋庸讳言，概念是否清晰，不仅直接影响着对该问题的学术研究，也影响着对优秀传统文化的阐发和弘扬。

当前，学界对中华优秀传统文化的研究成果可谓汗牛充栋，但大都是从内容、范围、特征等层面阐释中华优秀传统文化。有些学者通过对传统文化进行类别划分，将其中好的方面称为优秀传统文化。如李宗桂认为："中国文化的人文精神，属于中国文化精神的积极成分，属于优秀文化传统的范畴。"① 还有很多学者以内容列举的方式对传统文化进行内容划分。如邵汉明主编的《中国文化精神》一书，本质上是从优秀传统文化研究的层面进行探讨的。该书"所论中国文化精神主要是从积极的意义进行阐述的"，② 并把中国文化的基本精神"概括为人本精神、和谐意识、道德意识、理想主义、实践品格、宽容品格和整体思维几个方面"，认为从一定意义上说，"抓住这七个方面，也就抓住了中国文化的精髓"。③

中华传统文化海纳百川，内容博大精深，极具综合性。无论是以类别划分还是内容列举来界定中华优秀传统文化的概念，都是一种有益的探索。这种探索为我们进一步理解中华优秀传统文化的内涵并做出适当的概括提供了有益借鉴。

但是，类别划分和内容列举的路径会导致"优秀传统文化"成了一个比较模糊的问题，人们往往能够意会而不善于言传。这不仅影响着对优秀传统文化的厘定、阐发和弘扬，也直接影响到相关研究的学术含量。

也有学者直接揭示了中华优秀传统文化的内涵。李申申等人认为："所谓中国优秀传统文化，是指那些经过了实践检验、时间检验和社会择优继承检验而保留下来并能传之久远的文化。"④ 张继功等人认为："所谓中国优秀传统文化，是指中国传统文化中所包含的对提高人民的思维能力，促进社会主义物质文明和精神文明的发展，推动社会进步的

---

① 李宗桂：《民族文化素质与人文精神重建》，《哲学研究》1994 年第 10 期。
② 邵汉明主编：《中国文化精神》，商务印书馆 2000 年版，第 1 页。
③ 邵汉明主编：《中国文化精神》，商务印书馆 2000 年版，第 2—7 页。
④ 李申申等：《传承的使命：中华优秀文化传统教育问题研究》，人民出版社 2011 年版，第 92 页。

一切有重大价值的优秀精神成果的总和。"① 这两种表述，第一种强调传承性和历史性；第二种强调实践性和当下性。就研究思路而言，这两种表述应当说大致反映了学术界关于优秀传统文化的本质性理解。

李宗桂认为："所谓中国优秀传统文化，就是中华民族长期发展过程中形成的、有着积极的历史作用、至今具有重要价值的思想文化。"② 这种表述既强调历史性，又强调当下性。本书认同此观点。

（二）中华优秀传统文化的评价标准

学术界对于"文化评价的标准"有着较为深入而清醒的认识。"大致说来，提出的主要标准有：其一，政治标准、科学标准、艺术标准的统一。政治标准是求善，科学标准是求真，艺术标准是求美，三者结合是真善美的统一。其二，艺术标准与道德标准。其三，生产力标准。其四，以人的解放程度为标准。"③ 这些标准的提出，体现了文化研究中的理性精神，并且这些标准在本质上蕴含着"优秀"的价值取向。

在此基础上，学界有人探讨并明确提出了中华优秀传统文化的评价标准。有学者提出，衡量中华优秀传统文化的标准是当代实践。"确定博大宏富的中国传统文化和哲学中哪些是优秀的，根本标准就是当代中国社会实践包括改革开放实践、现代化建设实践和现实生活实践。"④ 还有学者提出：衡量中华优秀传统文化的标准应当是"现代价值观念"。"对传统文化的评价，所依据的衡量尺度不能仅仅局限于'社会发展需要'和'民族需要'，而应该把'大自然的需要'、大自然存续发展的规律也同时作为'衡量尺度'不可或缺的内容，这种'现代价值观念'并不仅仅着眼于现代化目前存在的问题。更应该着眼于对评价标准、价值观念的完善。"⑤

在借鉴学者们研究成果的基础上，本书认为，优秀传统文化的评价标准应该包括以下几个方面。

---

① 张继功、李反修、李森主编：《中国优秀传统文化概论》，陕西师范大学出版社 1998 年版，第 18 页。

② 李宗桂：《试论中国优秀传统文化的内涵》，《学术研究》2013 年第 11 期。

③ 邵汉明主编：《中国文化研究 30 年》，人民出版社 2009 年版，第 37—40 页。

④ 杨翰卿：《中国优秀传统文化和哲学资源的当代开发利用》，《学习论坛》2000 年第 2 期。

⑤ 王学伟：《现代价值观念：优秀传统文化的评价标准》，《中州学刊》2016 年第 7 期。

1. 具有当代价值

任何传统文化，要想持续传承发展，就必须紧随时代步伐，回应时代呼声，否则就会被时代抛弃。今天，我们传承中华优秀传统文化，是为了解决时代问题，服务于当今中国的需要。中华传统文化虽然产生于农业文明时代，产生于封建宗法社会，但其中有些内容、理念却有着跨越时空的价值，对现代社会依然有着积极的作用，依然能够促进社会进步和民族发展。因此，是否"与当代文化相适应、与现代社会相协调"，即是否具有"当代价值"，是我们评价传统文化是否优秀的重要标准。

马克思说过："正确的理论必须结合具体情况并根据现存条件加以阐明和发挥。"① 任何理论，只有能够满足现实需要，才能获得持久的生命力。任何传统文化，要传承发展，要增强其影响力和感染力，就要立足当下，秉持时代精神，不断推陈出新，在实践中更新其表现形式并激活其生命力，否则就会被历史所淘汰。

经世致用是中国文化的传统。现实性和实践性是中华优秀传统文化的鲜明特征。中国文化因时而化、与时偕行，在不同社会形态与社会阶段内进行着不同程度的时代化进程。中国特色社会主义进入新时代是今天传承弘扬中华优秀传统文化时需要充分考虑到的时代条件。新时代背景下传承弘扬中华优秀传统文化，不能离开民族复兴、社会主义、现代化等多维度的时代要求。中国式现代化是中华民族旧邦新命的实践形态。中华优秀传统文化要回应时代需求，补充、拓展和完善自身内涵，为治国理政服务，为化解现实困境、破解发展难题服务，为实现民族复兴提供更加主动的精神力量，助力中华民族现代文化建设。总之，只有与时代要求一致、能够助力中华民族实现民族复兴使命的传统文化，才是优秀的传统文化。

2. 有利于民族团结

习近平总书记指出："中华文明具有突出的统一性。中华文明长期的大一统传统，形成了多元一体、团结集中的统一性。"②

---

① 《马克思恩格斯全集》（第 47 卷），人民出版社 2004 年版，第 35 页。
② 习近平：《在文化传承发展座谈会上的讲话》，人民出版社 2023 年版，第 3 页。

中华文化是各民族文化所集大成者，具有兼收水平的包容特性。是否接受和认同中华文化是判定一个民族是否是中华民族一员的标志。漫长的历史过程中，各民族共同培育了伟大的民族精神。中华民族精神包含着团结统一、自强不息等诸多内容。这个民族精神已经深深地融入中国儿女的血脉与基因之中，内化为我们的民族性格，是中华民族生生不息的根本动力，是增强民族自信的底气，是各族人民的情感归属和心灵栖息居所，是中华民族共同体意识稳定发展的思想基础，是中国人民在未来岁月中继往开来的精神动力。其中，对民族共同体的发展而言，团结统一是最重要的。

中国历史上的各个民族群体，经过长期的交往、交流、交融，逐渐形成了"多元一体"的中华民族。在漫长的历史进程中，中国的主体一直是一个统一的多民族国家，虽有分合离乱，但统一的时期远远多于分裂的时期，这与中华民族文化传统中具有高度一致的忠于国家民族整体利益的价值取向是分不开的。"大一统"观念的自觉认同和坚定实践，促进了民族共同体内部的相互理解、包容和支持，促进了民族团结、国家统一。在中国历史上，一些政治家坚持"和为贵"的原则，用和平方式处理复杂的民族矛盾。正是中华文明的统一性赋予了中华民族强大的内聚力，这是西方国家无法想象的。为此，是不是能够促进民族团结是评价中华优秀传统文化的重要标准之一。

3. 有助于构建中华民族共有精神家园

"加强中华民族大团结，长远和根本的是增强文化认同，建设各民族共有精神家园，积极培养中华民族共同体意识。"① 源远流长，极具特色的传统文化是中华民族的精神标志，是中华儿女的心理家园。

共有精神家园是中华民族赖以生存和发展的根本，是崛起中的中国面临的一个重大问题。精神家园本质上属于文化认同。多元一体的中华民族，多元一体的中华文化，需要文化认同的支撑。民族传统文化是民族精神家园的根基和源泉，中华优秀传统文化不断形塑着中华文化精神，不断塑造着中国人的意义世界，不断促进和实现中华文化认同，中

---

① 《中央民族工作会议暨国务院第六次全国民族团结进步表彰大会在北京举行》，《人民日报》2014年9月30日第1版。

华优秀传统文化讲究家国情怀，不仅各个朝代先贤关注国家兴亡，崇尚民族大义，普通的市井百姓也是如此。这种家国文化，造就了一个割不断的"文化中国"，为中华儿女"舍小我、为大义"注入了不竭的力量源泉。中华优秀传统文化已经熔铸进每一位中华儿女的骨子里，潜移默化地形成了中国人独特的精神世界、日用而不觉的价值观。"天下大同"的境界，"四海一家"的情怀，"道法自然"的智慧，"反求诸己"的内省，"以德报怨"的胸怀，为天地立心、为生民立命、为往圣继绝学、为万世开太平等责任意识和使命意识，散发着优秀传统文化的魅力，体现了中国人的文化品位，彰显了中华民族独特的民族标识。中华优秀传统文化以鲜明的价值理想和是非分明的价值标准，体现了中国式的文化品位，增强了国人的精神归依感与获得感。因此，有助于构建中华民族共有精神家园的传统文化，属于中华优秀传统文化的范畴。

4. 有利于文化自信

对任何民族而言，文化发展都离不开对自身文化传统的传承，离不开对自身文化的纵向复制。中华文化绵延数千年，历经盛衰却始终一脉相承，这是世界上其他任何文明不能比拟的。这赋予了中国人坚持走自己路的底气和信心。文化自信根源于正向的自我认知，是对自身发展整体历程、道路和价值的充分认可。中华优秀传统文化是建设中华民族共有精神家园的重要支撑，是我们创造文化新辉煌的宝贵资源。对于拥有五千年文明史的中华民族而言，优秀传统文化正是我们文化自信的底气所在。

文化自信首先表现为文化自觉。文化自觉是指文化主体对自身文化的自觉。文化自信离不开文化自觉，文化自觉是唤醒文化自信的必要条件。文化自觉是民族的整体自觉。中华民族现代文明建设始于对自身文明的自觉认知。文化自信来自我们的文化主体性。文化主体性既是文化自觉的体现，也是文化自信生成的依托。中华文明是唯一延续至今的文明体系，这决定了中华民族必然走自己的路。只有自觉地深入了解中华民族悠久的文明史，深切体察、深刻反思和正确把握自身文化传统，才能真正理解中国道路的历史必然、文化内涵与独特优势，才能准确理解中华民族现代文明的存在意义，才能以高度的文化自觉推动构建人类文明新形态。

文化自信还表现为自觉的文化批判。任何民族的现代生活都是建立在被批判过的文明之上。传统文化不可避免地存在着过时甚至糟粕性的东西。社会实践的巨大变化，简单回归传统已无可能。为此，在积极弘扬民族优秀文化传统的同时，要以时代性为现实关怀对传统文化进行自觉批判，科学合理地扬弃传统文化，使我们的文化传统在继承中不断生成和重建。

文化自信尤其表现为对本民族文化当代价值及其未来走向的充分自信。在中华文明的深厚基础上开辟和发展中国特色社会主义，坚持把马克思主义基本原理同中国具体实际、同中华优秀传统文化相结合是必由之路。"第二个结合"让中华文明夯实了新时代理论创新的文化根基，为理论发展提供了深远的历史纵深，打开了理论的创新空间。"第二个结合"不仅让马克思主义成为中国的，也让中华优秀传统文化成为现代的，夯实了马克思主义中国化时代化的历史基础和群众基础。中国式现代化是赓续古老文明的现代化，是文明更新的结果，是中华民族的旧邦新命，必将推动中华文明重焕荣光。

5. 有益于世界文明

作为人类文明的重要组成部分，中华文化曾经长期走在世界前列，在人类文明史上书写了璀璨夺目、浓墨重彩的一笔，有力推动了人类文明发展进程。中华文明凝结着中华民族卓越的创造力与民族智慧，为人类贡献了许多至今依然具有世界性意义的重要思想，且中国自古以来逐步形成了一整套独具特色、行之有效的政治制度和国家治理体系，蕴含着丰富深厚的治国理政智慧，长期为周边国家和民族所学习和模仿。如处在中国封建社会鼎盛时期的唐朝，在当时的世界处于领先位置，日本曾派使者到唐朝大量学习中国文化。事实上，中国文化长期深深影响着东亚社会。今天的中国，作为深度参与全球化进程的重要国家，正日益走近世界舞台的中央，已经成为世界文明版图中的重要景象。让中国文化走向世界，为世界贡献中国智慧，已经成为当下中国社会的文化自觉。今天的世界，已经被现代化格式化。现代化进程中的种种弊端日益暴露，全球面临资源短缺、战争威胁、气候恶化、信仰危机、恐怖主义、消费主义盛行等诸多问题，人们普遍面临人与自然、人与社会、人与自我之间的紧张和冲突，西方文明遭遇重大挑战，人类生活正经历着前所未有的巨大转折。人类文明向何处就成为今天人类必须直面和回答的问题。

有效解决这些问题需要全世界人民的共同协作。中华传统文化拥有很多人类普遍性的生存智慧，能够为纠现代文明之偏提供深刻启示，对现代世界有清心明目之效。今天的世界需要中华传统文化提供改造世界、治理全球的思想资源。如中华文化中的"贵和尚中"理念，是构建和谐世界、维护和平发展的重要思想资源；"和而不同"的理念是推动文明交流互鉴、反对文化上唯我独尊的重要思想资源；"天下大同"的理想是构建人类命运共同体、驳斥了文明冲突论等观点的重要思想资源；"身心合一"思想为解决身心安顿问题提供思想资源；"天人合一"观念为解决生态危机、促进人与自然和谐共生提供思想资源；"人我合一"观念为解决"人与人"之间的社会矛盾提供思想资源等等。具有数千年历史的中华传统文化依然生机勃勃，正在为当今人类提供正确的精神指引和强大的精神动力，正在为世界文明的发展做出独特贡献。中华优秀传统文化必将绽放出更为耀眼的时代价值，与其他文明携手推进人类文明发展进步！为此，有益于当今世界文明发展进步，有助于解决人类面临的全球性问题的传统文化，就是优秀的传统文化。

第三节　中华优秀传统文化是文化自信的根基

文化是一个国家和民族的灵魂。越是优秀的文化，越能够在国家、民族命运攸关之际，显示出无与伦比的强大力量。独具特色、博大精深的中华文化是中华民族几千年来克服困难、生生不息的强大精神支撑。新时代中国的文化自信，牢牢扎根于中华优秀传统文化的沃土，呈现出鲜明的民族特色。

一　文化现代化不能割断传统

文化现代化须基于自身的文化历史和传统，而不能背离历史、绕过传统。"文化在传承的基础上实现创新，在创新中得以发展，在发展中生生不息、绵延不绝。传承与发展相统一，是文化发展的基本规律。"[①]

① 沈壮海等：《文化何以自信》，中国人民大学出版社 2020 年版，第67页。

作为一个后发现代化国家，中国曾经饱受欺凌，中国现代化在中西文化的激烈碰撞中艰难前行。如何合理定位传统文化的历史角色就成为中国现代化进程中需要回答的问题。中国共产党领导的中国革命和中国建设坚持以马克思主义为指导，并坚持与中国实际相结合，其中包括与中国历史和传统文化的结合。中国共产党始终高度重视中国的历史文化遗产，高度重视中华优秀传统文化这片沃土。

作为最早开启现代化进程的西欧国家，正是在继承欧洲历史文化传统的基础上，最终实现了文化突破和文明新生。文艺复兴时期，欧洲的思想家们，在继承古希腊、古罗马思想文化的基础上，顺应当时的社会趋势和思想潮流，深入挖掘古典文化中的新内涵，实现了传统文化的新生。比如，意大利的著名诗人彼特拉克，反对中世纪禁欲主义的宗教文化，讴歌人的自由和爱情，高扬人性，向往希腊罗马古典文化。"启蒙运动时期是西欧文化完成现代转型的关键时期，也是古希腊罗马传统文化全面复兴的重要时期。"[1] 在启蒙思想家看来，希腊是欧洲文化的"原乡"，所谓"启蒙"，在一定意义上就是寻回并发扬平等、理性等希腊文化精神。"希腊"一词在近代西方文化中有着极高的地位，以至"言必称希腊"一时成为欧洲文化界的普遍现象。可以说，没有对古代传统文化的"回归"和发扬，就没有西方的文化突破和文明创新。

今天，扎根传统文化并从中汲取滋养依然是各国推进文化现代化的普遍选择。以西方发达国家为例，今天依然将其历史文化传统作为构建当代文化的根基。比如，德国在数十个国家设立歌德学院，西班牙也推出了"塞万提斯学院"，将本民族的历史文化名人作为其在世界文化交往中的身份标识，体现了其对本国历史文化传统的自觉认同和主动归依。2019 年，巴黎圣母院的塔楼被意外烧毁，一时间举世关注，这在一定层面上反映了当今人们的基本共识：历史文化传统是人类的宝藏，是人类开创未来的根基。

文化与历史相依。19 世纪中叶以前，作为东亚文化圈的核心，中国人很自然地拥有了一种文化上的优势意识和主体意识。19 世纪中叶

---

[1] 沈壮海等：《文化何以自信》，中国人民大学出版社 2020 年版，第 68—69 页。

中西交冲之后，西方人以其暴力造就的强势化为物力和精神的双重冲击，一层一层打破了中国人曾经在文化上的优势心理。也就是说，"文化自卑"是我们与西方文明碰撞的结果，近代中国的文化自卑本质上是由于现代西方工业文明对中国曾经长期领先世界的传统农业文明的强烈冲击甚至奴役，是前所未有的民族耻辱在民族文化心理上的反映。同时，也正是在与西方列强的碰撞过程中，近代中国开启了现代化进程。

近代中国的现代化是以洋务运动为开端的。但从洋务运动到戊戌变法，从辛亥革命到新文化运动，中国的现代化进程呈现出从器物、制度到思想文化层面逐渐深入的学习西方过程。这也是胡适、陈序经等人在新文化运动中喊出"全盘西化"口号背后的历史逻辑。然而，"现代化"事实上并不等于"西方化"。也就是说，现代化的进程中需要积极学习世界先进文化，但如果全盘否定自身历史文化传统并完全照搬他国经验，注定是行不通的。

不同的历史地理条件、经济基础、政治结构会孕育出不同的文化，不同的文化具有不同的思想理念、价值体系、思维方式、伦理观念和审美取向，从而使文化具有民族性和传统性。传统文化是一种历史的赋予，文化自信只能在文化的延续中得以实现。彻底否定自身文化传统并与之决裂，将会导致文化虚无主义的滋生泛滥和对外来文化的盲目崇拜。这会打断一个民族文化发展所必需的历史积淀，断裂其精神命脉和思想灵魂，消弭其文化主体性。也就是说，文化传统是一个民族的"根"与"魂"，是坚定文化自信的内在底气。如果一个民族轻率否定了传统文化这种历史积淀，就是在模糊自己的来路，就是在抹杀自己的文化特质，就会失魂落魄，就会迷失未来前进的航向，就会动摇文化自信的根基，将难以在世界文化激荡中站稳脚跟。

"一种文化的活力不是抛弃传统，而是能在何种程度上吸收传统、再铸传统。"① 中国共产党人之所以能够在近代民族危机中担负起拯救民族危机和文化危机的重任，是因为中国共产党人在学习诞生于欧洲的马克思主义理论时，始终注意将这一理论与中国历史文化传统和现实国

---

① 陈先达：《当代中国文化研究中的一个重大问题》，《中国人民大学学报》2009 年第 6 期。

情相结合，从而在马克思主义中国化的过程中创造出代表着中国文化现代化方向的革命文化和社会主义先进文化。

五四运动前后，中国思想文化领域的新旧之争、中西之争空前激烈。一批马克思主义者主张在批判继承传统文化的基础上推进优秀传统文化的创新发展。1919 年 3 月，李大钊在《新旧思潮之激战》一文中指出："宇宙的进化，全仗新旧两种思潮，互相挽进，互相推演，仿佛像两个轮子运着一辆车一样；又像一个鸟仗着两翼，向天空飞翔一般。"① 同时，李大钊在文中还呼吁人们对传统思想文化"要有自信独守的坚操"，② 更是体现了中国马克思主义者的文化自觉和文化自信。正是基于这种坚定的文化自信，中国共产党人在传承中华优秀传统文化的基础上，创造了革命文化和社会主义先进文化。

今天，习近平总书记坚定文化自信的号召是基于中华优秀传统文化、革命文化和社会主义先进文化的历史演进而提出的，中华优秀传统文化作为文化自信中历史积淀最为深厚的资源重新获得了生命力。因此，继承和弘扬中华优秀传统文化，是新时代中国特色社会主义文化发展的必然要求。

二 中华优秀传统文化是文化自信的根基

文化自信是一个民族在长期实践中逐渐沉淀下来的文化底气，是这个民族在认识和改造世界的过程中形成的文化认同与自豪。中华民族有着早醒的文化自觉，在农业文明时代始终保持着高度的文化自信，在人类文明史上长期引领潮头。中国古人常讲"夷夏之辨"，文化是区分夷、夏最根本的标准。"盖以'华'自诩，犹以'夏'自称，犹以'中'自勉。国于大地，必有与立。中也，华也，夏也，亦吾先民所啧啧自诩，斤斤自号，自勉，而为文化之胚胎者。"③ 用"中""华""夏"等词汇描述自己，这是我们的先民文化自觉和骄傲的表现。

根植于农业文明的中华优秀传统文化能否为今天的文化自信注入活力？对这一问题，在百余年的近代历史中我们有过怀疑甚至否定。今

---

① 李大钊：《李大钊全集》（第 2 卷），人民出版社 2013 年版，第 431 页。
② 李大钊：《李大钊全集》（第 2 卷），人民出版社 2013 年版，第 431 页。
③ 陈登原：《中国文化史》（上），商务印书馆 2014 年版，第 8 页。

天，在中国共产党领导下，中国在全球化的境遇中逐渐实现了现代化，中国人的文化心态重获新生，中华优秀传统文化是今天中国实现文化自信的根基。那么，中华优秀传统文化何以成为文化自信的根基呢？

（一）中华文化具有深厚的历史积淀

中国是世界文明的发祥地之一。中华文化几千年来一脉相承，未曾中断，是世界文明的奇迹，也是人类文明史上的一个独特样态。文化自信作为一种民族集体心理，深厚的历史文化积淀是其重要支撑。

经过几千年时间淘洗的中华优秀传统文化积淀醇厚，时至今日，依然跨越时空，熠熠生辉，这是当代中国文化自信的重要底气。没有经过时间淘洗的文化是缺乏精华积淀的，是缺乏厚度的，往往也是肤浅的。中华优秀传统文化，恰如有源之水，滋养着中华民族的新实践，成为中国特色社会主义的源泉和沃土，成为中华民族当下文化自信最深厚的历史根基。

中华文化是所有文明中唯一从未中断的文明，历经几千年岁月洗礼依旧熠熠生辉，以文脉之赓续不绝傲然于世。中华文化之所以具有连续性，其根本原因在于中华民族生生不息的历史发展和大一统的历史传统。无论哪一个民族建立的全国政权，都认同中华道统。文化的连续性带给中华民族的是深层文化心理积淀。对现代民族国家而言，文化认同是其凝聚共识的重要力量。中华优秀传统文化是中国人的文化基因，润物无声地影响着中国人的思维方式和价值观念，成为中华民族凝聚共识的坚实力量。只有从历史连续性来认识中国，才有可能理解古代中国、现代中国以及未来中国。

（二）中华文化具有超强的本土化能力

虽然传统的中国社会具有超稳定的社会结构，但其文化却在持续发展。中华民族在几千年的发展过程中，曾遭受各种破坏性力量的冲击，甚至屡次面临中断的考验，但中华文化始终绵延不绝，保持着自己的基本品格。在这个过程中，中华优秀传统文化显示出超强的融合力、包容力和革新力。

中华民族是由汉族和诸多少数民族在共同缔造统一多民族国家的历史进程中形成的。中华文化是各民族文化长期交流交融碰撞的产物，具有海纳百川的格局。中国文化从来就不是一种封闭的文化。中国历史上，农耕民族与游牧民族长期交往，彼此交融。中国文化在一定意义上是农耕民族和游牧民族共同创造的。中华文化对外来文化也表现出巨大的包容性，没有"零和博弈"的排他性观念，而是有足够的容纳之量与消化之功，在与外来文化的交融碰撞中不断将其融入中华文明。这种融合力也可以称之为本土化能力，体现了中华文化强大的软实力，也不断强化着中国人的文化自信。中华文化曾经长期处于领先地位，但开放的中华文化也在不断吸收其他文明的精华。但这种吸收不仅是有选择的，而且是将其中国化的。以佛教的传入和中国化过程为例。佛教起源于尼泊尔、印度一带，自汉代传入中国后，受中国社会历史文化条件的影响，不断适应中国需求，走上了中国化的道路。禅宗的出现是佛教中国化的主要标志。来自南亚的佛教在中国落地生根。到了宋代，儒释道互摄互融，形成了宋明理学。佛教真正走上了与儒家文化相结合的道路，融入中华文化之中，成为中华文化的组成部分。由此可见，中华文化是开放包容的，有强大的本土化能力，体现了中华文化的强大生命力。

在全球化的时代，世界是一个开放的世界，文化的全球交流、交融前所未有。中国在深度参与全球化的进程中深刻认识到民族文化才是中国道路的强大支撑。为此，保持和增强文化的主体性、体现文化的民族特点被前所未有地关注和重视。因为要实现文化自信自强，我们固然要积极学习借鉴其他文明的精华，但文化自信从最根本是对于自身文化的认同与自豪。在西方文化强势入侵的今天，中国的文化建设须立足本土、彰显民族特色，才能保障文化自信之"自"不离其宗。

（三）中华文化具有厚重的历史价值和强烈的现实价值

中华文化之所以能够绵延不绝，存于一代又一代中国人的心中，成为中华民族屹立于世界的文化依据，根本原因在于中华文化不仅在历史上发挥了重要作用，而且具有强烈的现实价值；中华文化不仅对中国发展具有重要价值，而且对世界文明的进步具有重要意义。

1. 中华文化具有厚重的历史价值

中华优秀传统文化不仅有助于中国传统社会保持长治久安，形成悠久持续的文明，还在前全球化时代影响了整个的东亚文化圈。中华优秀传统文化始终保持着独立的、连续的发展，长期影响着周边的文化。从秦至清大约两千年间，中国始终居于亚洲历史舞台的中心，对东亚国家产生了强烈影响。在 19 世纪以前，以中华文化为中心，形成了包括中国在内的日本、朝鲜、越南的汉字中华文化圈。由此，成为与西方的基督教文化圈、东正教文化圈、伊斯兰教文化圈和印度文化圈共存的世界五大文化圈之一。

中华优秀传统文化也影响了西方社会发展，特别是对欧洲启蒙运动产生了一定影响。启蒙运动的代表人物伏尔泰、孟德斯鸠都高度赞扬中国的伦理道德在国家治理中发挥的作用。伏尔泰十分崇拜孔子。他认为："世界上曾有过的最幸福、最可敬的时代，就是奉行孔子的律法的时代，在道德上欧洲应该成为中国人的徒弟。"① 伏尔泰甚至认为法国要以中国文化为标杆"全盘华化"。伏尔泰改编了中国元杂剧《赵氏孤儿》，取名《中国孤儿》，并把背景从春秋时期移到宋末元初。显然，伏尔泰想借吸收中国文化元素抨击当时欧洲的世袭贵族制度，重塑欧洲人文精神。

2. 中华文化具有强烈的现实价值

一种传统文化，能否得以继承和创新，主要取决于能否满足当下的实践需要。中华优秀传统文化，只有其能够有利于解决现实问题，有利于助推社会发展，能够回应时代的课题和挑战，才能充满活力，才是世界文化的奇迹。否则，就是停滞的文化。

现代社会，随着现代化进程的推进，人类在物质和精神方面都取得了巨大成就，特别是物质产品得以极大丰富，人类基本摆脱了物质匮乏的生存困境，这在古代社会是难以想象的。然而，世界近现代工业文明的进程是以西方文化为主导的，这种现代化模式在促进人类社会巨大进步的同时，也使当今人类社会面临着许多突出的难题，比如，贫富差距持续扩大，物欲追求奢华无度，个人主义和享乐主义恶

---

① ［法］伏尔泰：《风俗论》（上），梁守锵等译，郑福熙、梁守锵校，商务印书馆1994年版，第253页。

性膨胀，社会诚信不断消减，伦理道德每况愈下，人与自然关系日趋紧张等。要解决当代世界文明面临的这些难题，仅靠人类今天的智慧和力量是不够的，还需要运用人类历史上积累和储存的智慧和力量。

传统文化既是一种过往的历史，又是一种活在当下的现实。深入挖掘传统文化，有助于克服现代社会的弊病。中华优秀传统文化中的重要精神、思想、理念等，为解决当代人类面临的难题提供了重要启示。比如天人合一、万物并育的生态理念，求同存异、和而不同的思想，执两用中、守中致和的思维方法，共生并进、保合太和的思想，等等。

毫无疑问，现代社会的问题应该从现代人自身去寻找，未来的世界必然是综合治理的社会。任何一种文明，任何一种学说都无法解决现代社会的所有问题。中华优秀传统文化虽然根植于农业文明，却能够为今天的人类提供有价值的理念，能够对工业文明的弊病提供良方，能够为人们认识和改造世界提供有益启迪。今天，中华优秀传统文化在面对挑战时仍然能够应战，这何尝不是增强文化自信的动力。中华优秀传统文化经过批判性继承，完全可以实现现代化转化，适应现代社会的需要，为人类社会做出贡献。

第二章 中华优秀传统文化的
当代价值

在今天的历史语境中，中华优秀传统文化究竟具有什么样的价值？对这个问题的正确回答，是正确对待、科学传承中华优秀传统文化的前提性条件。

评价一种文化的价值，主要看其给相应的群体带来了怎样的物质生活、思想理念以及治理体系，即"一种文化能够吸引凝聚人民，被长期广泛接受，并为接受此种文化的群体与个体提供更好的生活质量，提供更好的人与社会关系，提供人类和平与进步的前景，提供发展的成果与动力；同时又能提供逢凶化吉、遇难成祥的应变、纠错与自我更新能力"。[1]

应该看到，中华优秀传统文化源远流长、灿烂辉煌，在当代依然具有强大而持久的生命力，渗透在中国人的思维方式、风俗传统、审美方式、价值取向、道德观念和生活方式里，孕育了我们的民族性格，反映了中华民族的精神追求，是中华民族历经千难万险而不断复兴的精神支撑，是中国特色社会主义扎根的文化沃土。在新的历史境遇下，深入挖掘传统文化的优秀文化基因，批判继承优秀传统文化，对其进行创造性转化、创新性发展，使其能与现代社会衔接，发挥出其对当下经济社会发展的重要作用，展示其现代价值和现代意义，是实现中华民族伟大复兴的题中应有之义。

---

[1] 王蒙：《旧邦维新的文化自信》，《人民日报》2017年8月15日第24版。

第一节　中华优秀传统文化的政治价值

中华优秀传统文化的政治价值，是指其在中国共产党带领和团结全国各族人民坚定不移走中国特色社会主义道路，实现中华民族伟大复兴过程中的积极作用。中华优秀传统文化对于促进马克思主义在中国落地生根、维系国家统一、民族团结、实现中华民族伟大复兴具有重要意义。

一　中华优秀传统文化是马克思主义中国化的文化沃土

"一种外来文化要实现与本土文化的成功结合，必须从本土文化中找到能供其生长发育的土壤，这是人类文明发展的客观规律。"[①] 在中国历史上，来源于印度的佛教之所以能在中国落地生根、发扬光大，很大程度上是因为佛教实现了中国化。作为产生于西方近现代历史条件下的理论体系，马克思主义是科学的，但其与中国人固有的思维方式、话语体系存在一定差别，这样一种外来的理论如何指导中国的实践，如何在中国取得胜利是非常重大的课题。

一个国家选择什么样的社会制度和发展道路是和其国情紧密相关的。一个国家的国情，既包括其现实国情，也包括其历史文化传统。一种理论要在一个国家真正发挥作用，那就要本土化，要不断地和该国国情相结合。任何一种理论体系，要能够扎根生长，都需要合适的文化土壤，否则就会凋零。马克思主义来到中国，能够广为传播并为中国人民所接受，在中国生根、发芽、成长并结出累累硕果，中国固有的民族文化为其提供了土壤和条件。中华优秀传统文化是马克思主义中国化的现在的精神性的中国元素。作为一种诞生于西方的文化体系，马克思主义能够成功融入并指导中国的革命、建设和改革，绝不是偶然的。马克思主义是科学的理论体系，中华优秀传统文化则是中国国情最深层的底色，二者的融通契合之处是二者有机结合的前提条件。马克思主义中国

---

① 李宗桂等：《中国优秀传统文化的现代价值》，人民出版社 2019 年版，第 488 页。

化的过程就是二者融会贯通、共同发展的过程。也就是说，中华优秀传统文化为马克思主义实现中国化提供了文化心理基础和精神底蕴。马克思主义能够在中国传播发展并实现中国化，离不开中国文化土壤的培育和滋润，这说明马克思主义与中华优秀传统文化的优秀基因存在着内在的契合性。

十月革命之前，中国人并不了解马克思主义。十月革命之后，中国人在历史发展的关键时刻，选择了马克思主义并使其中国化。中国人之所以做出这样的选择，除了革命先驱在斗争中指出"只有社会主义才能救中国"这一认识外，文化是其更深刻的原因。中国人之所以在民族文化心理上能够认同马克思主义，在于马克思主义和中华优秀传统文化具有共同点和契合点。二者相通的地方不在于文化的表象，而在于更深层次的文化精神上的相通。张岱年等人认为："中国文化中本有悠久的唯物论、无神论、辩证法的传统，有民主主义、人道主义思想的传统，有许多历史唯物主义的思想因素、有大同的社会理想，如此等等，因而马克思主义很容易在中国的土壤里生根。"①

由于中华优秀传统文化本身就蕴含着丰富的社会主义思想，其文化精神、思想观念与马克思主义的文化精神、价值观念具有一定的相近、相同之处，这奠定了马克思主义中国化的文化心理基础，一定程度上使得中国人更容易接受马克思主义。社会主义不仅要从理论走向实践，更要在实践中走向成熟。对一种理论而言，其在一个国家的实现程度很大程度上取决于其与该国国情的结合程度。马克思主义要扎根中华大地，就要深入到同民族文化传统的结合上。必须指出，不能把这种结合简单地看成是将马克思主义披上中华优秀传统文化的外衣，或者以马克思主义的立场、观点、方法去解读阐释中华优秀传统文化中的某些具体内容。否则，就会导致简单僵化、牵强附会，二者的结合就失去了持续动力和广阔空间。总而言之，马克思主义和中华优秀传统文化的相通契合之处在马克思主义中国化的过程中起到了纽带或桥梁的作用，在中国人接受马克思主义的过程中潜移默化地发挥着作用。本研究认为，马克思

① 张岱年、程宜山：《中国文化与文化论争》，中国人民大学出版社1990年版，第186页。

主义与中华优秀传统文化在相通契合之处主要体现在以下几个方面。

第一，世界观上存在相通之处。马克思主义哲学有自身的理论体系。中国古代哲学大量"碎片化"地存在着唯物主义、辩证法、唯物史观等方面的因素，与马克思主义哲学在世界观层面存在着相通性。

辩证唯物主义认为，世界统一于物质。而中华优秀传统文化中对"气"的理解也体现了该原理。中国古人认为物质性的"气"是世界的本原。庄子认为"通天下为一气耳"。[①] 世界万物有统一性，多样化的物质世界皆统一于"气"。"仓廪实而知礼节，衣食足而知荣辱"也体现了唯物论的思想。可以看出，中国古代哲学对世界的本原有着朴素的认知，认为世界是物质的，物质对于意识有着决定性的作用。这和辩证唯物主义的相关内容是相通的。中国古代的辩证法首推老子和《易传》。老子不仅看到了矛盾双方相互依存的一面，"有无相生，难易相成，长短相形，高下相倾，音声相和，前后相随"，[②] 也看到了矛盾双方的相互转化，"祸兮福之所倚，福兮祸之所伏"。[③]《易传》用"阴阳"这对范畴来表示矛盾双方对立统一的关系，"一阴一阳之谓道，继之者善也，成之者性也"。[④] 事物的发展是变动不居的，"刚柔相推而生变化"。[⑤] 此外，中国人还提出了"物极必反""否极泰来"等论断。总之，中国古代的唯物论和辩证法思想虽然非常朴素，但与马克思主义哲学的相应观点存在着相通性。

第二，人文精神上具有相似性。民本思想是中国传统政治思想中极为重要和最具特色的内容，是指一个国家的人民在国家中占有重要地位。民本思想对最高统治者、士大夫群体、普通百姓都产生了广泛而持久的影响，早已内化为中华民族深层次的文化心理。在中国古代的政治实践中，民本思想是指导统治者施政的重要思想和判断政治是否清明的重要标准。中国悠久深厚的民本传统是马克思主义能够在中国落地生根

---

① 陈鼓应注译：《庄子今注今译》，中华书局 1983 年版，第 559 页。
② 陈鼓应注译：《老子今注今译》，商务印书馆 2003 年版，第 80 页。
③ 陈鼓应注译：《老子今注今译》，商务印书馆 2003 年版，第 284 页。
④ 黄寿祺、张善文译注：《周易译注》，上海古籍出版社 2001 年版，第 538 页。
⑤ 黄寿祺、张善文译注：《周易译注》，上海古籍出版社 2001 年版，第 531 页。

的重要依据。

"民本思想在中国古代主要表现为对'民惟邦本''民水君舟'的认识和对得民之道、用民之法的实践。"① 《尚书·五子之歌》就提出"民惟邦本，本固邦宁"，这是中国古代民本思想的经典表述。其后，从西周时期周公的"敬德保民"，到春秋战国时期儒家孔子的富民、利民、教民，孟子的"民贵君轻"，荀子的"君舟民水"，以及墨子的"兼爱"，管子的"修法安民"，再到唐宋明清时期各种民本论，这些学说包含着丰富的重民思想。在中国历史上，民本思想被统治阶级和思想精英广为接受。这一思想的产生和发展，是一个理论和实践互动发展的过程。总之，民本思想的提出，是统治者和思想精英通过政权的更替和王朝政治的实践总结出的政治经验和智慧。只有把老百姓视为国家的根本，顺应民心，才能实现长治久安。

统治者要得到人民的支持，要把民本思想转变为政治实践，就涉及民本思想另一个层面的问题，即对得民之道和用民之法的思考和贯彻。利民、富民是以民为本的根本。因为富民是安民的前提，利民是富民的基础。诸子百家几乎都主张利民、富民。道家主张："我无事，而民自福。"② 法家认为："凡治国之道，必先富民。"③ "故取于民有度，用之有止，国虽小必安；取于民无度，用之不止，国虽大必危。"④ 儒家是最为重视利民、富民的。孔子在回答子张如何从政时说："因民之所利而利之"才可以"择可劳而劳之"。⑤ 孟子指出："易其田畴，薄其税敛，民可使富也。"⑥ 荀子认为："王者富民，霸者富士，仅存之国富大夫，亡国富筐箧、实府库。"⑦

民本思想认识到民众的巨大力量，是统治集团在总结历史兴衰存亡

---

① 李宗桂等：《中国优秀传统文化的现代价值》，人民出版社 2019 年版，第 488 页。

② 陈鼓应：《老子注译及评介》，中华书局 1984 年版，第 284 页。

③ 李山译注：《管子》，中华书局 2009 年版，第 256 页。

④ 李山译注：《管子》，中华书局 2009 年版，第 25 页。

⑤ （清）阮元校刻：《十三经注疏》（下），中华书局 1980 年版，第 2535 页。

⑥ （清）阮元校刻：《十三经注疏》（下），中华书局 1980 年版，第 2768 页。

⑦ （清）王先谦撰，沈啸寰、王星贤点校：《荀子集解》，中华书局 1988 年版，第 153—154 页。

经验教训基础作出的理论凝练，有利于在一定程度上缓和社会矛盾、维护政治稳定。但这种思想本质上属于英雄史观，是一种为封建统治者服务的"治民"之道，人民仅仅是被统治者，如孔子说："民可使由之，不可使知之。"①

唯物史观认为，人民群众是历史的创造者，百年来，中国共产党人科学继承了传统民本思想中的精华，抛弃了其维护封建统治的立场，把全心全意为人民服务作为党的根本宗旨，坚持群众路线，坚持立党为公，执政为民，始终站在人民的立场上，代表最广大人民的根本利益。

中国特色社会主义进入新时代，习近平总书记在坚持中国共产党人民立场的基础上，强调以人民为中心，强调人民至上，专注于人民根本利益，使改革发展成果更多更公平惠及全体人民，明确把人民对美好生活的向往作为党和国家的奋斗目标，以人民为中心思想已经成为当代中国的重大价值理念。

中国式现代化是全体人民共同富裕的现代化。中国特色社会主义进入新时代，面对新的时代条件和新的实践，中国共产党牢记初心使命，深深扎根人民，把"以人民为中心"作为重要的治国理念和政治伦理，坚持以人民为中心的发展思想，持续增进人民群众的获得感、幸福感和安全感。以人民为中心的价值立场体现在今天中国的方方面面，是党和国家各项工作的出发点和落脚点，这是对传统民本观念的创新性发展和本质性超越，也是对马克思主义的最新发展。

第三，追求的理想社会具有相似性。人类发展道路充满了荆棘和坎坷，但只有具有超越现实的理想，才能保持一种批判现实、追求未来的精神，才能在对现实社会的批判和超越中前行。

大同理想是中国文化中对理想社会追求的集中表达。儒家经典《礼记·礼运》中说："大道之行也，天下为公，选贤与能，讲信修睦。故人不独亲其亲，不独子其子，使老有所终，壮有所用，幼有所长，矜寡孤独废疾者皆有所养；男有分，女有归……是谓大同。"② 也就是说

---

① （清）阮元校刻：《十三经注疏》（下），中华书局1980年版，第2487页。
② （清）孙希旦：《礼记集解》（中），中华书局1989年版，第582页。

"大道"行于世的时代即"大同"时代。《礼记·礼运》对"大同"的描述虽然简洁，却较为系统地表达了中国人追求的社会理想，是中国理想主义的源头。在以后的两千多年里，中国人追求的理想社会都与其有着或多或少的联系。理想是人们追求未来的精神动力。"大同"理想在中国近现代史上具有独特魅力。近代以来，洪秀全在《天朝田亩制度》中描绘了"有田同耕，有饭同食，有衣同穿，有钱同使，无处不均匀，无人不饱暖"的理想社会。在"西学东渐"的背景下，康有为在吸收西方现代文明的基础上，释古开新，发掘中国传统"大同"理想的合理内核，阐释自己的社会理想，为此他写了《大同书》，提出了"世界大同"的目标，"吾既生乱世，目击苦道，而思有以救之，昧昧我思，其惟行大同太平之道哉。遍观世法，舍大同之道而欲救生人之苦，求其大乐，殆无有也。大同之道，至平也，至公也，至仁也，治之至也，虽有善道，无以加此已"。① 作为中国人世代憧憬的社会理想，天下为公的大同理想始终活跃在中国人的精神世界中。吕思勉指出："中国历代，社会上的思想，都是主张均贫富的，这是其在近代所以易于接受社会主义的一个原因。"② 这种产生于先秦时期的朴素的社会理想，以超越的批判性形成了更为宏大的历史视野，在长期的历史发展进程中保持着顽强的生命力，在现代文明发展中依然熠熠生辉，被赋予了新的时代内涵，焕发出新的活力，引导人们不断地批判和超越，探索走向未来的道路。

马克思主义是致力于实现人类解放的理论。马克思主义来到中国，一开始就是被作为大同来认知的。这既有跨文化翻译的原因，但也的确反映了二者的相通性。在《共产党宣言》中，马克思设想的理想社会："代替那存在着阶级和阶级对立的资产阶级旧社会的，将是这样一个联合体，在那里，每个人的自由发展是一切人的自由发展的条件。"③ 在共产主义社会，生产力高度发展，社会将占有全部生产资料，人类将得到全面的、自由的发展，实行各尽所能、按需分配原则，阶级、国家消

---

① 康有为：《大同书》，中州古籍出版社1998年版，第39页。
② 吕思勉：《中国通史》，群言出版社2016年版，第91页。
③ 《马克思恩格斯选集》（第1卷），人民出版社2012年版，第422页。

失。正是因为共产主义的社会理想同中国传统的理想社会之间具有某种相通性，马克思主义才可能在中国的先知先觉者中深入人心。

第四，具有相似的实践精神。如果说马克思主义强调理论与实践的内在统一，那么儒学则强调"知行合一"。"确立'做'（实践或践履）的绝对原初性，乃是马克思主义与儒学的共同取向，也是它们的基本姿态。"①

中华优秀传统文化素来具备经世致用和知行合一的实践精神。《尚书》中讲"知之非艰，行之惟艰"，这是"知行合一"思想的最早表达。儒家特别强调和推崇"践履""躬行"，认为"知行合一""行重知轻""力行为重"。孔子认为："君子欲讷于言而敏于行""君子以行言，小人以舌言""始吾于人也，听其言而信其行；今吾于人也，听其言而观其行。"钱穆指出："孔子思想，是最为近人而务实的。"② 关注现世、崇尚践履、身体力行、明理达用是先秦儒学的优良传统。在之后的历史中，后世儒家一以贯之地重视实践精神，知行学说得到进一步的发展，"践履"这一实践品格构成儒家思想的基本特征。近代中国，中华民族面临生死存亡的危机，时代需要并呼唤着新的探索和实践，孙中山提出了"知难行易""不知而行"的重要论点。

对实践性的强调是马克思主义哲学最鲜明、最突出、最本质的特征，是其区别于其他哲学最根本的标志。马克思主义的真正力量，归根到底在于其"实践能力的明证"，而不在于理论本身的"高雅"和"完美"。中国人民之所以选择了马克思主义，是因为中国革命、建设和改革的实践证明马克思主义是对的。中国式现代化之所以举世瞩目，之所以具有世界历史意义，不仅因为其成就辉煌，更因为其开辟了新的不同于西方的现代化道路。这个过程，就是马克思主义在实践中不断中国化的过程。中华传统文化面对现世，关注行动，强调"知行合一"，被称为实践理性文化。马克思主义哲学同样关注现世而不关注来世，在本质和基本性格上具有强烈的实践性，被称为实践的唯物主义。也就是说，

---

① 何中华：《马克思与孔夫子——一个历史的相遇》，中国人民大学出版社 2021 年版，第 207 页。

② 钱穆：《新亚遗铎》，生活·读书·新知三联书店 2004 年版，第 122 页。

高度重视实践是二者的共同取向和基本姿态。中国共产党历来高度重视传统知行观与马克思主义实践观的结合。深受中国传统哲学影响的毛泽东，批判吸收并创造性发展了传统知行学说，发展了马克思主义认识论，开创了以实践为基础的"现代知行合一论"。毛泽东的《实践论》，是中国化的实践哲学，其副标题是"论认识和实践的关系——知和行的关系"，形成并建构了唯物辩证法的知行关系；邓小平的"不干，半点马克思主义也没有"，习近平的"实践出真知""学以致用，以行促知"，都体现了中国传统哲学知行统一的实践精神。

第五，具有相似的人生观和价值观。中华优秀传统文化表现出了对国家和社会的强烈的责任感、担当意识以及奉献精神。源远流长、博大精深的中华传统文化，蕴含着丰富的思想精华和思想道德资源，凝聚着中华儿女的精神追求，是树立正确人生观和价值观的重要思想资源。中华文化具有明显的伦理型特点，具有重道轻器、重义轻利的价值倾向，重视道德理论与道德实践的统一，重视道德人格的价值。与西方文化传统更多关注个人自由和权利不同，中国传统伦理道德体系更多注重整体，倡导以天下为己任，所谓"先天下之忧而忧，后天下之乐而乐"。中华文化有着深厚的爱国主义传统。中华文化关注国家民族利益，提倡精忠报国、公而忘私、舍生取义，认为个人利益要服务和服从国家民族的主体利益，所谓"苟利国家生死以，岂因祸福避趋之""鞠躬尽瘁，死而后已"等。作为一种重要的道德资源，这种家国情怀在社会稳定的时候，有利于稳定社会秩序；在国家危难之际，则会凝聚人心，鼓舞全体人民共赴国难。

屈原有"路漫漫其修远兮，吾将上下而求索"的爱国无奈，范仲淹有"居庙堂之高则忧其民，处江湖之远则忧其君"的报国情怀，顾炎武有"天下兴亡，匹夫有责"的主张，这些都体现了中国人的家国抱负。无数仁人志士为国家、为民族鞠躬尽瘁、发奋图强甚至不惜牺牲自己生命，在民族历史上留下了诸多可歌可泣的感人事迹和不朽的名字。

家国情怀本质上是一种对生活共同体的认同和责任意识。这种共同体意识更多地强调个人对共同体的责任。正如曾子所言："士不可以不弘毅，任重而道远。仁以为己任，不亦重乎？死而后已，不亦远乎？"儒家思想具有明显的负重致远的特点，在日常生活中，在点滴小事中贯彻弘毅的精神和对道义的担当。中华优秀传统文化中表现出的个人对国家和社会的责任，与社会主义道德所倡导的爱国主义、集体主义、大公无私等现代道德理念是相通的，表现出的对人生价值的思考也是相通的。不断沉淀和升华的家国情怀已逐步淡化成中华民族的心灵家园。今天，家国情怀仍是我们提升个体生命境界、培养社会责任意识、提升国家认同的有益资源，是中华优秀传统文化促进现代化进程的重要动力。

二　中华优秀传统文化是维系国家统一、民族团结的精神纽带

钱穆认为："由民族产生出文化，但亦由文化来陶铸了民族。没有中国民族，便没有中国文化；但亦可说没有中国文化，也就没有了此下的中国人。"① 在漫长的历史发展中，中华民族饱受战乱、分裂之苦，但一次次战胜了灾难、渡过了难关，其中一个重要的原因就在于拥有能够凝聚民族共识、推动民族不断前进的优秀传统文化。延续发展几千年而从未中断的儒家思想等中华优秀传统文化，是中华民族的共有精神家园和文化标识，是维系国家统一、民族团结的重要因素。特别是随着世界多极化、经济全球化的深入发展，各种利益矛盾交织出现，社会思想意识多元多样多变的特点日益明显，各种危险考验长期存在，尤其需要充分发挥中华文化维系国家统一、民族团结的精神纽带作用。

（一）强化民族认同

民族认同是个体对自身所属民族的认可、支持和心理归属。民族认同感包含两个层面的内容：一是对自己属于这个民族的身份认可和心理归属；二是对本民族命运的关怀和对本民族利益的支持。民族认同感是民族凝聚力的情感基础。民族认同感强，民族凝聚力就强大；反之，民族凝聚力就弱。

文化认同是民族认同最重要、最深层的基础，其作用在于标识民族特性，为个人提供精神动力和自我意识，培育共同体意识，最大限度地

---

① 钱穆：《中华文化十二讲》，九州出版社 2011 年版，第 57 页。

消除距离和隔阂。传统文化，是民族共同体延续的精神基因，是中华民族生生不息的重要滋养，能够强化民族认同的因素有很多，民族传统文化无疑是最重要的因素之一。"只要法语不灭，法兰西将永远存在"，这是法国短篇小说《最后一课》里一句感人至深的名言。普法战争后，普鲁士强行割让了法国的部分领土。普鲁士在这些地方推行德语教育，而法语教育则被禁止。都德用朴素、恬淡的语言描写了被割让地一所小学的最后一堂法文课。小说以一个乡村小学的孩童的眼光来展现沦陷区人民的亡国之痛和民族情感，也让我们看到了国家和民族的语言与国家主权紧密相关。民族文化认同是民族成员共同的社会特征，能够增强民族凝聚力。全球化条件下，如果一个民族一个国家的文化被同化，其失去的不仅是自身的文化，国家安全甚至主权也会受到损害。

在中国历史上，中华优秀传统文化是强化中华民族身份认同最重要的因素。冯友兰认为："在传统上，中国人与外国人即'夷狄'的区别，其意义着重在文化上，不在种族上。"① 四海一家的情怀，富贵不能淫、贫贱不能移、威武不能屈的大丈夫气概，天变不足畏、祖宗不足法、人言不足恤的担当精神，先天下之忧而忧、后天下之乐而乐的忧患意识等，是中华民族的独特标识，体现了中国人的文化品位。在漫长的历史中，中华优秀传统文化成为中华儿女不断增强身份认同的重要因素。中华文明以国家形延绵几千年，从未中断。中华民族在面临着前所未有的内忧外患、面临着亡国灭种的空前危机时，同仇敌忾，共赴国难，各民族荣辱与共的命运共同体意识深入人心，中华民族共同体意识空前强烈，成为中华民族战胜苦难、走向复兴的强大精神动力。这与中华民族"大一统"的历史传统和深厚持久的中华文化认同不无关联。

在世界文化西强我弱的总体格局下，中华民族要实现伟大复兴，更需要增强民族凝聚力，这是关系到中华民族前途命运的重大问题。中华优秀传统文化是中华民族的文化标识，是所有中华儿女的精神家园。精神家园虽然是无形的，但意义重大，因为其是一个民族的文化依托和精

---

① 冯友兰：《中国哲学简史》，涂又光译，北京大学出版社 2013 年版，第 305 页。

神归宿，是民族文化中稳定的价值系统。哲学思想、传统节日、风俗习惯、传统服饰、历史古迹、古典诗词、中医中药等等，承载和体现着中华民族历史积淀下来的精神气质、价值取向、情感、伦理道德等等，是民族的文化标识，是强化身份认同的文化符号。精神家园是人们的心灵居所和精神皈依，是民族凝聚力的根源所在。精神家园的建设过程就是文化认同的强化过程。一个精神家园荒芜的民族，精神世界会失去支撑和归属，将会出现价值混乱、道德滑坡等情况，将会丧失民族凝聚力。要充分利用各种历史文化资源，加强文化传统的价值认同，为中华民族构建生生不息、薪火相传的共有精神家园。

（二）维护民族团结统一

维护民族团结统一，既是实现民族复兴的应有之义，也是实现这一梦想的必要条件。就民族共同体的发展而言，团结统一是第一位的。实现民族复兴就必须凝聚中国力量，这个力量就是全国人民大团结的力量。多民族国家的稳定和发展，需要民族共同体内部的相互理解、包容和支持，需要共同价值的凝聚和支撑，而中华优秀传统文化是维"合"促"合"的强大精神力量，是维护民族团结统一的坚强精神纽带。

1. 中华优秀传统文化有着根深蒂固的"大一统"思想

冯友兰指出："秦朝统一以后的两千多年里，中国人一直在一个天下一个政府之下生活，只有若干短暂的时期是例外，大家都认为这些例外不是正常情况。"①"大一统"观念经过长期积淀，以团结统一为荣为上，以分裂纷争为耻为下，已经成为中国人的文化自觉意识。从"溥天之下，莫非王土"，到"何言乎王正月？大一统也"，再到"天下车同轨，书同文，行同伦"，反对分裂，维护统一已经深深积淀在中国人的文化心理中，这种根深蒂固的"大一统"思想是维护民族团结统一的社会心理基础。

2. 中华优秀传统文化是民族融合的内在支撑

考古学的发现表明，中华大地上最早散布着诸多文化区域和原始部

---

① 冯友兰：《中国哲学简史》，涂又光译，北京大学出版社 2013 年版，第 175 页。

落。在不断冲突和交融中，华夏文化逐步成为主体，随着影响力的增强，各区域文化逐步交融成中华文化。在这个历史进程中，中华优秀传统文化，如语言、文学、伦理、风俗、饮食、服饰等，发挥了重大作用，中华文化是各民族文化的集大成者，具有兼收并蓄的包容特性。各族人民浸润其中，长期交往交流交融，形成了多元一体的中华民族，各民族有文化上的互鉴融通，造就了中华文化的历史弥新。"判断一个民族是否是中华民族大家庭一员的标志，不是种族，不是血缘，不是地缘，而是中华文化。"① 以儒家思想为代表的传统文化具有超强的凝聚力。中华文化强调四海之内皆兄弟，具有协和万邦的天下情怀。即使在分裂时期，"大一统"的文化认同和价值追求也从未改变。在中华文明的形成过程中，无论文化如何多样，但最终都融为一体，各民族的文化都内化为中华文明的内在元素。这种内聚力是很多国家难以想象的。因此，中华优秀传统文化是民族融合的内在支撑，对中华民族多元一体格局的形成有着重要的作用。

第二节　中华优秀传统文化的文化价值

中华优秀传统文化的文化价值，是指其在繁荣和发展社会主义先进文化、增强中华文化世界影响力过程中所体现出的有用性。中华优秀传统文化对于涵养社会主义核心价值观、增强国家软实力和繁荣发展社会主义文艺方面具有重要作用。

一　中华优秀传统文化是社会主义核心价值观的重要基石

文化是民族的血脉，价值观是文化的灵魂。价值观是人们在认识和改造世界的过程中形成的对事物价值的根本看法。价值关系本质上是利益关系。任何社会都存在着多种利益关系，也就都存在着多种价值观念。价值观构成了个人的心理定式。价值观念的冲突会影响社会秩序甚至社会稳定。一个社会，要整合力量，凝聚人心，确保前进方向，就得

① 本书编写组：《中华民族共同体概论》，高等教育出版社、民族出版社2023年版，第12页。

有主导性的价值观，也即核心价值观。主导性价值观是一个社会的精神支撑，也是其精神气质的体现。主导性的价值观反映着一个社会的本质特征和根本性质，事实上就是统治阶级的价值观。

一个社会，主导价值观要能够充分发挥其作用，就要得到社会普遍认同，那就得通过一定的方式、路径把其润物无声地传递给民众，使其内化为大多数社会成员个人的价值观。那么，主导价值观如何才能得到民众的普遍接受呢？任何主导价值观都是在一定的政治、经济和文化条件下形成的。社会成员也总是根据自己的社会地位、现实利益、人生经验、文化观念等来理解、选择和内化主导价值观。为此，主导价值观首先要反映国家根本利益，符合广大民众期待，且要具有时代精神；其次要反映民族精神，反映民族文化渊源，体现民族特性。

（一）中华优秀传统文化是涵养社会主义核心价值观的重要源泉

任何深入人心、具有强大生命力的主导价值观，都有其根基和传统，都植根于自己的历史文化土壤。中华文化有自成一体的价值体系，在世界文明体系中独树一帜，是当今中国主导性价值观固有的根本。

中华民族在几千年的历史进程中，创造了博大精深的中华文化，形成了具有自己民族特色的价值体系和价值观，这是中国人宝贵的精神财富。从某种意义上来讲，中华优秀传统文化既是我们这个民族价值观的内在根基，也是我们这个民族价值观的外在表现。中华优秀传统文化也影响着中国人的思想方式和行为方式，形成了中国人独有的精神世界和日用而不觉的价值观。

价值观自信是保持民族精神独立性的重要支撑，自信方能坚守和践行。文化是一个民族的精神密码，也是民族间相互区别的根本标志。任何民族都不可能抛弃其文化传统而重新开始。中华文明有自身稳定的价值观，如民本品格、和平品格、包容品格等等。一定意义上讲，中华文化赋予了中华民族的存在意义。中国文化追求格物致知、修身齐家、治国平天下，由个人修身养性通达至家庭、社会、国家。中华传统文化是伦理型文化，道德至上是其根本价值取向，重德是我们的文化传统。这种文化传统赋予了中华民族厚重的伦理气质。

价值观属于文化的范畴，必须立足于其历史文化传统。核心价值观一定是一个国家、民族在漫长历史岁月中孕育形成的，反映和体现着其文化特色与精神追求。民族性是核心价值观的基本属性之一。中国照搬西方价值观，是不可能的，也是不可想象的，这是因为中西方有着不同的历史文化背景。古希腊文明是西方文化的源头之一。当前西方核心价值观如"民主、自由、人权"等，虽然是资产阶级利益诉求在观念上层建筑领域内的反映，但其思想根源可追溯至古希腊文明和文化，古希腊文明中的"自由、民主、节制"等观念是西方核心价值观的渊源。也就是说，西方的核心价值观是建立在西方文化土壤上的，以西方文化传统为其本位属性。中国不可能把另一种文化的价值观作为自己的价值追求，中国必须有自己的价值观。今天，中西方核心价值观都蕴含着各自文化传统中的核心思想理念。中华传统文化蕴含充沛的价值理念。任何民族的现代化进程，都要受其文化传统的影响。文化传统的内容和表现形式会随着时代变迁而变化发展，但其精神内核和文化基因已经融入了民族血脉之中，会世代传承并持续发挥作用。全球化时代，社会主义核心价值观要深入人心，就要从自己的文化血脉渊源中去寻找资源，梳理和萃取其中的思想精华，改造融合为当代中国精神。社会主义核心价值观只有根植于中国的历史文化土壤，具备中国韵味和中国气派，才会有生命力，才会有强大的凝聚力和向心力。

（二）中华优秀传统文化是涵养社会主义核心价值观的重要思想资源

我们的祖先在漫长的历史进程中创造了辉煌灿烂的文明。传统文化有其历史的局限性，但作为长期积淀下来的群体性智慧，蕴含着独具特色的价值理念和道德智慧，是我们宝贵的、可以充分挖掘的精神富矿，是今天我们培育主导性价值观的重要思想资源。社会主义核心价值观不是空中楼阁，不是天上掉下来的，离不开民族精神根底和意义世界。要从我们的精神血脉中寻找可以滋养今天主导性价值观建设的资源，使中国人对其产生天然的亲近感，从而形成普遍的价值认同。如果割断了文化血脉，丢失了自己的文化基因，就无法在世界文化激荡中站稳脚跟。今天，主导性价值观建设绝不是对传统价值理念的照搬照抄，而是在新的时代和实践基础上的超越和升华。社会主义核心价值观既是民族性与时代性相结合的典范，又体现了社会主义社会的本质特征。

中华文明绵延深厚，有自成一体的价值体系。今天，社会主义核心价值观也是中国传统价值体系的时代延展。社会主义核心价值观的传统底蕴，蕴含于国家、社会、个人三个层面的优秀传统文化之中。要萃取传统文化的精华典范，赋予其新的时代内涵，彰显中国特色和中国元素的内在价值。

从国家层面来看，中华文化中有非常丰富的资源能为今天的主导性价值观培育提供借鉴。在中华文化中，国家发展的首要目标就是国富民强，认为"凡治国之道，必先富民"，所以"政在使民富"。中华文化历来注重民意，认为为政之道，首在得人，正所谓"民惟邦本，本固邦宁""民之所欲，天必从之"等等。中国被称为文明古国。在中国文化中，文明有文德教化的意思。中华文化强调人文化成，礼乐教化，用规范教化匡正世人。和谐思想是中华传统文化的基本精神之一，是中庸思想与和合思想的集中体现。在中华文化中，和谐不仅是价值追求，也是重要方法。从社会层面来看，传统文化中蕴含着"为仁由己，百家争鸣""列德尚同，爱无等差""不疏贵贱，一断于公""礼法共治，德刑合一"等社会主张。这些都是构建现代价值观的思想资源支撑。作为一个礼制社会，我们的文化中较为缺乏"自由""平等"的传统。如在传统文化语境中，自由更多表征个人的存在状态，更多偏向心性活动；平等是在等级秩序里的平等。为此，要批判继承传统文化中的相关思想资源。从个人层面来看，中华文化非常重视对个人道德修养的培养。中华文化有强烈的家国情怀，所谓"天下兴亡，匹夫有责"，中国历史上"杀身成仁""舍生取义"的壮举数不胜数；再如"言必信，行必果""出入相友，守望相助"等等。这些思想理念，随着时间推移和时代变迁而不断与时俱进，为社会主义核心价值观的形成提供了精神给养。

我们要立足当代中国实际，充分挖掘、批判继承中华传统文化，使我们的主导价值观独具中国特色和中国神韵，能够在世界文明体系中独树一帜，从而增强中华民族的向心力和凝聚力。

（三）弘扬中华优秀传统文化是培育社会主义核心价值观的重要途径

任何一个民族和国家，其现代化的过程都会受自身文化传统的影响。时间的流逝会使得文化传统失去和改变一些东西，但是其精神内核和文化基因不会轻易随之改变。不忘本来才能开辟未来，善于继承才能更好创新。传承传统文化的目的不是"复古"，而是古为今用，服务于当下的社会主义现代化建设。要坚持马克思主义的立场、观点和方法，立足当下中国实践，顺应时代发展，推陈出新，激活传统文化生命力，使其符合当今时代和实践的需要，融入中华民族伟大复兴的历史进程中。特别是中华优秀传统文化中蕴含着丰富的伦理道德资源，要为其注入新的时代内涵，努力用我们祖先创造的一切精神财富来以文化人、以文育人。由于中华优秀传统文化是今天我们培育主导性价值观的重要价值资源，因此对其的传承弘扬是培育社会主义核心价值观的重要途径和题中应有之义。

世界历史和文明发展的经验告诉我们，抛弃传统就是割断本民族的精神命脉，价值体系的成功转换必须建立在批判继承传统价值观的基础上。社会主义核心价值观的培育和弘扬不可能平地盖高楼，完全另起炉灶，必须与中华优秀传统文化相衔接。中国共产党始终注意继承和弘扬中华优秀传统文化。在建设社会主义文化强国的时代境遇下，对中华优秀传统文化的认识更加深入，更加珍惜和重视这份异常宝贵的历史遗产。中华优秀传统文化是人们思想观念、生活方式、风俗习惯、情感样式的集中表达，对今天的中国人仍然具有很深刻的影响。要建立一种新的价值观，当然需要吸收和继承旧价值观中的合理成分，并结合现代社会的实际对其进行"创造性转化"和"创新性发展"，使其贴近人民群众的实际需要和现实生活。

要弘扬中华优秀传统文化，就需要研究中华优秀传统文化的历史渊源、发展脉络、基本走势，探究其中蕴含的价值理念、鲜明特色，并结合当代中国改革开放和社会主义现代化建设的时代需要，吸收其精华，剔除其糟粕，赋予其新的时代内涵，使其与中国特色社会主义先进文化相融相通。要更好地传承弘扬中华优秀传统文化，就要充分重视其价值，发挥其作用，努力将中国人对传统文化的温情与敬意转化为对社会主义核心价值观认同的心理与情感基础。总之，弘扬中华优秀传统文化是一个长期而艰巨的任务，既需要加强对公民的传统文化教育，也需要在实践中提升对中华优秀传统文化的认识。

二 中华优秀传统文化是增强国家文化软实力的坚实基础

文化发挥作用的过程是潜移默化、润物细无声的，文化通过统一人们的思想和政治倾向，维护或倡导一定的生产关系、社会制度、利益格局等，从而发挥其作用。一个国家的兴衰和其文化软实力的情况息息相关。对一个国家而言，真正意义上的强大离不开硬实力和软实力两方面的支撑。文化兴盛是国家实力的重要体现。硬实力不强，可能一打就败；软实力不强，则可能会不战而败。

当代世界，文化软实力已经成为国家综合实力的重要构成要素，也越来越成为国际竞争的关键领域。"软实力"是美国哈佛大学教授约瑟夫·奈首先提出来的一个学术概念。约瑟夫·奈站在西方立场上，认为软实力是指文化、价值观、制度等非物质性力量对他国吸引和同化的能力，是一种"同化式的实力"。由于美国的国际地位和约瑟夫·奈深厚的美国官方背景，"软实力"概念很快被全世界广为关注和使用。在中国，王沪宁在 20 世纪 90 年代初期最早注意到了此概念，并发表相关文章介绍"软实力"。此后中国学界逐步开始了对"软实力"的研究。2007 年，"软实力"概念写进了党的十七大报告，但在"软实力"前面加上了"文化"二字，凸显了文化在软实力中的作用。中国的文化软实力理论是为了增强自身综合国力，并为中华民族伟大复兴营造良好的内外舆论环境。

"中华优秀传统文化是中华民族的突出优势，是我们最深厚的文化软实力"，① 如何对待本国历史及其传统文化，这是任何国家在其现代化进程中都必须面对和解决的问题。中华优秀传统文化在中华民族的发展历史中，发挥着重要的作用。今天，在实现中华民族伟大复兴中国梦

---

① 《习近平谈治国理政》，外文出版社 2014 年版，第 155 页。

的历史进程中，我们需要对绵延 5000 多年的中华文明，多一份尊重，多一份思考，有鉴别地对待、有扬弃地继承，充分发挥其在增强国家文化软实力中的作用。

（一）中华优秀传统文化有助于中华民族凝聚力的增强

今天的中国，国家实力不断增强，正在逐步接近国际舞台的中央。国际影响力的领先是国家富强的重要表现。提升文化软实力事关中国国际地位和国际影响力，是实现国家富强的必然要求。中国要实现国家富强，就要实现内部团结，而实现内部团结，需要充分发挥文化凝聚力量的作用。

任何文化首先是民族文化，是一个民族在一定历史时期对世界的认知和感受，影响和塑造着民族成员价值观念、心理倾向和行为模式。共同的文化传统是民族和国家认同的内在基础，是凝聚民族力量的重要资源，因而是重要的文化软实力。

中华民族有自己的文化传统和民族性格，这是民族的根脉与灵魂，也是中华民族生生不息的强大精神支柱，对今天中国人的精神风貌和品德养成有重要的熏陶作用。在实现中华民族伟大复兴的历史进程中，中华文化是坚定文化自信的力量源泉，是支撑中国式现代化道路的重要精神力量，也是提升我们文化软实力取之不竭的思想富矿。中华民族同根同源的文化谱系可以构建起公众的家国情怀，增强不同社会群体的民族认同，从而增强中国人的凝聚力。

（二）中华优秀传统文化有助于提升中国特色社会主义文化的亲和力

亲和力是文化软实力的重要方面。亲和力的本质是认同，是人们心理相容的基础。"软实力"强调柔性的力量，所谓"观乎天文，以察时变；观乎人文，以化成天下"。绵延数千年的文化传统是我们的心灵港湾和情感皈依，是每一个人身处其中而往往不自知的文化环境。我们的信仰、思维方式、生活方式、交往方式、伦理观念等等，我们的世界观、人生观等皆发源于我们的传统文化。文化是这样一种力量，它能够直抵人的心灵与情感，潜移默化、润物无声地感染人、影响人；文化还有助于加强不同国家、民族间的相互了解、理解和信任，有助于促进世界文化多样性的发展和和谐国际关系的建立。

中华文化源远流长，精彩纷呈，独具魅力。中华民族自古就是爱好和平、亲仁善邻的民族。中华文化的魅力在于它的人本精神，在于它的道德性，在于它的韧性与创新。中华传统文化具有丰富的哲学思想、政治思想、人文精神、道德规范、风俗习惯、审美情趣，通过学校教育、艺术作品、电视节目、互联网等途径，依托文物古迹、文艺作品等载体广泛传播，具有强大的吸引力和感召力，不仅能够凝聚中华儿女实现民族复兴，还能够让世界关注中国、理解中国。

古代中国曾长期走在世界前列，对世界文明产生了至为深远的影响。今天，随着西方文明弊端的暴露，中华文明的独特价值和魅力为世界上越来越多的有识之士所认知，成为西方文化的重要参照，全球化语境下，要进一步讲好中华优秀传统文化，展现源远流长的大国文明魅力，提升中华文化的亲和力和感染力。

加强对外文化交流合作，不断提高文化交流水平。积极宣传推介戏曲、剪纸、舞蹈、书法、国画等中国文化瑰宝，让外国人在欣赏艺术之美的过程中潜移默化地理解和接受中华文化，中华文化的魅力，深化对中国的认识，增进对中国的了解。支持中华医学、中华烹饪等中华文化代表性项目"走出去"。让国外民众感受中华文化的博大精深。通过互联网、报纸、杂志、电视等多种途径加强中华优秀传统文化的正面宣传，扩大中华优秀传统文化在国内、国际社会的影响，让更多的人了解、热爱甚至主动传播中国文化，从而增强国家文化软实力。

三 中华优秀传统文化为繁荣发展社会主义文艺提供养分

文艺是民族精神的火炬，是民族风貌的重要体现，引领着一个时代的风气。文艺承担着成风化人的职责，文艺事业是党和人民的重要事业，中华民族的伟大复兴离不开文艺事业的繁荣发展。

文艺不仅是交流工具，更是民族文化和价值观的载体。文艺具有民族精神染色体的作用。文艺对民族情感的培育至关重要。全球化时代，文艺创作要坚持民族特色。传统文化对内可以使文艺工作者寻找特色，获取灵感，找准定位；对外可以提高其民族的文化辨识度。中华文化源远流长、灿烂辉煌，是中华民族生生不息、发展壮大的丰厚滋养。20世纪 60 年代初，中国首创的全球第一部彩色水墨动画片《小蝌蚪找妈妈》问世，将水墨画这一古老华夏艺术和现代动画技术相结合，创造一种独特的动画形式，至今仍在世界文化艺术宝库中独放异彩。实践充分证明，中华优秀传统文化是当代文艺创作的源头活水，文艺创作必须厚植于中华民族几千年波澜壮阔的历史。

习近平总书记指出："文艺创作不仅要有当代生活的底蕴，而且要有文化传统的血脉。"① 一方面，中华优秀传统文化为当代文艺创作提供具有鲜明文化个性的创意和素材。中国各族人民在几千年历史中共同创造的中华文化，独具特色，有自己独特的气质和审美。中华文化有诸多极具民族特色的文化元素，有大量的文化典故和历史人物，为当代文艺创作塑造人物形象、叙写故事情节、表达精神情感、弘扬中华美学精神等提供了源头活水。好莱坞电影《功夫熊猫》《花木兰》就是取材于中国的传统文化资源。正如鲁迅所言："有地方色彩的，倒容易成为世界的。"② 传统文化，作为我们的文化根基，给了中国人独特的文化血型，赋予了我们鲜明的文化个性，也是中国人骄傲和自尊的来源之一。另一方面，传统文艺作品为今天的文艺创作提供了优秀的范本。璀璨的中华文明为我们留下了浩如烟海、令人难忘的文艺经典，范围包括文学、书法、美术、戏剧、音乐、舞蹈、曲艺和民间文艺等，这些经久不衰的文艺作品，是当代文艺创作难得的学习范本。

近年来，文化市场中涌现出一大批根植于中华优秀传统文化的文艺精品。电视剧如《庆余年》《甄嬛传》等；电影如《长安三万里》《赵氏孤儿》《百鸟朝凤》等；纪录片如《如果国宝会说话》《"字"从遇见你》等；文化类综艺如《中国诗词大会》《宗师列传·唐宋八大家》《典籍里的中国》《经典咏流传》这些文艺作品既叫好又叫座，充分展现出中华优秀传统文化的魅力。

总之，繁荣发展社会主义文艺，建设社会主义文化强国，离不开中

---

① 习近平：《在文艺工作座谈会上的讲话》，《人民日报》2015 年 10 月 15 日第 2 版。
② 鲁迅：《致陈烟桥》，《鲁迅全集》（第 13 卷），人民文学出版社 2005 年版，第 81 页。

华优秀传统文化的丰厚滋养。因此，文艺工作者要有坚定的文化自信，深入挖掘传统文化中适宜创作的素材，自觉赓续中华文化精神和审美风范，结合时代特点，运用多种技术手段和艺术表达形式，打造更多具有传统文化韵味的、人民喜闻乐见的优秀文艺作品，更好地满足新时代人民日益增长的精神文化需求，推动社会主义文艺的繁荣发展，也为世界贡献富有中国特色的文化因子。

第三节　中华优秀传统文化的世界价值

"中华优秀传统文化的世界价值指的是中华优秀传统文化对于推动世界文化的发展与繁荣以及相互交流的共有文化语境所具有的有用性。"① 中华优秀传统文化具有延续性、包容性、开放性的特征，它具有巨大的同化力、融合力、凝聚力，是能够海纳百川、包罗万象的文化。随着经济实力的迅速增长，中国更加深入、全面地走向世界。把以儒家为主体的中华传统文化推到了世界文化舞台的前列。中华文化是民族的，也是世界的。在全球化引导下，中华文化走向世界是必然趋势。任何文明都不可能孤立地存在和发展。中华文化历来是开放的、包容的。中华文化正是在同其他文明的交流互鉴中发展壮大起来的，不仅是中华民族的精神家园和安身立命的根基，也是全人类共有的精神财富。今天，要让世界了解中国，要提升中国文化软实力和中国在世界文化格局中的地位，中华优秀传统文化依然具有无可替代的作用。中华优秀传统文化具有世界性的文化意义，是加强国际沟通交流的文化资源，能够为解决世界问题贡献中国智慧。

一　中华优秀传统文化具有世界性的文化意义

作为世界文明的发祥地之一，中华文明曾是世界上最辉煌的古代文明之一。中华文明长期走在世界前列，是世界文明的瑰宝，对世界文明的进步做出了不可磨灭的贡献。在几千年的历史继承中，中华文明历经

---

① 高琦、娄淑华：《习近平论中华优秀传统文化的价值》，《思想教育研究》2018 年第 3 期。

磨难却经久不衰，是世界古老文明中唯一未曾中断的伟大文明。中国的思想、制度、工艺、科技等，极大推动了人类社会的发展进步。比如，公元4世纪，中国的造纸术传入朝鲜。火药在元代传入朝鲜，科举制度在高丽王朝时期成为朝鲜的基本教育制度。隋唐时期，中国文化大量传入日本。日本著名的"大化革新"，基本内容就是学习中国制度。

今天，时代已经发生了巨大的变化，人类文明取得了长足的进步，人类有了新的生产生活方式，孕育传统文化的政治经济基础和社会土壤早已不复存在，但优秀传统文化依然展现出跨越时空的魅力和价值，是全人类共同的文化遗产和精神财富。美国汉学家费正清指出："对于艺术、文学、哲学和宗教领域的人文学者来说，中国的传统社会是西方文化的一面镜子，它展现出另外一套价值和信仰体系、不同的审美传统及不同的文学表现形式。"① 西方学者对中华优秀传统文化价值的发掘和借鉴，在很大程度上源于他们对西方"现代化"结果的整体性反思，由此对中华优秀传统文化产生了真切的认同。中华民族自古就有"和为贵""和而不同""天下大同""睦邻友邦"等理念，经过几千年的沉淀，这些和合共生的理念已经浸入中华民族的血脉之中，对于促进文明交流以及维护世界文明多样化具有重要的启示意义。

中华优秀传统文化既是民族的也是世界的。文化多样性是人类的共同遗产，是文化碰撞与冲突、交流与对话、批判与反思、创新与发展的前提，是全球化背景下维持正常文化生态、实现均衡发展的必需条件。民族传统文化是保持民族认同的最后一道壁垒，是实现世界文化多样性的重要资源。中华优秀传统文化是中华民族的精神基因和身份标识，蕴含着中华民族独特的思想理念、道德观念和人文精神，受到了今天世界上越来越多的人的关注和欢迎，是构建世界文明新秩序不可或缺的重要文化资源。我们需要以更加深刻的文化自觉，守望、呵护和弘扬中华优秀传统文化，学习借鉴其他文明，守护中国文化特质，保持文化主体性，为中华文化走向世界、为形成全球性的文化多元格局做出一个文明古国应有的贡献。

---

① ［美］费正清：《中国：传统与变迁》，张沛译，世界知识出版社2002年版，第2页。

二　中华优秀传统文化是加强国际沟通交流的文化资源

从历史上来看，中华文明长期走在世界前列，对世界文明的进步影响深远，贡献巨大，也为今天各国人民接受中华文化提供了文化心理基础。历史上，由于地理上的接壤或邻边，中国与日本、朝鲜等周边国家来往频繁。作为当时世界上最为发达的文明之一，我们的文明深深影响了周边国家，极大地推动和加速了这些国家的文明进程。中华文化对东亚各国的影响是深刻而深远的，"它们至今还保存在东方各国特别是日本、朝鲜等国的语言、文字、思想、宗教、文学、艺术、饮食、服饰以至于风俗习惯里"。① 古代中国不仅和周边国家关系密切，还逐步同印度、波斯、欧洲等国家和地区有了来往与交流。因此，中华文明不仅深深影响了东亚各国，还漂洋过海，逐步西传。进入欧洲的不仅有罗盘、火药等重大发明和技术，还有大量的思想文化。这些不仅为欧洲近代化提供了物质技术基础，也对欧洲启蒙运动产生了重大影响。马克思指出："火药、罗盘、印刷术——这是预兆资产阶级及社会到来的三项伟大发明，火药把骑士阶层炸得粉碎，罗盘打开了世界市场并建立了殖民地，而印刷术却变成了新教工具，并且一般说变成科学复兴手段，变成创造精神发展的必要前提的最强大推动力。"② 在欧洲处于黑暗的中世纪时，中华文化一枝独秀，是当时人类文明的高峰，长时期推动了世界文明的进步，赢得了西方思想界的广泛赞誉，对整个世界的面貌产生了深刻影响。

全球化背景下，国家间的综合国力的竞争更加激烈。文化作为综合国力的重要组成部分，在国际竞争中的作用越来越突出。当今中国前所未有地靠近世界舞台的中心。在世界上讲好中国故事，展现中华文化魅力，树立好中国形象，掌握好中国话语权，让世界了解真实的中国，是占据国际文化竞争制高点、为民族复兴营造良好国际环境的必然要求。

文化是沟通心灵的桥梁，中华优秀传统文化源远流长，独具魅力，

---

① 郝建平：《中华文明在世界文明史中的地位》，《天府新论》2006 年第 2 期。
② ［德］马克思：《机器。自然力和科学的应用》，人民出版社 1978 年版，第 67 页。

其中很多精华跨越时空、超越国度。很多外国人通过中医中药、戏剧、文物、服饰、饮食、琴棋书画等途径了解中国文化，也通过孔子学院等载体学习中文、了解中国文化。还有许多来自世界各地的中华文化爱好者来到中国，近距离接触和感受中国文化的博大精深和独特魅力。这些来自外国的中国文化爱好者，在接触和学习中华文化的过程中，也在深入地了解历史中国和当代中国，增加了对中国的认同。这种深入的交流，密切了中国与世界的联系，有利于改善世界对中国的认知，提升中国的国际形象。伴随着中国参与全球化程度的加深，中国和世界的交流和往来也日益增多，文化产业也不断做大做强，改变了文化产业贸易逆差的状况，各种文化精品源源不断地走向世界，更多的人有更多的机会和途径了解中国和中国文化。

全球化背景下，随着中国国际影响力的提升，有更多的人想要了解中国。讲好中国故事，独具魅力的传统文化是重要的资源。要以国外受众易于接受的方式和能够理解的语言讲好中国故事，增加跨文化传播的亲和力，从而更好地引发情感共鸣，更好地实现民心相通。

三 中华优秀传统文化能够为解决世界问题贡献中国智慧

今天，现代性的危机困扰并危及了这个世界上的每一个人。现代化无疑是人类社会发展的必由之路。今天，已然被现代化格式化的整个世界，处在经济全球化、社会信息化、文化多样化时期，各国之间的联系前所未有的紧密，现代化的负面效应逐渐暴露，人类正共同面对恐怖主义、贫富分化、生态危机、资源短缺、网络安全等诸多全球性问题，威胁着整个人类的安全、生存和发展，导致这些问题产生的一个重要原因是文化危机。

工业革命以后的几百年里，西方世界主导了世界现代化进程，人类脱离了孤立和分散状态，不断地从民族历史走向世界历史。现代化成了人类社会的发展趋势，成了每一个国家的普遍命运。与之相适应的是，西方文化也就成了世界上的强势文化。西方主导的现代化带给了世界巨大的发展和进步，科学技术快速进步，物质财富也快速增加，人类的生产生活方式发生了重大变化，人类获得了一定意义上的解放。但是，西方文化主导的现代化在带给人类巨大成功的同时，也不得不面对各种问题甚至全球性危机，也带来了比如贫富差距、生态恶化、道德滑坡、享乐主义甚至战争等。人类进入 20 世纪，随着西方世界各种矛盾的激化，带给人类两场世界大战，这是人类巨大的灾难。科学技术在解放人的同时，也带来了新的不平等甚至奴役，人类甚至不得不面对核战争的威胁。也就是说，今天整个人类的安全、生存和发展都受到了威胁。任何文化都有其自身的局限性。西方文化崇尚"主客对立"，这种文化有其固有的局限性。法国哲学家埃德加·莫兰认为："西方文明的福祉正好包藏了它的祸根。"① 今天，整个世界已然被现代化格式化，全球性问题与全球化共生并进。现代化取得了有目共睹的巨大成就，同时带来了人与人、人与自然、人与自我、人与物的异化问题，人类面临着生存与发展的各种危机，人类文明向何处去成为今天世界必须回答的问题。

美国汉学家费正清指出："近一个世纪以来我们西方社会的生活变得迅速恶化了。"② 面对现代化带给人类的生存与发展危机，西方学者有了审视、反思和批判西方文化弊端与不足的自觉，同时也在寻找解决问题的思路以及文化资源。正是在这个过程中，一些西方学者把目光转向了世界的东方。他们看到了中华文化蕴藏的智慧，认为中华文化蕴含的世界观、人生观和价值观对现代性的弊端具有预防和免疫的作用，如中国文化追求人与自然以及社会整体和谐。他们把中华文化作为审视自身文化的参照系，并试图从中吸取思想智慧，寻找解决问题的思路和有启示价值的理念。

传统文化既是过往的历史，也是当下的现实。西方学者对中华优秀传统文化的认同，很大程度上来源于其在对西方"现代化"结果的整体反思。中国是一个文脉不息的文明型国家，中华文化特质、基因与众不同，有自己独特的价值体系，文明内核独树一帜，倡导以德服人，相信"多元一体"等，对于克服现代化的弊端是有积极意义的，成为西方文化发展的一个重要参照，能够为世界文明的发展做出独特贡献。当

---

① ［法］埃德加·莫兰：《超越全球化发展：社会世界还是帝国世界》，转引自乐黛云等主编《迎接新的文化转型时期——〈跨文化对话〉丛刊（1—16 辑）编》，上海文化出版社 2006 年版，第 202 页。

② ［美］费正清：《中国：传统与变迁》，张沛译，世界知识出版社 2002 年版，第 2 页。

然，中华文化对克服现代化弊端的作用主要是提供启示，而不是给出具体的解决方案。要对传统文化中蕴藏的思想资源加以现代性转化和创造性诠释，为人类社会发展进步做出贡献。

现代化弊端背后的一个重要原因是文化危机。中华文化是解决当今全球问题的重要思想资源，是创造未来新文明的必要条件之一。中国文化在未来世界影响力的大小取决于其在创造人类新文明中贡献的大小。中华文明传承至今，文化基因绵历不衰，天人合一、敬天法祖、和合大同等基本理念，是中华文明长存于世的根本之道，也必将为世界文化创造贡献思想资源。

第一，"身心合一"思想为现代人解决身心和谐问题提供思想资源。中华文化主张"身心合一"，认为人的身心之间存在着一种相即不离的和谐关系，要实现"身心合一"就要靠"修身"。"修身"是为了"齐家""治国""平天下"。中华文化注重人的德行修养，关注人生意义，认为道德自律能够让人在复杂的人世间找到自己的心灵港湾，找到自己的精神家园和意义世界，从而实现治国、平天下的目标。

第二，"人我合一"的观念为解决"人与人"的矛盾提供思想资源。"人我合一"是说自己与他人之间的和谐关系。中华文化非常重视追求人际关系的和谐。在儒家文化中，"仁"是个人修身和处理人际关系的重要原则，"和为贵"是伦理关系的核心理念。儒家主张"克己复礼为仁""仁者，爱人"。这种把"爱人"与"正我"相结合的思想，有助于人们处理好集体同个体的关系，在各方面竞争日益激烈的现代社会依然可以发挥重要作用。

第三，"天人合一"观念为解决人与自然的矛盾提供思想资源。西方哲学曾长期主张"天人二分"。中国文化主张"天人合一"，认为"人"和"天"不是对立的，"人"本身就是"天"的一部分，破坏"天"，"人"也会遭到惩罚。为此，要"知天""畏天"，要合理利用自然，要保护自然。这种崇尚自然、效法自然的思想，对于解决当今世界的生态问题有重要启示意义。

第四，"尚中贵和"理念是建设和谐世界的有益资源。"尚中贵和"是中华优秀传统文化的精髓和特质，是中华文明的基本精神。"尚中"

与"贵和"紧密相关，中国文化认为可以通过"尚中贵和"的态度和行动实现"致中和"的目的。也就是说，要实现"和"，就要依靠"尚中"的方法。中国古人主张"协和万邦"，把"和"作为解决国家之间、地区之间冲突的基本准则。从现代国际关系角度来看，"尚中贵和"就是尊重世界文明的多样性，就是维护不同文明间平等对话的权利，这有利于推动世界多极化。

　　虽然任何学说都不可能解决现代社会的所有问题，但中华优秀传统文化中对于自然、社会和人生问题的思想依然能给我们提供解决问题的思路和理念，要批判继承这些思想资源并实现现代性转化，从而更好地适应现代人的需求，为建设和谐的人类社会做出可能的贡献。

第三章　传承中华优秀传统文化的
时代机遇和挑战

　　文化是一个国家、一个民族的灵魂。文化的兴衰与民族命运息息相关，文化自信是国家强大的表现。一个民族的文化建设，只有既继承传统又推陈出新，才能生机盎然。传承弘扬中华优秀传统文化，既是延续中华文脉和坚定文化自信的精神需要，也是助推社会主义现代化强国建设和实现中华民族伟大复兴的现实要求。

　　在人类文化史上，有的传统文化消泯无闻，有的则实现了复兴，消泯还是复兴，往往与其面临的社会环境有关。当今世界日新月异，世界多极化、经济全球化深入发展，社会发展非常迅速，信息、资金、技术的流动更加便捷，文化多样化、社会信息化持续推进，文化的趋同化与多样化的矛盾更加突出，不同国家和民族的思想文化之间的交流交融交锋变得日益频繁。在这样的时代背景下，传承弘扬中华优秀传统文化，既面临着难得机遇，也面临着巨大挑战。这就要求我们深入研究这些机遇和挑战，从而利用机遇，克服挑战，夯实我国文化软实力的根基，提升中华文化的国际影响力与传播力。

第一节　中国特色社会主义进入新时代

一　历史方位的内涵及判断维度

　　历史方位是指一定社会主体在某个发展阶段所处的时间、空间位置和所蕴含的特定条件。简单讲，历史方位就是指一定社会主体在特定历史阶段所处的客观状况。

根据此概念，本书认为判断事物的历史方位主要有四个维度：时间维度、空间维度、发展阶段维度和主要矛盾变化维度，这四个维度分别从不同角度反映出历史方位的某种特质。历史方位的转换是指以上要素的整体性转换，而不是单个要素的变化。

第一，时间维度。时间维度是指事物在历史进程中特定的时间坐标和位置，一般表现为特定历史节点和历史阶段的统一。时间维度是研判事物所处历史方位的首要属性，能够最直接地反映事物所处的历史方位并确保了历史方位基本的历史属性。

第二，空间维度。空间维度是指事物相比较于其他事物所处的位置。如果说时间维度主要是强调同一事物的纵向比较的话，空间维度则主要是强调事物在和其他事物横向比较中所处的位置。对一个国家而言，是指同其他国家相比较所处的位置。

第三，发展阶段维度。发展阶段是指事物在特定历史阶段的特质性表现。发展阶段维度能够反映事物发展的历史性变化和阶段性特征。在中国目前语境中，发展阶段主要体现为基本国情。

第四，主要矛盾变化维度。主要矛盾是判断事物所处历史方位最为根本的依据。其变化可以分为两种情况，第一种是主要矛盾根本性质的变化；第二种是主要矛盾的部分质变。

二　研判中国特色社会主义进入新时代的四重维度

（一）时间维度

时间维度主要是通过事物在发展过程中的时间坐标确定其所处的位置。党的十九大报告指出："中国特色社会主义进入新时代，意味着近代以来久经磨难的中华民族迎来了从站起来、富起来到强起来的伟大飞跃，迎来了实现中华民族伟大复兴的光明前景"。① 该论断是从中华民族伟大复兴的历史坐标上来看待当前中国历史方位的新变化。

1840 年，中国开始沦为半殖民地半封建社会，国家丧失了独立，

---

① 习近平：《决胜全面建成小康社会 夺取新时代中国特色社会主义伟大胜利——在中国共产党第十九次全国代表大会上的报告》，人民出版社 2017 年版，第 10 页。

中华民族面临生死存亡。自此，实现民族复兴就成了几代中国人的梦想，无数中华儿女为此不懈奋斗，不断进行各种艰难曲折的探索。从洋务运动、戊戌变法到辛亥革命，各种探索都终归失败。最终，中国共产党找到了挽救民族危亡的正确道路，建立了中华人民共和国，从根本上扭转了中华民族的命运。因此，从民族复兴史的角度来看，1949 年中华人民共和国的成立是中华民族"站起来"的历史节点，中华民族从根本上扭转了积贫积弱的面貌，不断走向繁荣富强。

1978 年以来，中国取得了举世瞩目的成就。生产力水平显著提高，综合国力不断增强，2010 年国内生产总值已经位居世界第二，步入世界中等收入国家行列，逐渐成为全球化方向的引领者，不断走近世界舞台的中央。中华民族总体上实现了从"站起来"到"富起来"的飞跃。

党的十八大以来，中华民族站在了从"富起来"到"强起来"新的历史节点上。中国共产党带领全国人民，在中华人民共和国成立特别是 1978 年以来取得的重大成绩基础上，进一步实现了社会主义现代化事业新的全方位、根本性、深层次的变革，党和国家的事业站在了更高的历史起点上，中华民族比任何时候都接近民族复兴的目标，中华民族站在了从"富起来"到"强起来"新的历史节点上。

（二）空间维度

新时代，中国日益走向世界舞台的中央，综合国力和国际影响力持续增强，在国际舞台扮演更为关键的角色，不断为世界发展和全球治理提供中国方案和中国智慧。以往，我们往往从中国自身特殊性出发来探讨中国道路的意义和价值。今天，随着改革开放的推进，"中国道路"具备了探讨其普遍性意义的可能。这是因为，中国在实现自身现代化的过程中，取得了举世瞩目的成就，在理论和实践上都取得了丰富的经验，并且中国在发展过程中所遇到的问题许多都是人类社会普遍面临的难题，"中国道路"普遍性的世界历史意义日益凸显。具体而言，我们可以从中国特色社会主义对世界社会主义运动的贡献与作用和中国在世界现代化进程中的位置两个维度来判断中国在今天世界发展中所处的位置。

第一，中国特色社会主义进入新时代增强了世界人民对社会主义的自信。中国特色社会主义新时代坚持了马克思主义的指导地位，坚持了科学社会主义的基本原则，因此这个新时代具有鲜明的社会制度和意识形态特色，从属于社会主义的历史谱系，是世界社会主义运动的重要组成部分和新的发展阶段。

20 世纪末，国际共产主义运动进入低潮。一时间，反共反社会主义的势力弹冠相庆，鼓吹资本主义"不战而胜""历史终结论"等论调，在社会主义国家内部出现了理想信念动摇，各种错误思潮暗流涌动等情况。面对世界社会主义运动遭受的重大挫折，中国共产党人反思历史，立足现实，坚持改革开放，在坚持科学社会主义的基本原则的同时，开辟了中国特色社会主义道路。

1978 年以来，特别是党的十八大以来，中国特色社会主义生机勃勃，取得了世人瞩目的辉煌成就。一个曾经长期落后的东方大国，高举中国特色社会主义的旗帜不懈奋斗，综合国力进入世界前列，国际地位大幅提升，国家面貌发生了翻天覆地的深刻变化，成为世界社会主义的中流砥柱。

新时代是中国特色社会主义发展的一个新阶段。"中国特色社会主义的成功，本质上是马克思主义、科学社会主义在中国的成功。"[1] 中国的发展成就证明了科学社会主义的真理性和生命力，宣示了社会主义的广阔前景，证明了"历史终结论"的虚妄性。中国，作为一个社会主义大国，对社会主义道路的探索成就极大提升了全世界尤其是社会主义国家对社会主义前途的自信，中国对世界社会主义实践的引领作用日益显现。

第二，中国式现代化为发展中国家实现现代化提供了更加多元的选择。走向现代化，是世界各国的共同目标。但对后发现代化国家而言，通往现代化之路是一元的还是多样的，是一个迫切需要回答的重大课题。

在人类历史上，西方发达资本主义国家最早开启了现代化之路，形

---

[1]　郑科扬：《让科学社会主义真理之光更加璀璨夺目》，《人民日报》2018 年 4 月 26 日第 7 版。

成了现代化的先发模式。其特征主要表现为："工业革命起步较早，经济上是自由市场经济，政治上是三权分立，社会上有较长期的市民社会传统，文化上与基督教文化有很深的渊源。"① 客观而言，这种模式在促进人类现代性上有很多值得借鉴之处，但资产阶级意识形态家们赋予了这种先发性的现代化模式以道义上的至高性和排他性，将其夸大为唯一正确和成功的发展逻辑，甚至公然宣称"历史将终结于资本主义"。②

近代以来，在西方现代化理论大行其道并垄断现代化解释权的大背景下，广大发展中国家面临现代化道路选择的难题。事实上，20世纪以来选择以西方新自由主义为指导的后发现代化国家，不但没有顺利实现现代化，反而普遍陷入发展窘境，在全球经济体系中处于附属和边缘地位。"对大部分发展中国家来说，全球化并没有带来它承诺的经济利益。贫富差距的持续扩大已使得第三世界中越来越多的人处于赤贫之中。"③ 对这些国家而言，现代化的进程中面临贫困与依附的两难选择：选择西方现代化模式，至多有一定的依附性增长，而难有真正的发展，且这种增长是建立在丧失自主性、成为西方附庸的基础上的；选择保持自身自主性，就难以走出贫困。因此，如何在保持自主性的前提下取得较快的真正意义上的发展，成为后发现代化国家面临的重大难题。

近代中国是被动地卷入世界现代化进程中来的。从洋务运动一直到辛亥革命，中国学习西方现代化模式的结果都以失败告终。1949年，中华人民共和国成立，中国开启了探索社会主义现代化建设的大门，实现了独立自主的发展。党的十一届三中全会之后，立足于社会主义初级阶段的基本国情，党带领全国人民开始探索中国特色社会主义现代化建设之路，社会稳定，经济持续高速增长，创造了"中国奇迹"。

中国特色社会主义现代化之路具有自身鲜明特征。事实上，人类

---

① 李强：《从社会学角度看现代化的中国道路》，《社会学研究》2017年第6期。

② ［美］弗朗西斯·福山：《历史的终结及最后之人》，黄胜强等译，中国社会科学出版社2003年版，第58页。

③ ［美］斯蒂格利茨：《全球化及其不满》，李杨、章添香译，机械工业出版社2010年版，第11页。

走向现代化的道路应该是多样的。每个国家所处的具体历史环境决定了其发展道路和现代化模式。对任何国家而言，只有其现代化道路符合本国实际，才有可能取得成功。1978 年以来，中国不仅积极吸取人类文明的一切积极成果，而且始终有自己明确的发展逻辑和独立判断，那就是在社会主义框架之下走现代化之路。"我们搞的现代化，是中国式的现代化。我们建设的社会主义，是有中国特色的社会主义。"① "尤其是新时代中国特色的社会主义现代化道路，展现出一条立足科学社会主义基座之上，对西式现代化保持了充分的批判性、反思性姿态，并从中国现代性的历史与现实情况出发，构建出一条符合中国实际的现代性方案。"② 这条道路具有内生性、自主性，是完全不同于"西方模式"的伟大创造。这条道路，坚持了和平发展，拒斥了殖民、掠夺的发展逻辑，摆脱了依附发展的历史宿命，通过走自己的路实现了国家崛起。

中国特色社会主义现代化道路具有鲜明的世界意义。这条道路的成功打破了西方现代化模式一统天下的格局，证明了"历史终结论""西方中心论""普世价值论"等论调的狭隘性和武断性，彰显了人类现代化道路的多样性。必须指出，中国共产党一向尊重人类文明和发展道路的多样性，反对输出发展模式和意识形态，我们不会要求其他国家照搬"中国经验"。我们不输出自己的现代化模式，我们也不输入外国模式，但我们不拒绝与其他国家交流彼此的经验，这就从理论和实践上为解决世界发展问题贡献了中国方案。

（三）发展阶段维度

一个国家在一定时期的历史性变化和特征反映出其所处的发展阶段。对自身发展阶段的正确认知涉及对社会发展规律的准确把握，因此是一个重大的理论与实践问题。1978 年以来，中国共产党在开创中国特色社会主义的过程中，不断深化对社会发展规律的认识，对社会发展阶段的认识也越来越准确。"'中国特色社会主义新时代'以

---

① 《邓小平文选》（第3卷），人民出版社 1993 年版，第 29 页。
② 王兵、尚庆飞：《解读中国特色社会主义新时代历史方位的三重维度》，《江苏行政学院学报》2018 年第 4 期。

及改革开放初期确立的'社会主义初级阶段'理论，都深刻地把握中国社会发展的阶段性特征，毫无疑问会对中国社会发展产生巨大的推动作用。"①

显然，"新时代"的坐标体系是中国特色社会主义，划分逻辑是其发展进程。新时代意味着中国特色社会主义翻开了新的历史篇章。也就是说，经过40多年的发展，特别是党的十八大以来取得的全方位、开创性的成就使得中国社会发展呈现出阶段性特征，社会发展进入一个新的高度，有了一个新的平台，这就是"中国特色社会主义新时代"。

第一，党的形象正在发生历史性变革，由大党逐渐变为强党。中国特色社会主义的本质特征是坚持党的领导，因此，政党建设是理解和判断中国特色社会主义进入新阶段的一个重要维度。作为世界上最大的马克思主义执政党，需要搞好自身建设，让自己变得更为强大。要通过推进党的建设，把中国共产党从世界最大政党变成最强政党。党的十八大以来，为实现中华民族的伟大复兴，党统筹国内国际两个大局，把管党治党放在优先战略地位，以自我革命的勇气全面加强党的建设，把政治建设放在首位，大力加强思想、组织、作风、纪律和制度建设，全面提升党的执政能力和执政水平，取得了显著成效。党员、干部形象得以重塑，理想信念更加坚定，党内政治生态明显改善，党的生命力和活力进一步增强，全党面貌焕然一新，不断由大党迈向强党，党的领导水平和执政水平不断提升，领导核心地位更加巩固。

第二，国家面貌发生变化，正在由大国迈向强国。1978年以来，特别是党的十八大以来中国国家面貌发生了前所未有的变化，国家正日益由大国变成强国，国家综合实力发生了历史性变革。特别是党的十八大以来，解决了许多难题，办成了许多大事，发展活力持续释放，中国以崭新的姿态展示于世界。目前，中国已成为全球第二大经济体，更加强调全面发展，城乡居民人均收入大幅增长，国家治理现代化不断推进，文化软实力不断提升，各项社会事业加速发展，生态文明建设不断

---

① 孙力、翟桂萍：《科学社会主义原理视域下的新时代和社会主义初级阶段》，《思想理论教育》2018年第9期。

加强，积极参与全球治理，国家和个人都更加自信，民族凝聚力大幅提升。各领域整体上的转型升级使国家发展进入了新的层次和境界，中国开始由大国迈向强国。

第三，中国国际地位空前提升，正在实现从"跟跑"到"领跑"的转变。1978 年以来，中国基本上是顺应并积极参与既有的国际关系格局，尽量适应既有的国际规则，积极学习国外对中国有用的经验做法。党的十八大以来，中国国际影响力持续提升，话语权日益增强，国际地位前所未有地提升，国际格局深刻变化，中国经历了一个从"跟跑"到"并跑"，现正逐渐走向"领跑"的过程。特别是 2012 年以来，中国不仅发挥了世界经济压舱石作用，而且积极参与全球治理，推进"一带一路"倡议，推动构建人类命运共同体，在全球发展中积极彰显大国力量。总之，中国崛起，兼善天下，其正向溢出效应源源涌现，正在改变世界历史进程。中国已经成为推动全球发展的重要力量，中国正在步入引领全球治理的新的发展阶段。

（四）主要矛盾变化维度

1. 社会主要矛盾转化的不同类型

对任何社会而言，社会主要矛盾在整个社会系统中都处于主导性和全局性的地位，对整个社会起着根本性的支配作用，影响和制约着其他社会矛盾，因而是划分国家所处历史方位的根本依据。高度重视对社会主要矛盾的研究是马克思主义重要的思维方法。对社会主要矛盾的正确研判是党和国家确定中心工作与根本任务的前提性工作。历史表明，错误判断社会主要矛盾会使党和国家事业遭受重大挫折与损失。

社会主要矛盾的转化可以分为两种情况：第一种是指社会主要矛盾的根本性质发生了变化，即由新的社会主要矛盾完全取代了旧的社会主要矛盾，即主要矛盾的两个对立面都发生了根本变化，也就是说原有的某一次主要矛盾成为新的社会主要矛盾；第二种是指主要矛盾发生了阶段性变化，即原主要矛盾两个对立面在程度、范围等方面发生了一定程度的变化，从而使社会主要矛盾呈现出不同于原有状态的阶段性变化。

2. 新时代社会主要矛盾转化的性质及依据

"我国社会主要矛盾已经转化为人民日益增长的美好生活需要和不

平衡不充分的发展之间的矛盾。"① 新时代中国社会主要矛盾的转化不是根本性的变化，而是阶段性质变。也就是说，矛盾的两个方面都发生了部分质变。

中国共产党以经济建设为中心，大力发展生产力，综合国力和人民生活水平不断提升。经过四十多年的快速发展，中国共产党在通盘考虑社会发展整体情况的基础上宣告了中国社会主要矛盾的转化。党的十九大之所以做出主要矛盾转变的判断，是以小康社会切近建成为依据的。小康社会的建成，意味着社会主要矛盾的两个方面都发生了部分质变。

一方面，人民的需求层次和范围在提升。改革开放初期，中国生产力水平处于绝对落后状态，物资匮乏，综合国力有限，人民生活水平普遍较低。1978 年，城镇居民人均可支配收入 343 元，农村居民人均可支配收入 134 元。城镇居民和农村居民的恩格尔系数分别为 57.5% 和 67.7%。当时人民追求温饱并展望小康社会。1978 年以来，生产力持续快速发展，温饱问题已经基本解决，2018 年，城镇居民人均可支配收入为 39251 元，农村居民人均可支配收入为 14617 元。城镇居民和农村居民的恩格尔系数分别为 27.7% 和 30.1%。② 中产阶层不断扩大，总体上实现了小康。在此基础上，人民对美好生活的需要日益增长。"美好"既是实践活动，是客观存在，也是主观感受，它追求的是品质，是生存之上的幸福状态。这种状态已经摆脱了对物的依赖，更加关注人的丰富性和价值，追求人的全面发展。人的需要是一个历史范畴。社会越发展，人的需要就越复杂和高端。中国特色社会主义进入新时代，美好生活的范围、品质和层次有新的时代意蕴。今天，人们已逐步从"物"的羁绊中解放出来，不仅追求更加丰裕的物质生活，更高水平的精神生活，而且在民主、法治、公平、正义、安全、环境等方面的要求也在不断增长。党的十九大概要阐明了中国

---

① 习近平：《决胜全面建成小康社会 夺取新时代中国特色社会主义伟大胜利——在中国共产党第十九次全国代表大会上的报告》，人民出版社 2017 年版，第 11 页。

② 国家统计局：《人民生活实现历史性跨越 阔步迈向全面小康——新中国成立 70 周年经济社会发展成就系列报告之十四》，国家统计局官网，https://www.stats.gov.cn/sj/zxfb/202302/t20230203_1900408.html，2019 年 8 月 9 日。

特色社会主义新时代美好生活的品质与层次。人民追求美好生活，是社会发展的结果，也是社会未来更好的发展的不竭动力。

另一方面，"落后的社会生产"转变为"不平衡不充分的发展"。经过几十年的发展，生产力水平实现了巨大提升。今天的中国，拥有世界上最完整的现代工业体系，是世界制造业头号大国，已经成为世界第二大经济体，生产落后状况已经发生了根本性改变，今天面临的主要问题是发展不平衡不充分。"不平衡不充分"是相对于今天人们对美好生活的需要而言。"不平衡"主要指发展不够全面和协调，既表现为行业、城乡和区域发展的不平衡，又表现为政治、经济、文化、社会、生态等领域发展格局的不平衡，特别是社会和生态领域的滞后，极大影响了社会整体发展的平衡性。"不充分"主要指发展的质量和效益不能很好地满足人民的期望。如高端制造尤其是原始创造远远不够，社会创新能力不足；高能耗、高投入、高污染的发展模式严重影响了人们对生活品质的感受，极大增加了环境与资源的压力；教育、文化等行业高质量供给不足等。

中国特色社会主义的总依据是中国处于社会主义初级阶段，该阶段的基本特征是"不发达"。中国特色社会主义可以分为两个阶段，前半程处于"欠发展"时期，后半程处于发展起来从大国变为强国时期。前半程"不发达"表现为"落后的社会生产力"，后半程"不发达"表现为"不平衡不充分的发展"，二者只是社会主义初级阶段"不发达"特征在不同时期的具体表现。"当今社会主要矛盾不是对以往社会主要矛盾的否定性超越，不是根本性质的变化，而是阶段性的变化，是部分质变，是之前社会主要矛盾基础上的'升级版'。"①

第二节　传承弘扬中华优秀传统文化
适逢难得机遇

中华优秀传统文化独一无二的理念、智慧、气度和神韵，是中华文

---

① 韩庆祥、陈曙光：《中国特色社会主义新时代的理论阐释》，《中国社会科学》2018年第1期。

明得以延绵不断的重要基石。今天的中国，现代化建设取得了重大成就，国家地位得到了大幅提升，比历史上任何时候都接近中华民族伟大复兴的目标，实施中华优秀传统文化传承发展工程正当其时。

文化传承历史，牵系未来。文化的力量，贵在自信，要用坚忍不拔、百折不挠的文化自信助力民族复兴。几千年绵绵不断的中华文化深深影响着中国人的精神世界，是中华民族根脉和灵魂，是文化自信的底蕴和思想资源。新时代的文化自信打上了深深的民族烙印，呈现出鲜明的民族特色。新时代为中国特色社会主义开启了新的历史方位，为中国特色社会主义文化构筑了鲜明的价值愿景、发展指向与实践路径。"在此意义上，新时代是中国特色社会主义文化发展繁荣的时代，是坚守中华文化立场，推进中华优秀传统文化创造性转化、创新性发展的时代。"[1]

一　现代化建设的巨大成就奠定了坚实的传承基础

文运同国运相牵，文脉同国脉相连。民族是文化的主体，文化是民族的灵魂。民族文化和民族的命运是紧密相依的。国家灭亡，民族分裂，文化就会变成无所依靠的游魂。中华民族有五千年连续不断的文明，有一部比较完整的民族发展史。在漫长的历史进程中，我们有过多个政权并存的时期，也有过不同民族入主中原，处于统治地位。但不管哪个民族建立的全国性政权，都坚守中华道德，以中华文化的正统自居。中华文明是世界上唯一以国家形态传承几千年的文明。一直到明朝早期，我国都是世界上最发达、最富强的国家。中国在文化上也领先世界。诸子百家、汉代经学、唐宋诗词、宋明理学等，都是世界文化史上熠熠生辉的篇章。中国文化不断向周边国家辐射，在东亚形成了儒家文化圈。一直到鸦片战争之前，中国一直是东亚文化文化圈的核心，具有高度的文化自信，中华文化持续深入长久地影响着整个东亚地区，这造就了中国的"天朝"意识和"中央之国"的情结，中国人长期拥有文

---

① 商志晓等：《中华传统文化弘扬与现代化发展研究》，中国社会科学出版社 2021 年版，第 282 页。

化上的优势意识，这种优势意识维持了两千多年。

明清之际，中华文化虽然在某些方面仍有发展，但总体上已经进入由兴而衰的迟暮期。直到19世纪中叶，西方人用暴力打败了中国，中华民族面临存亡危机，丧权辱国之耻让中国人深切直接地感受到了我们与西方在思想、制度以及科技等方面的巨大差距，中国才第一次出现了真正意义上的文化危机。国力衰落带来了整个民族文化自信心的逐步丧失，表现为文化自卑和对传统文化的自暴自弃。也就是说，近代中国国力的衰微和国运的多舛，是导致中国人文化心态转变的主要原因。这是文化的悲哀，更是民族的悲哀。可以说，文化自信是国力强盛在文化上的体现，而文化自信的丧失是民族灾难在民族文化心理上的反映。

面对这种强烈的冲击，中国人急切地寻求改变和重塑自身。陈独秀说："夫生存竞争，势所不免，一息尚存，即无守退安隐之余地。排万难而前行，乃人生之天职。"[1] 在这个时期，文化自卑，以及用西方文化置换中华文化以求自救和改变，成为十分有影响力的观点。胡适认为："我们必须承认自己百事不如人，不但物质不如人，不但机械不如人，并且政治、社会、道德都不如人。"[2] "从文化发展上看去，不但是三千年来欧洲人所处的地位，已比我们为优，就是他们在文化阶级上，自从文艺复兴和宗教改革以后，也比我们高了几级。"[3] "假使中国要做现代世界的一个国家，中国应当彻底采纳而且必须全盘适应这个现代世界的文化。"[4] 迷于西潮，疑于传统，惑于前路，一度成为中国人普遍存在的文化心态。在这些观念引导下的变化，越来越远离中国人的历史经验。在这个历史阶段，中国人接触并学习到了许多西方文明的进步之处。与此同时，中国也遗失了很多我们民族文化中源远流长的优秀的东西。在得与失之间的盲目与倾斜，是中国的现代化之路屡次深陷迷失的重要原因之一。这种文化心态，对近代以来中国的发展产生了深刻且长

---

① 陈独秀：《陈独秀文章选编》（上），生活·读书·新知三联书店1984年版，第75页。

② 胡适：《请大家来照镜子》，《生活》1928年第3期。

③ 陈序经：《东西文化观》，中国人民大学出版社2004年版，第215页。

④ 陈序经：《东西文化观》，中国人民大学出版社2004年版，第204页。

远的影响。直至今日，仍不乏有人依然不自觉地处于文化自卑中，在传统与现代、东方与西方、民族与世界各种文化的交织、碰撞、冲突与抉择中陷入迷茫。应该说，如何让中国人树立牢固的文化自信，彻底摆脱近代以来的文化自卑心理是重大问题。

（一）不断增强的综合国力是民族文化复兴的基本前提

文化自信，作为一种积极的文化心态，不仅建立在文化发展的基础上，更是建立在强大的综合国力的基础上，矗立在社会主义事业伟大实践和成就的基础上。对中国而言，中国共产党的成立是中国历史上开天辟地的大事。社会主义为中华民族走出民族危机，实现现代化提供了新的方向和道路。十月革命胜利之后，先进的知识分子开始关注马克思主义，并把其带入了中国。马克思主义中国的广泛传播，为中国文化注入了新的因素，深深影响和改变了中国文化的基本结构。在马克思主义的指导下，中国革命取得了成功，中国人民取得了解放，创造了一个个人类发展史上的奇迹，正在以中国式现代化道路推进中华民族伟大复兴，中国人民的面貌发生了深刻变化，文化自信心也逐步重建。

中外历史都表明，民族的灾难也是民族文化的灾难，民族复兴是民族文化复兴的基本前提。在西方，古希腊、古罗马强盛时期，文化高度繁荣；但到其衰亡时期，文化也随之衰弱。当今世界，欧美文化甚至日韩文化，其文化影响力是以其国力作为支撑的。在中国的汉代、唐代等盛世，文化繁荣且影响力大。近代中国，贫穷落后，文化式微。任何一个客观的观察家都无法否认，正是中华人民共和国的成立和社会主义现代化建设取得的巨大成就，才使得一些人摆脱了民族自卑感和殖民地心态，为民族的文化复兴开辟了广阔的空间。

党的十八大以来，以习近平同志为核心的党中央，承前启后、锐意改革，成功推进和拓展了中国式现代化。中国式现代化，切合中国实际，体现了社会主义建设规律和人类社会发展规律，是经受长期实践检验了的实现中华民族伟大复兴的历史必由之路。就世界范围而言，现代化是一个漫长的历史过程，中国的现代化无疑是世界现代化的一个重要组成部分。中国式现代化之所以引人瞩目，正在于今天的中国已经成功走出了一条不同于西方模式的现代化道路。特别是新时代中国特色社会主义事业取得的各项历史性成就，极大提升了中国人坚定"走自己路"的决心和信心，为新时代文化自信注入了充沛的底气，使之得以"千磨万击还坚劲，任尔东西南北风"。

1949 年以来，中国用一组组数据记录了中华民族从站起来、富起来到强起来的历史过程，书写了民族复兴的宏伟篇章，国民经济持续快速增长。1952 年，中国国内生产总值仅为 679 亿元；1978 年中国国内生产总值增加到 3679 亿元；1986 年经济总量突破 1 万亿元；2000 年突破 10 万亿元大关；2010 年达到 412119 亿元，成为世界第二大经济体。党的十八大以来，中国综合国力持续提升。2018 年国内生产总值达到 900309 亿元，占世界经济的比重接近 16%；2018 年人均国民总收入达到 9732 美元，高于中等收入国家水平。[①] 2023 年，国内生产总值达到 1260582 亿元。[②] 近年来，中国一直是世界经济增长最重要的引擎。今天的中国，是"世界工厂"，我们是全球制造业第一大国；也是"全球市场"，我们的货物贸易位居世界第一，商品消费位居世界第二；中国还是主要外资流入国。作为世界第二大经济体，中国经济充满韧性，仍将是全球经济增长的稳定器和动力源，会给其他国家带来机遇。

表 3 - 1　　　　　　　　　人均可支配收入　　　　　　　　单位：元

年份	2023	2020	2017	2014	2011	2008	2005
居民人均可支配收入	39218	32189	25974	20167	14551	9957	6385
城镇居民人均可支配收入	51821	43834	36396	28844	21427	15549	10382
农村居民人均可支配收入	21691	17131	13432	10489	7394	4999	3370

资料来源：根据国家统计局官网年度数据整理而得。

---

① 国家统计局：《沧桑巨变七十载　民族复兴铸辉煌——新中国成立 70 周年经济社会发展成就系列报告之一》，国家统计局官网，https：//www. stats. gov. cn/sj/zxfb/202302/t20230203_ 1900355. html，2019 年 7 月 1 日。

② 国家统计局：《中华人民共和国 2023 年国民经济和社会发展统计公报》，国家统计局官网，https：//www. stats. gov. cn/sj/zxfb/202402/t20240228_ 1947915. html，2024 年 2 月 29 日。

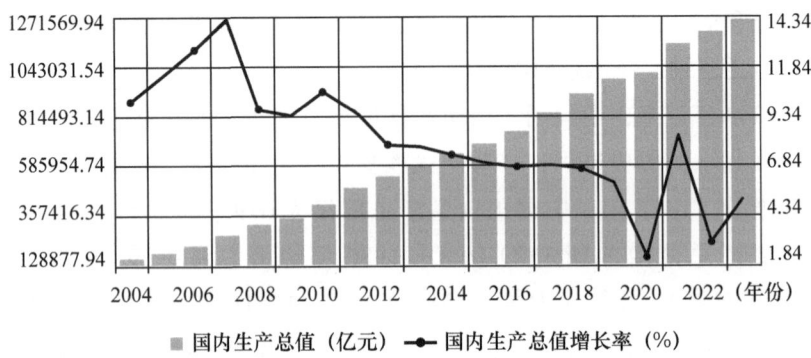

图 3 - 1 2004—2023 年国内生产总值及增长率
资料来源：国家统计局官网年度数据。

70 多年来，中国产业结构不断优化升级，科技创新成果丰硕，使中国这个超大型国家得以行稳致远。目前，中国农业现代化水平稳步提高，农业科技实现历史性跨越，生物育种取得实质性突破，主要农产品产量稳定增长，其中谷物、水果、肉类等主要农产品产量持续位居世界第一，"中国饭碗"端得更稳。工业主导地位迅速提升。中华人民共和国成立以后，中国共产党领导人民走适合中国国情的工业化道路，20 世纪 70 年代基本建立起了相对独立完整的工业体系。1978年以来，中国工业发展进入腾飞期。目前，中国工业生产已向中高端迈进，高技术制造业取得长足进步，中国拥有联合国产业分类中的全部工业门类，全面融入全球产业分工体系，200 多种工业品产量居世界第一，工业的国际竞争力明显增强，影响和改变着全球制造业的基本格局。中国大力实施创新驱动发展战略，抓住信息革命重大机遇，加快实现制造业变革。服务业快速发展，现代服务业加速崛起，电子商务、共享经济等新产业、新业态和新模式不断涌现，吸纳就业"主渠道"作用凸显。

70 多年来，中国城乡区域协调发展，重大战略深入实施。中国城乡区域一体化新格局逐步形成，不同地区比较优势有效发挥，国家旧貌换新颜。农村面貌日新月异，正在成为安居乐业的美丽家园。20

图 3 - 2 2004—2023 年工业增加值

资料来源：国家统计局官网年度数据。

世纪 50 年代初期，开展土地改革，农村集体经济得以建立；20 世纪 70 年代末，家庭联产承包责任制实施，中国农村从此走上了快速发展的轨道；进入新世纪，国家取消了农业税，新农村建设快速推进；党的十八大以来，农村改革持续深化，乡村振兴战略深入实施，农村一二三产业深度融合，农村综合改革深入实施，可持续发展水平不断提升，城乡融合加快推进，农村发展迈上新台阶、呈现新气象。城市建设日新月异，新中国成立之初城镇人口所占比重仅为 10.6%。1978 年末常住人口城镇化率也仅为 17.9%。① 2023 年常住人口城镇化率为 66.16%。② "19＋2" 城市群格局基本建成，城镇规模结构不断改善、功能日益提升，以城带乡、城乡融合发展取得长足进展。区域发展成就辉煌，从推进 "三线建设"、鼓励沿海地区率先发展到统筹推进西部开发、东北振兴、中部崛起、东部率先，再到深入实施京津冀协同发展、长江经济带发展、粤港澳大湾区建设、长三角一体化发展、黄河流域生态保护和高质量发展等区域重大战略，区域发展协调性不断增

① 国家统计局：《沧桑巨变七十载 民族复兴铸辉煌——新中国成立 70 周年经济社会发展成就系列报告之一》，国家统计局官网，https：//www.stats.gov.cn/sj/zxfb/202302/t20230203_1900355.html，2019 年 7 月 1 日。

② 国家统计局：《中华人民共和国 2023 年国民经济和社会发展统计公报》，国家统计局官网，https：//www.stats.gov.cn/sj/zxfb/202402/t20240228_1947915.html，2024 年 2 月 29 日。

强，新的增长极增长带加快形成。

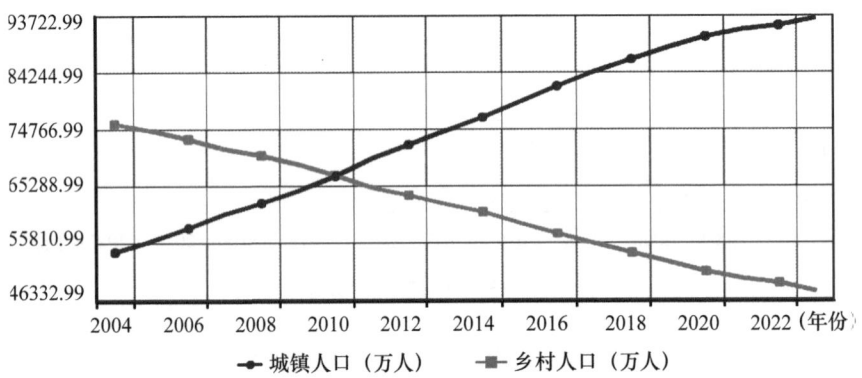

图3-3 2004—2023年城乡人口数量变化

资料来源：国家统计局官网年度数据。

　　70多年来，民生福祉不断增进，人民群众的获得感、幸福感、安全感不断增强。根据国家统计局发布的《中华人民共和国2021年国民经济和社会发展统计公报》，2021年，全国居民人均可支配收入35128元；基本养老保险覆盖超过10亿人；基本医疗保险覆盖超过13.6亿人……共有社区服务中心2.9万个，社区服务站47.2万个。2021年全年研究生教育招生117.7万人；普通、职业本专科招生1001.3万人；九年义务教育巩固率为95.4%，高中阶段毛入学率为91.4%。教育普及程度超过中高收入国家平均水平，高等教育进入普及化阶段。① 这些数字不仅仅是中华人民共和国70余年发展的体现，更是人民福祉的体现。可以说，今天中国人的文化自信，是建立在对国家发展和生活进步切身感受的基础之上。

　　1949年以来，中国共产党团结带领全国各族人民艰苦奋斗，阔步前行，经济社会发展成就举世瞩目，社会保持长期稳定，人民安居乐业，中华民族正在强起来的道路上稳步前进。对一个国家而言，"强

---

　　① 国家统计局：《中华人民共和国2021年国民经济和社会发展统计公报》，国家统计局官网，http：//www.stats.gov.cn/tjsj/zxfb/202202/t20220227_1827960.html，2022年2月28日。

起来"是一个综合性的概念。"强起来"绝不仅仅是指经济上的富裕,更是指综合国力的全面提升。文化软实力是综合国力的重要内容。回顾人类历史,可以清晰地看到,一个国家、一个民族要实现真正意义上的"强起来",需要先进的文化作为引领和支撑。在全球化的时代背景下,国际竞争日益综合和复杂。只有拥有强大的文化软实力,一个国家才能对内拥有强大凝聚力,对外拥有强大吸引力,才能真正走近世界舞台中央,拥有强大的综合国力,成为真正意义上的强国。中华传统文化是中华民族的根脉和灵魂,是中华民族生生不息的根本动力,是中华儿女的精神家园,是我们最深厚的文化软实力。新的时代境遇下,文化自卑和文化复古、抛弃传统和固守传统都会影响中华传统文化的传承。回顾中国历史特别是近代以来的历史,文化自信是对中华民族历史的文化自觉与自豪,是一种和而不同、海纳百川的包容精神与雍容气度,是一种不卑不亢的积极文化状态,是一种对待自己文化的理性成熟,是真正意义上的强大。我们要在文化自信的基础上建设文化强国。

(二)人民群众对美好精神文化生活有着日益强烈的新期待

我们所处的新时代是中华儿女勠力同心、锐意进取、不懈奋斗,追求美好生活的时代。对美好生活的向往和追求已经成为新时代的重要特征、内在动力和奋斗目标。美好生活是更高层次、更高要求的生活状态,也是衡量社会发展的重要尺度。高质量的精神文化需求已经成为民生新需求,也是美好生活的重要内容。美好生活需要文化赋予意义,提供价值指引。高质量的文化建设能够为人民美好生活注入精神动力,有利于不断满足人民对美好生活的新期待。中国特色社会主义进入新时代,要化解矛盾,更好地满足人民对美好生活的新期待,就要坚持以人民为中心,传承中华文明,繁荣发展社会主义先进文化,让人民享有健康丰富的精神文化生活,丰富人民精神世界,增强人民精神力量,促进人的全面发展,推进人民精神生活共同富裕,更好地构筑中国精神、中国价值、中国力量,推动中国式现代化建设的整体进程。

1. 新时代人民美好精神文化需求愈加凸显

丰富多彩的精神文化生活是人民群众美好生活的基本组成部分。马克思主义立足物质第一性，但从未忽视过人的精神生活，对人的需求而言，物质需求是基本需求，是第一位的、是有限的；精神文化需求是高级需求，是第二位的、是无限的。人民对精神文化生活的需求一直存在，只是当物质文化生活发展到一定程度才会更加凸显。

1978 年以来，中国的综合国力快速增长，人民的生活水平快速提升。带领人民走向美好生活是中国共产党的初心和使命。新时代标志着发展的新高度。中国人民经过长期的努力和奋斗，生产力水平极大提高，人民生活水平大幅提高，已经基本摆脱了物质匮乏的状态，消除了绝对贫困。在此基础上，社会主要矛盾转化为人民日益增长的美好生活需要和不平衡不充分的发展之间的矛盾。

美好生活是一个复合概念，也是一个具有历史性的概念。美好生活是一个有机整体，包含社会生活的各个领域。美好生活是人类的永恒追求，但不同时代的美好生活具有不同的内涵。美好生活既是一种主观感受，又是一种客观状态。对美好生活的感受和理解，受人的认识等主观因素的影响，但美好生活更是人的现实生活状态，取决于现实条件及衡量标准等客观因素。新时代，中国人生活条件得到一定满足，不仅渴望更加殷实的物质生活，也追求更加丰富多彩的文化生活。精神文化追求成了美好生活的基本内容。

新时代，人们更加追求生活的文化内涵以及由此衍生出来的获得感、幸福感、安全感以及尊严、权利等"软需求"，并进一步升华为对民主、法治、公平、正义等方面的更高期待。只有丰富的精神食粮，才能满足人们过上美好生活的新期待，才能更加体现出人民生活的"美好"意蕴，才能使人民的获得感、幸福感、安全感更足。可以说，进入新时代，中国人民日益增长的美好生活需要的精神文化层面愈加凸显，加强文化建设成为满足人民群众美好生活新需求的必然选择。

对于新时代的中国而言，满足人民群众日益增长的精神文化需求意义重大。新时代，人民群众日益上升的精神文化需求呈现出一些新特点。伴随着社会发展进步，广大人民群众的精神文化需求更加多样化、个性化、层次化、品质化、国际化。物质贫穷不是社会主义，精神匮乏也不是社会主义。共同富裕不仅指物质的富裕，同样包含精神文化的富足。人的自由全面发展既需要物质基础，也需要精神积淀和文化滋养。只有物质文明和精神文明比翼齐飞，中华民族的精神大厦才能巍然耸立。因此，进入新时代，我们坚持物质文明建设和精神文明建设"两手抓、两手都要硬"，推动中华文化繁荣兴盛，满足人民日益增长的美好精神文化需求，促进人民精神生活共同富裕，增强民族精神力量，为全面建设社会主义现代化国家凝心聚力、扎根铸魂。

2. 传承中华优秀传统文化，不断丰富人们的精神生活

毋庸置疑，中华优秀传统文化的传承弘扬，是以服务现实、满足人民群众的精神文化需求为根本价值旨归的。也就是说，优秀传统文化只有活化于当世，与现代社会接轨、与民众需求吻合，才能获得"传统"应有的本质规定性，从而发挥现实社会功能，为今天所用、为现实所用。

中国特色社会主义进入新时代，人民美好生活需要愈来愈广泛和强烈。中华优秀传统文化作为宝贵的精神财富，高度契合国人的生活品位与精神需要。随着现代化进程的推进，中国人的物质生活水平逐步提高，生活变得繁杂忙碌，人们越来越关注生活品质的提升，越来越渴望精神的富足，越来越关注自我的实现。"中华优秀传统文化聚焦的问题正是如何完善人的存在和实现社会和谐有序，在提升人的道德修养、精神境界和形成世风良俗、社会和谐方面显示出独特智慧和丰富经验。"①这在一定程度上唤起了中国人对传统文化的集体回忆，今天的中国人更愿意去了解、学习和践行优秀传统文化。只有在优秀传统文化奠基的精神家园里，我们才能找到魂有所安的归属感。日益改善的经济和技术条件，也使得更多的人有能力和手段去学习优秀传统文化。这些是我们构建传承中华优秀传统文化基本精神、反映当今时代特征的新文化的最深厚的动力源泉。

当前，中国人对中华优秀传统文化的热情和喜爱，是中华优秀传统文化传承发展的民意基础，是实现中华优秀传统文化当代价值的重要条件。中国人有自己相对稳定的独特的价值取向、思维方式和审美习惯

---

① 商志晓等：《中华传统文化弘扬与现代化发展研究》，中国社会科学出版社2021年版，第284页。

等，这是由中华民族根深蒂固的文化基因决定的。几千年来，中华文化形变神不变，文化脉络绵延不绝。今天，传统文化书籍成为人们阅读最多的图书种类之一。"杨伯俊的《论语译注》2016 年的销售量就高达45 万册。"① 源于传统文化的影视作品也深受群众喜爱。央视版的《西游记》成为世界上重播率和收视率最高的电视剧之一。特别是一些传统文化类的电视节目影响广泛。《百家讲坛》从 2001 年开播以来，成为传播传统文化的重要平台，影响巨大。近年来，《中国诗词大会》《经典咏流传》《典籍里的中国》等传统文化类的节目，也有较高的收视率，深受民众喜爱。

作为中华民族生生不息的文化根脉和几千年来砥砺前行的精神脊梁，中华优秀传统文化是我们集体生活的潜意识，对中国人的精神世界有着历久弥新的浸润作用，是实现精神生活共同富裕的不竭源泉，是我们创造文化新辉煌的宝贵资源。我们要以礼敬自豪的态度挖掘运用、传承弘扬中华优秀传统文化，让中华文化基因更好地植根于今天人们的思想意识里。当然，这不是复古式的简单回归，而是要结合新的时代条件和实践要求，寻找优秀传统文化与今天人民群众精神需求的契合点，坚持创造性转化创新性发展，深度挖掘内容、及时创新形式，通过电视节目、动漫、文化活动等现代方式和科技手段使传统文化"活"起来、"潮"起来，如三星堆考古直播、海昏侯墓文物展等引发了现象级关注。传统文化真正走进了人们的现实生活，文化传承与人们的文化消费、文化体验等有机地结合起来，更多的人与古人对话，中华优秀传统文化实现了更大范围的传播并展现出璀璨的魅力。

精神富裕是社会主义制度优越性的重要体现，是中国特色社会主义文化建设的根本目的。要充分发挥优秀传统文化对精神生活共同富裕的促进作用，坚持创造性转化创新性发展，使中华优秀传统文化服务于人民群众精神文化需求，服务于社会主义现代化建设，服务于中华民族伟大复兴。

（三）中华优秀传统文化是实现民族复兴的强大助推力

自近代中西交冲以来，实现民族复兴就成了中华儿女的伟大梦想。

---

① 《读者直奔国学原著，惊了专家》，《北京日报》2017 年 2 月 17 日第 12 版。

民族复兴不仅仅是经济复兴，也是文化的复兴。与新时代中国取得的全方位成就相对应的是，中国人在民族复兴过程中所生发的自信心也应该是全方位的。实现中华民族伟大复兴须坚定"四个自信"，"四个自信"沉淀和存在于民族的历史之中。对自身文化的自信是国家发展中更为根本、更为深层和影响更为持久的力量。

之所以文化自信更根本，对民族复兴具有深远的意义，"是因为文化的存在形态及其影响人心所独具的特点，是因为中华文化之于中华民族每一分子所共有的意义，也是因为我们的文化蕴含着我们所选择和探索形成的道路、理论、制度所由出发的'初心'"。① 中华优秀传统文化是中华民族生生不息的丰厚滋养，充分体现了中国人的价值取向和行为准则，是文化自信的历史依据、思想资源以及内生动力。

要治理好一个国家，就需要了解该国的历史和文化传统。中华民族在长期的历史进程中孕育了深厚而独特的政治文化和政治智慧。中国古代思想家们围绕国家治理，提出了内容各异的治国方略，这些是今天执政党治国理政和现代化建设十分宝贵、不可多得的思想宝库和精神滋养。是走中国道路、弘扬中国精神、凝聚中国力量的最大"同心圆"。中华民族伟大复兴需要以中华文化发展繁荣为条件，中华文化是民族复兴必不可少的支撑。实现民族复兴，经济是基础，文化是灵魂，是支撑。中华文化不仅要传承创新，还要"走出去"，提升软实力，增加话语权。要积极推动中华文化走向世界，积极展示中华民族的悠久历史和文化基因，提升中华文化的全球影响力，让世界了解历史之中国，理解今日之中国，塑造良好国家形象，为实现民族复兴营造良好环境。

优秀传统文化是治国理政的丰厚资源，要从中汲取治国理政的智慧。中华优秀传统文化在几千年的历史发展中，充满着政治智慧和历史厚重感，涵养了取之不尽、用之不竭的治国理政资源，对中国的政治形态、经济模式、社会体制等方面的选择与变革产生了深刻的影响。我们发掘中华优秀传统文化中优秀的治国理政经验，可以为改革开放和社会主义现代化建设提供精神养料，有助于中国治理体系的构建和治理能力

_____

① 沈壮海：《论文化自信》，湖北人民出版社 2019 年版，第 9 页。

的提升。要科学扬弃、批判吸收优秀传统政治文化，要牢记历史经验、历史教训和历史警示，采取切实有效途径，在转化创新中吸收借鉴，为推进国家治理体系和治理能力现代化提供思想资源。

在以中国式现代化推进中华民族伟大复兴的历史征程中，中华优秀传统文化有着不可或缺的积极作用。放眼世界历史，各国现代化道路各不相同。之所以如此，一个非常重要的原因在于各国有不同的历史文化传统，有自己的历史起点。对中国而言更是如此，因为我们拥有更为深厚的传统文化积淀，已经深深融入中国人的血脉之中，是我们与生俱来、挥之不去的历史文化基因。中华文明强大的凝聚力、突出的包容性、勤奋努力的历史基因、重视教育的传统源源不断地催生、增强着中国式现代化的内生动力。中国式现代化面临着前所未有的社会风险。中华文化中蕴含着强烈的忧患意识和求稳的思维方式，有着重视防范风险的历史基因，有着根深蒂固的底线行为逻辑，这使得中国式现代化高度重视安全底线，强调居安思危，高度警惕并防范颠覆性错误的发生。中华传统文化孕育的民族精神，是中华民族生存与发展的精神支柱，潜移默化的为中国式现代化提供充足动力与精神滋养。要科学扬弃中华传统文化，使之符合当代社会的需要，并与中国式现代化有机结合，更好地助力中华民族伟大复兴。

二 国家地位的提升创造了良好的国际环境

1978 年以来，中国特色社会主义事业突飞猛进的发展，中国正在走向"强起来"的时代，国际影响力也逐步增强，成为目标社会举足轻重的大国。综合国力的增强，国际地位的提升，都为中华优秀传统文化走向世界提供了崭新机遇。

（一）国家形象的塑造需要展示中华文化魅力

"国家形象指的是某个国家的历史与现状、经济与政治、文化与社会等要素在本国公民和国际社会形成的整体印象与基本认知。"① 对一个主权国家而言，国家形象是其综合国力在全球场域下的整体呈现，是

---

① 韩文乾：《习近平关于新时代国家形象重要论述探析》，《科学社会主义》2021 年第 6 期。

重要的无形资产，是参与国际事务和提升国际竞争力的重要资源。国家形象的塑造正成为国际竞争中重要的博弈策略。国家形象既包括长久积淀的对一国的稳定印象和情感，也包括通过即时信息和突发事件产生的对一国的认知和评价，是全球信息传播和国家对外交往实践综合作用的结果。作为一个内涵深刻、外延宽泛的概念，国家形象的构成要素具有多维性。"一般而言，较为稳定的核心部分主要由文化、风俗、习惯等构成，而易于变化的部分则主要由政治、经济维度构成，并受到此类即时信息的影响。"①

新时代，随着经济实力的不断增长，中国日益走近世界舞台的中央，在国际上的影响力越来越大，已经成为国际社会举足轻重的大国，中国的国家形象建设也成为中国对外交往和国家软实力建设的重要内容。对于中国而言，国家形象构建问题解决好了，许多问题都可以迎刃而解。对当今中国而言，建构与我们国际地位相匹配的国家形象，既是实现民族复兴的题中应有之义，也是决定中国走和平发展道路的重大现实问题。国家形象的塑造和提升是一项复杂的系统性工程。国家形象是一个极具综合性的概念，事实上，它是一个国家的政治、经济、社会、生态、历史、文化等各方面情况的综合展示。从根本上说，塑造和提升国家形象是一个不断提升国家硬实力和软实力的综合过程，需要提升执政形象、强国形象、文明形象、立体形象、真实形象，纠正歪曲形象。

国家形象呈现为文化形象、政治形象、经济形象、外交形象等构成的复杂系统。其中，由于文化影响着一个国家的政治、经济、外交、军事、社会等方方面面，文化形象成为了国家形象的最基本的组成部分，是国家形象塑造不可或缺的构成单元。文化形象既是历史底蕴、文化观念、价值体系、文化气度、文化创造力、文化追求等方面的综合体现，也展现着一个国家的国民素质、民族性格和精神状态，是衡量一个国家国际声誉和世界影响力的重要标准。美、日、韩等国家，文化战略明确而连贯，注重对本国传统文化的传承、创新、转化和传播，对其国家形象的塑造产生了重要作用。

中华优秀传统文化是中国面对世界最为深厚的积淀，在塑造新时代

_____

① 马得勇、陆屹洲：《国家形象形成的心理分析》，《国际政治科学》2022 年第 1 期。

中国的国家形象中具有独特魅力，是中国国家形象区别于其他国家形象的独特标志。国家形象与民族的历史文化积淀紧密相关，展示具有民族特质的文明价值是塑造国家形象的重要途径。厘清丰富的历史文化资源，发掘诠释中华文化优秀基因，自觉塑造良好的国家文化形象，增强国家文化软实力，让世界更加了解和接纳中国，并为中国的现代化建设提供支撑。

中华文化源远流长、历史悠久，独特的思想理念、人文精神和价值体系，是中华民族的文化积淀和精神寄托；中华文化多元兼容、和谐发展，文化要素丰富，是历史上各民族文化的集大成者。中华文化是连接古代中国与今天中国的最佳纽带，是各国人民解开关于中国各种疑问和困惑的最佳钥匙。中华优秀传统文化在人类文明中具有独树一帜的辨识度，是中国面对世界最为深厚的积淀，是塑造新时代中国文明大国形象的重要资源，是中国国家形象区别于其他国家形象的独特标志。要让中华优秀传统文化与时代相结合，成为今天中国的一张生动鲜活的名片。

"通过盘活丰富的文化资源，不断丰富拓宽对外交流途径，创新运用现代传播方式展示中华文化魅力，不断提升国家立体形象。"[1]

中华优秀传统文化博大精深，关键是怎么发掘、运用和保护。要深度挖掘中华优秀传统文化的精髓，而不是有意无意地迎合一些西方人的"中国想象"。否则，中国文化就成了由烹饪、功夫、瓷器、京剧、风水、兵马俑等组成的复杂符号系统，这会严重影响整个世界甚至中国人对"传统中国"的认知。事实上，中国的传统文化包括思想、制度、道德、价值观、审美等极为丰富的内涵。通过传播展示中华文化，让世界人民更加了解中国形象的历史厚度、内容宽度和文明高度，不断提升国家立体形象。

（二）中国外交话语体系的完善需要凸显中国文化传统

中国特色社会主义进入新时代，中国的经济实力和国际地位不断提升，日益从国际舞台的"边缘"走向"中心"，中国外交具备了更多体现自身文化传统的战略空间与条件，中国外交的文化自觉和文化

---

① 韩文乾：《习近平关于新时代国家形象重要论述探析》，《科学社会主义》2021年第6期。

自信明显增强。与此同时，中国外交已经形成了一整套独具中国特色、风格和气派的话语体系，对中国改善话语地位、提升国际话语权起到了重要的推动作用，这些都为中华优秀传统文化走向世界创造了有利条件。

众所周知，文化传统会潜移默化一个国家的外交文化和外交战略。任何国家、任何执政党，其统治都是在一定的历史文化条件下进行的。一个民族，在漫长的历史发展过程中，会积累大量有价值的经验和教训，这是一个民族共同的集体记忆，深刻而持久地影响着该民族的思维方式和行为方式。一个国家的外交理念、目标、方式、风格自然而然、难以避免的会体现本国的文化特色，会受到自身文化传统、文明特点、思维方式等方面的影响。中国的外交文化是在长期外交实践中形成的，同时也深受文化传统的影响。文化传统是影响一个国家外交特色的重要因素，如中国外交强调关联协作、包容互补、和谐共生、亲仁善邻，追求和而不同等。"中国对本国文明的认识不包括侵略性使命。不去提高世界其他地区的文明程度，也不给自己增加负担。"① 美国外交则一直强调自由民主，对外输出其制度和价值观是美国外交的核心目标之一。在实践中，人们往往会无意识地用自己的思维去理解和判断其他国家的话语和行为，因此，异质文化的国家很容易对其他国家的外交话语或实践产生误解。"二战"后，西方长期拥有国际学术霸权、操纵国际话语体系，用以解释别国的外交政策。中国作为一个有着悠久历史和独特文明的大国，西方的理论很难准确理解和诠释中国的外交政策与实践，误读、误解在所难免。按照西方的逻辑，不冲突、不对抗的新型大国关系就不可能出现。"当中国与世界的关系开始从被动适应向主动塑造转变时，中国需要进行深层次的反思，思考当今中国的身份，中国的特性和特色，中国与其他国家有何不同，中国方案、中国特色、中国智慧如何得到彰显和体现。"② 为此，今天的中国更需要宣传和展示中华优秀传

① Mark Mancall, *China at the Center*: 300 *Years of Foreign Policy*, The Free Press, 1984, p. 11. 转引自张妍《传统文化与中国外交》，《国际关系学院学报》1998 年第 3 期。
② 孙吉胜：《传统文化与十八大以来中国外交话语体系构建》，《外交评论》（外文学院学报）2017 年第 4 期。

统文化，构建自己的外交话语体系。

　　党的十八大以来，随着国际影响力的提升，中国面临更多深层次问题，需要更多更主动地提出自己的理念和主张。中国明确提出践行中国特色大国外交，中国外交的文化自觉日益明显。中国明确提出践行中国特色大国外交，中国外交的文化自觉日益明显，更加自觉向世界传递中国先进的价值理念，为中国发展营造良好的国际环境。我们开始重新思考和认识文化传统外交中的作用。话语总是具有民族性特征。中华文化是我们的精神标识，要利用其构建起中华民族对外传播的基础性话语，充分发挥传统民族话语的国际影响。作为一个世界性大国，中国已成为当前国际关系的一个自变量，外交定力不断增强，文化自觉不断提升。国际社会特别是发展中国家在很多方面对中国充满期待。认真反思研究中华优秀传统文化，完善丰富新时代中国的外交话语，形成一套具有中国特色的外交话语体系，成为一项必要而紧迫的任务。构建自己的话语体系是一个国家确立国际话语权的基础性工作。当今全球话语格局依然是"西强我弱"。今天的中国，依然存在较为严重的话语依赖现象，甚至一部分学者仍然奉西方话语为圭臬。中国的言行经常被西方国家歪曲，内政问题也常被西方国家指责，经常处于"被定位"的状态。因此，在全球化背景下，要具有更加强烈的文化自觉意识，自觉构建具有中国特色的外交话语体系，更好地解释中国外交实践，最大程度地避免其他国家对中国外交的误读，让世界更好地了解中国、理解中国，从而增中国的对外感召力，并为世界贡献中国智慧。应该说，重视发挥传统文化在构建中国特色外交话语体系中的作用，本身就是全球化背景下增强自我意识和文化自觉的具体表现。全球化背景下，文化自觉不只是了解和掌握自身文化，还要了解民族文化在当今世界文化格局中的意义和价值，了解民族文化对世界文化发展的意义。

　　扑面而来的中国气息，已经成为当前中国外交最令人瞩目的特色之一。中华传统经、史、子、集中到处可见古代贤哲的经典语言，蕴藏着丰富的话语资源，如对"小康大同"理想社会的具体描述、对中华民族立国立身之本"和合中庸"和"修身克己"的基本要求、对探索实现美好社会中人的"上善若水""厚德载物"的理想说法、对人的个体活动"仁、义、礼、智、信"的具体规范，对待万事万物"天人合一"

的辩证思想等，这些文化精神决定了中国人的世界观、价值观、利益观以及中国人的行为方式，对我们今天构建中国特色外交话语体系产生了重大影响。事实上，党的十八大以来的中国外交话语体系已经更具中国特色、中国风格和中国气派，开始更好地向国际社会宣介中国的道路观、国家观、秩序观、交往观和价值观理念，更好地为全球治理和世界和平做出中国的贡献，这本身就是中国文化自信的有力体现。

任何文化和话语体系都是一定环境的产物。今天，我们更加重视中国的文化传统，是要强调中国的文化主体性，绝不是要与当代世界对立。因为从历史中走来的中国，已经深深融入了当代世界，我们的文化建设还须体现世界文明的共性。当前中国外交话语体系的构建既要加强对中华优秀传统文化的再认识，吸取中华优秀传统文化的精华，体现中国元素，还要尊重世界文明的多样性，发扬"海纳百川"的精神，批判吸收各种文明的有益成分，建立融通中外的话语体系。要寻找东西方学术思想和话语的交汇点，积极研究不同文化背景受众群体的思维习惯和表达习惯，创新表达方式和技巧，在对国内外重大事件的阐释话语中体现价值观，从而使国际受众愿意听并且听得懂，成为世界众多理论体系或话语体系中的一种选择。值得注意的是，当前中国要加强理论自信和话语自信，不能盲目迷信西方话语。中国外交话语体系的构建既要加强对中华优秀传统文化的再认识，吸取中华优秀传统文化的精华，体现中国元素，又要与世界连通融会，成为世界众多理论体系或话语体系中的一种选择。马丁·雅克等曾说过："中国崛起将使西方人的思维方式和生活方式产生根本性动摇，世界将进入一个多极经济时代。"① 实际上，这还远远不够，中国崛起也应该让世界进入一个话语和思想的多极时代。

（三）中华文化走向世界需要发挥中华优秀传统文化的价值

随着中国经济的快速发展和综合国力的持续提升，中国在文化上越来越自信，更加重视提升文化软实力，更加注重提升自身文化的国际影响力。优秀传统文化是推动中国文化走向世界的重要资源。

---

① ［英］马丁·雅克、王瑾：《中国将如何改变我们的思维方式：以国家为例》，《当代世界与社会主义》2011 年第 4 期。

当今世界，人类在逐步摆脱物质匮乏的同时，也面临着贫富差距拉大、生态环境恶化、信仰缺失等复杂严峻的局面。中华文化是中华民族的"根"与"魂"，塑造了具有独特精神世界和行为方式的中华儿女，能够为解决当今全球问题提供启示，这使得中华传统文化受到世界上更多的人的重视，这有力推动着中国文化走向世界。

古代中国对世界文明影响深远、贡献巨大，为今天各国人民了解中国文化提供了文化心理基础。比如在唐代，和中国通使交好的国家有70多个，许多来自各国的使节、商人和留学生聚集在长安城里，有不少人长期定居在长安。中华文明从长安向世界传播扩散，各国文化和物产大量进入中国。开放让唐朝获益，变得更加强大，当时的长安是名副其实的国际大都市。具体来说，首先，中华文明对日本、朝鲜等亚洲国家的文明发展产生了重大影响，"它们至今还保存在东方各国特别是日本、朝鲜等国的语言、文字、思想、宗教、文学、艺术、饮食、服饰以至于风俗习惯里"。① 其次，中华文化在欧洲的传播，为欧洲的文艺复兴和近代化奠定了物质技术基础，对欧洲启蒙运动产生了巨大影响。中国古代的科举制度，为西方文官系统的建立提供了有益滋养；中国哲学、文学、医药、丝绸、瓷器、茶叶等传入西方，渗入西方民众日常生活之中。中国的造纸术、火药、印刷术、指南针四大发明带动了世界变革，推动了欧洲文艺复兴。在欧洲处于黑暗的中世纪时，中华文化处在人类文明的高峰，赢得了西方思想界的广泛赞誉。伏尔泰指出："东方是一切学术的摇篮，西方的一切都是由此而来的。"② 由于历史上的中国文化曾经对亚洲、欧洲的众多国家产生过深远的影响，这些国家的人民今天在学习、接受中国文化时有一种似曾相识感，这在一定程度上为今天的中国文化走向世界提供了社会心理基础。

当今世界，人类面临着环境污染、资源短缺、贫富差距、网络安全、恐怖主义信仰失落等问题，人类陷入前所未有的困境，其背后的一个重要原因是文化危机。中华文明秉承贵和尚中理念，追求人与人、人与社会、人与自然的和谐；中华文化强调"和而不同""万物育而不相

---

① 郝建平：《中华文明在世界文明史中的地位》，《天府新论》2006年第2期。

② ［德］利奇温：《十八世纪中国与欧洲文化的接触》，朱杰勤译，商务印书馆1962年版，第81页。

害，道并行而不相悖"；中国文化强调天人合一，认为人与自然是共同体，以此为基础来理解人与人、人与自然的关系；中华文化追求天下大同，倡导以德服人，反对以力服人，认为文明之间只有在相互尊重，平等交流的基础上才能和平相处。世界上越来越多的人意识到中华文化在解决人类难题中的独特价值，开始关注中国的传统文化，开始对中华文化产生兴趣。特别是随着中国国际影响力的增强，学习中文的青少年逐渐增多，更多的国外学者开始对中华优秀传统文化开展学术研究。总之，世界需要中国文化助力解决当今人类所遇到的生存发展危机，传承弘扬中华优秀传统文化正是应时之需，中国文化将逐步加快走向世界的步伐。

三　进一步推进马克思主义中国化需要同中华优秀传统文化相结合

就马克思主义和中华优秀传统文化本身来讲，二者思想内容不同，存在的时空不同，但二者目前共存于现代中国的时空之中。马克思主义与中华优秀传统文化各自的重要性决定了二者的关系对当代中国的历史发展具有极为重要的作用，是新时代推进中国特色社会主义事业发展的关键性课题。

任何理论命题的提出都有其特定的历史条件。"第二个结合"重大论断的提出，是中国共产党在新的国际国内环境下推进理论创新、进行理论创造的成果，是新时代中国共产党对马克思主义中国化的新认识，赋予了"同中国具体实际相结合"以新的内容和新的要求，展现了马克思主义中国化的新境界。"第二个结合"的提出和推进是社会主义学说在中国寻找民族形式的过程，也是中华优秀传统文化实现现代转换的历史过程。"第二个结合"的提出和推进是中华文明史上的重大事件，也是世界社会主义史上的光辉篇章。

正确认识和处理马克思主义同中华优秀传统文化的关系，是党的百年奋斗历程中的一个重大理论与实践问题。"第二个结合"重大命题的提出，是以中国共产党持续深入推进马克思主义中国化为基本前提和时代背景的。就一个国家、一个民族而言，最能体现其特色的就是其文化传统。文化传统有着巨大惯性。对中国而言，尤其如此，因为中华民族是世界上唯一一个经过几千年历史发展依然青春勃发的民族。也就是说，不熟悉、不了解中国的文化传统，就很难真正理解今日之中国，就很难理解中国人的精神世界和行为方式。也就是说，"第二个结合"的提出，具有历史的必然性。只有坚持"第二个结合"，才能夯实马克思主义在中国的历史基础和群众基础，马克思主义才能在中国牢牢扎根。

（一）马克思主义基本原理同中华优秀传统文化相结合的学术自觉

文化传统是影响一个国家现代化道路的重要因素。任何国家的现代化建设都是从既有的历史起点开始的。中华民族有自己独特的历史命运和生存境遇。我们曾经长期拥有高度的辉煌，几乎达到了农耕文明的最高峰；但中华民族也饱经苦难，甚至经历过亡国灭种的屈辱考验。但中华儿女始终充满梦想与希望。近代以来，面对强大的西方文明，中国思想界开启了向其学习的历程。特别是 20 世纪初马克思主义进入中国并广为传播，成为中国思想史上具有划时代意义的大事。回顾近代以来的中国学术史，学习西方的理论是必要的，但任何西方的理论都不可能完全解决中国的问题，无法代替中国学术界自身的思考，中国的问题需要中国的理论来解决。现今中国的哲学社会科学如何走向人类思想的中心舞台，成为了中国哲学社会科学界不得不面对的话题。

今天，西方话语体系已经难以给予中国式现代化以合理解释。那么，当代中国学术能为人类思想宝库贡献什么呢？从根本上说，社会科学理论界是一个国家理论生产的主要场所，也是大众社会科学知识的重要来源。但中国哲学社会科学的现状显然还没有走出西方近代以来的知识体系，我们的学术总体上还没有完全摆脱"学徒状态"。人类重大学术创新都根源于对实践中重大问题的深入思考。中国的学术要实现突破，一定是在推进中国式现代化历程中形成的民族的、时代的文化。

加强哲学社会科学话语体系建设，提升国际学术话语权。发达的哲学社会科学是话语体系创建的理论源头和基础。今天，西方话语体系之所以具有如此大的国际影响力，很大程度上源自其高度领先的哲学社会科学研究。另外，相对于政治语言，学术话语更容易在国际上得以传播。因此，在世界范围内，要增强我们的话语权，一个最重要的基础性工作就是发展哲学社会科学，不断创造自己的学术概念和学术语言，特别是要善于凝练标识性概念，提炼具有鲜活生命力的原创话语，努力引领国际学术界的研究；直面和聚焦全球核心议题开展研究，运用中国学术话语给出自主性方案，提升中国哲学社会科学的国际影响；直面西方出于意识形态偏见等原因而制造的"中国威胁论"等论调，组织精干力量开展针对性研究，正面发声，积极改变中国目前在世界上的"话语逆差"问题。

延绵几千年的中华文化，蕴含着丰富的哲学思想、人文精神和道德理念，是中国特色哲学社会科学的重要来源和成长发展的深厚基础。在某种意义上讲，中华优秀传统文化的学术自觉是中国哲学社会科学学术走向自信的前提之一。构建中国特色哲学社会科学，要善于融通古今中外各种资源，特别是善于融通中西马三大资源。中华优秀传统文化沉淀着中华民族独特的思想观念，蕴含着中国人独特的思维方式和研究方法。包含着丰富的哲学社会科学内容，对构建中国特色哲学社会科学具有重要意义。推进新时代马克思主义中国化发展，必须建立起马克思主义基本原理同中华优秀传统文化相结合的学术自觉，构建起中国自己的哲学社会科学知识体系，使中华民族最基本的文化基因与现代社会相协调、与世界大势相并进，彰显"第二个结合"时代意蕴。

（二）马克思主义基本原理同中华优秀传统文化相结合的必要性

一种理论，能否在一个国家的生根发芽、蓬勃发展，取决于该理论能否不断满足这个国家的现实需要。马克思主义不是一成不变的，而是随着时代和实践发展而不断发展的理论体系。唯有如此，才能具有生命力。新时代，中国共产党之所以在治国理政的新实践中提出了"第二个结合"，今天中国社会实践发展的现实需要是其重要原因。由此，"两个结合"就成为了马克思主义中国化进程的新要求，在始终坚持同中国具体实际相结合的同时，进一步提出同优秀传统文化的结合，具有重大的理论和实践意义。

1. 新时代需要进一步推进马克思主义中国化

五千年的中华文明塑造了一个独特的中国，赋予了中国社会主义道路鲜明的中国特色。作为马克思主义政党，中国共产党一直在探索如何实行马克思主义的指导。一部百年党史就是马克思主义中国化的历史。这是一个逐步走向自觉的过程。所谓马克思主义中国化，就是把马克思主义基本原理与中国国情相结合。事实上，国情既包含现实国情，也包含历史文化国情。

随着历史的发展，人们对国情的理解也在不断深化。在不同的历史时期，党有不同的主要任务，对中国国情关注的侧重点也有所不同。新民主主义革命时期，中国处于半殖民地半封建社会，国家面临内忧外患；中华人民共和国成立初期，社会经济十分落后，又被西方世界封锁；改革开放初期，国家发展面临的最大问题是经济体制僵化，效率低下。在这样的历史条件下，现实国情更多地被关注。现实国情，也可称之为社会的实体部分，大体上是指马克思所讲的以经济活动为核心的社会基础部分。

中国特色社会主义进入新时代，中国实际具体呈现为发展不平衡不充分等国情，迫切需要独立强调历史文化国情。中华优秀传统文化就是中国历史文化国情的理论呈现和具体表达。也就是说，当中国的历史性实践抵达新的"历史方位"时，马克思主义基本原理同中国具体实际相结合的重点转向了历史文化国情。可以说，马克思主义和中国具体实际相结合的过程，是一个逐步递进的过程，是一个由浅入深的过程。强调同历史文化国情相结合，并不是说同现实国情结合不重要了，而是说在以中国式现代化推进中华民族伟大复兴的新征程中，需要更加自觉地从文化深处寻找智慧，需要更加强调同历史文化国情的结合。

从党的历史看，中国共产党在革命、建设和改革的各个时期始终关注马克思主义同中华优秀传统文化的关系问题，并自觉不自觉地处理着这一问题。特别是在中国特色社会主义进入新时代以来，中国共产党高度关注和重视中华优秀传统文化的传承发展问题。习近平总书记站在实现中华民族伟大复兴的战略高度，高度重视优秀传统文化传承发展，并就此做了深刻的新阐发，提出了许多极其深刻的思想，在此基础上形成"第二个结合"的重大论断，更加突出中国特色的历史文化根基，说明执政的中国共产党前所未有地关注这一问题。这本身是非同寻常的。应该说，这一论断的提出，是习近平新时代中国特色社会主义思想的重要创新，是又一次的思想解放，有利于我们掌握思想和文化的动力，开启了广阔的理论和实践创新空间，深化拓展了中国特色社会主义道路的文化根基，并成为新时代推进中国特色社会主义事业发展的关键性课题。

社会主义在实践中不断成熟。马克思主义要具有中国风格和气派，就须与中国的社会主义实践相结合，与中国历史文化国情相结合，不断推进马克思主义民族化时代化。也就是说，推进马克思主义中国化实践的发展，不仅要弄清楚中国的现实是什么，而且要搞明白中国的底蕴在哪里。毕竟，中国式现代化是在中国这个有着独特文化传统的国家进行的。传统文化有着巨大的惯性作用，已经成为华夏儿女的文化基因，在高度国际化和现代化的今天依然潜移默化地发挥着自己的作用。脱离了中国的文化传统，马克思主义就很难实现中国化，就很难实现通俗化和大众化，就很难真正为中国人民所喜闻乐见，就很难得到中国人的文化心理认同，就很难武装群众。

现代化是人类社会发展的历史潮流。中国也只能顺应这个潮流。今天的中国是在世界百年大变局的形势下进行现代化建设的。特别是随着中国日益走近国际舞台中央，科学社会主义的生命力和吸引力得以彰显，西方文化的光环日益暗淡。文明型大国的崛起无疑成为百年大变局中最为绚丽的篇章。作为 21 世纪世界社会主义中流砥柱的中国，作为一个负责任的大国，要有"乱云飞渡仍从容"的定力，掌舵好自己这艘行稳致远的巨轮，同世界各国一道携手构建人类命运共同体。今天，中国共产党以高度的文化自觉深入了解中华民族的文化血脉，不断推进理论创新和实践创新，在坚持文化血脉中开拓进取、走向未来，为中华民族伟大复兴提供指引，为人类社会永续发展和美好未来贡献更多中国智慧。

2. 中华民族伟大复兴的需要

实现中华民族伟大复兴是中国共产党的初心和使命，也是近代以来中华儿女的百年夙愿，一代代中国人为之持续奋斗。中国特色社会主义进入新时代，中国式现代化取得了举世瞩目的发展成就。历史表明，对于中国这样的文明型大国，越发展遇到的阻力可能会越大，面临的外部风险可能会越多。今天，中华民族的伟大复兴进入了不可逆转的历史进程。今后十年到二十年，是中华民族伟大复兴进程中最富挑战性的时期。

对一个民族而言，在漫长历史发展进程中形成的文化传统具有相对恒常的意义，深入而持久地影响着其人民的精神世界和行为特点，影响着该民族的历史演化。中华民族的伟大复兴是全方位的复兴，文化复兴是其重要内容。中华文明源远流长、底蕴深厚，曾经长期走在世界前列，对世界产生了广泛而深远影响。今天，优秀传统文化对于维系国家统一、增强国家文化、对于推动世界文化的发展繁荣具有难以替代的重要价值。一个国家的现代化始终镌刻着其民族文化的烙印。中国式现代化植根于中国的文化土壤之中。可以说，中华优秀传统文化对于中国式现代化的形成及行稳致远有着不可或缺的作用。今天，我们比以往任何时候都更加接近中华民族的伟大复兴。要科学传承传统文化，用马克思主义的真理力量激活其生命力，赋予其新的时代内涵，为民族复兴提供更为主动的精神力量。

中华文明有自己独特的稳定的价值体系，这赋予了中国式现代化与西方现代化一种根性上的不同。中国文化有自己极具民族特色的思维方式和价值取向，如尚和贵中、厚德载物、天下为公而西方文化强调主客二分，强调理性，强调个体。当今世界，正在经历百年未有之大变局，两种制度并存并激烈斗争。今天的中国，中国特色社会主义进入新时代，正阔步走在以中国式现代化推进中华民族伟大复兴的历史进程中。两种现代化道路、两种文明客观上存在激烈的竞争。平衡、协同、有序的中国传统理念正在全球治理体系中发挥作用。在这样的时代背景之下，作为当今世界社会主义中流砥柱的中国，我们的传统文明不仅对中国现代化的形式、路径和内容起着形塑的作用，而且也赋予了社会主义一些本质性的特质。我们需要的是热烈而镇定的情绪，紧张而有序的工作，与世界各国人民同舟共济、携手前进。经过几代人的共同努力，把"一带一路"建设成为和平、繁荣、创新、文明之路，让环球同此凉热，我们的朋友将遍天下。

中国特色社会主义经过了几十年的发展，其历史性实践已抵达新的"历史方位"，开始对"世界历史"的整体进程具有重大意义，已经逐步和人类社会未来发展建立起了本质性联系。中国在按照自己的道路实现现代化的同时，也正在开创人类文明新形态。中华民族的复兴之路将给人类带来文明意义上贡献。中国式现代化具有世界历史意义的贡献。今天，人类遭遇了种种危机。这些危机具体原因不同，但西方文明是造成这些危机的总根源。以美国为代表的西方文明对待他者十分傲慢，特别是在处理民族、国家和文明关系上，以强凌弱，致使人类和平发展受到严重威胁，人类的前途命运也蒙上阴影。

中华优秀传统文化能够为解决当今世界难题和危机提供启示。仅以视野而论，中国人自古就有超越国家之上的天下观念。中华文化主张协和万邦，有着善待"他者"的恒常态度。中国人以"贵和"的思想处理民族、国家之间的关系，这来自于我们的文明根底。这与西方文明形成了极其鲜明的对照。中华文明这种天下观念，凸显出崇生、尚和、重情、贵德等特点，正是西方文明所缺乏的。社会主义和中华文明的相互发现、相互成就产生了中国特色社会主义，这是一种不同于西方文明的新文明形态。总之，中华优秀传统文化能给我们提供解决当今世界难题的理念和思路，要赋予这些思想资源以新的内涵，为人类社会的持续发展贡献更多中国智慧。

3. 马克思主义大众化的需要

要让马克思主义在中国生根，得到中国人真正的心理认同，就需要扎根于中国土壤，不断推进马克思主义大众化，形成中国特色、中国风格、中国气派的马克思主义。

马克思主义基本原理同中华优秀传统文化相结合是推进马克思主义大众化的最好结合点。要想让起源于欧洲的马克思主义在中国深入人心并发挥指导作用，就必须让其说中国话，就必须研究和熟悉中华优秀传统文化。积淀深厚的中华优秀传统文化有丰富生动的语言、富有智慧的表达方式。马克思主义要大众化，只说直接翻译过来的专业术语是不行的，需要说中国话，需要说中国老百姓喜闻乐见的中国话，语言是需要深入浅出、符合中国人表达习惯和审美情趣的。只有这样，马克思主义才能走出课堂和教材，走进大众，才能武装群众。要让马克思主义说中国话，就要研究中国传统文化，因为传统文化蕴含着丰富的哲学思想和生动的哲学语言，充满中国式的表达。反之，如果照搬西方的话语系统，那就很难为民众所接受。

马克思主义中国化现有理论成果中许多观点的表达极富中华文化意蕴。毛泽东古典文献功底深厚，古典诗词、狂草书法为一代之冠，思想表达方式上也极富中华文化魅力。《实践论》《矛盾论》堪称马克思主义哲学中国化的典范之作，继承了中国传统哲学中"阴阳互补""相反相成""福祸相倚""天人合一""一物两体"等辩证思维方式实现了马克思主义哲学与中国传统哲学优秀成果的融会贯通，且语言风格极具中国特点。"在整风运动中，用'实事求是'表述马克思主义的思想路线，在党的七大闭幕词中用'愚公移山'表述将革命进行到底的决心，在追念张思德时用司马迁的'人固有一死'表述为人民服务的根本宗旨，在《实践论》中用《三国演义》'眉头一皱计上心来'表述马克思主义的认识论，这类例子比比皆是。"①

习近平总书记系列重要讲话、文章和谈话中多次引用富有哲理的经典名句。如"讲仁爱、重民本、守诚信、崇正义、尚和合、求大同"可谓切中传统文化之肯綮；"我将无我，不负人民"，从可以体会到老子的"以百姓心为心"。习近平新时代中国特色社会主义思想中也有通俗的"打江山，守江山，守的是人民的心""打铁还需自身硬"等话语。

中国共产党成立以来，中国共产党逐渐找到了可以让马克思主义在中国牢牢扎根的根本途径——"两个结合"，让融入进中国人民血脉中的中华优秀传统文化赋予马克思主义"中国形态"，让其深入到中国人的工作和生活中，得到中国人的心理认同。

第三节　传承弘扬中华优秀传统文化面临诸多挑战

作为一个久远的文化，中华优秀传统文化和中国传统社会相伴而生。在中国五千多年的历史发展中，中华优秀传统文化对中国社会的稳定和发展起了重要作用。然而，近代以来，西方现代化运动对古老中国及其文化传统造成了严重冲击。特别是在当前，在全球化大背景下，产生于传统农业社会中的中华优秀传统文化要得以传承弘扬，无疑会面临诸多挑战。

一　全球化及外来文化冲击带来的挑战

当今世界，全球化趋势不断加深。全球化是一个复杂的过程，内在

---

① 郑飞：《马克思主义基本原理同中华优秀传统文化相结合的历史与逻辑》，《哲学研究》2021 年第 12 期。

包含了全球化与本土化的双向互动。如果认为全球化就是西方化甚至美国化，放弃自己的民族特色，就有可能跌入"全球化陷阱"，严重影响其现代化进程，特别是对后发现代化国家而言。

作为当今世界的一个重要特征，全球化是中国实现民族复兴的重要时代背景。全球化进程中不同文化的交流越来越频繁，但也带来了不同文化间遭遇性的冲突和紧张。毋庸置疑，长期以来，西方国家是全球化的主导者，它们的价值观、生活方式等也在不断地向其他国家渗透，不同国家和民族文化的趋同化与多样化的矛盾更加突出。对中华民族文化的发展而言，全球化是一把"双刃剑"，一方面给中国民族文化带来了和世界文化交流与对话的机会，推动了中华传统文化的现代转型，但另一方面西方文化的强势扩张不断挤压中华优秀传统文化的生存空间，侵蚀我们的民族文化个性，甚至使民族文化面临着同质化的危险，减弱了中华优秀传统文化的自觉自信。

（一）跨文化传播挤压着中华优秀传统文化的生存空间

全球化是全球一体化的社会活动，是世界各国在全球范围内的普遍趋同，全方位地冲击着传统民族国家的界限。全球化不仅包括经济全球化，也包括日益深化的政治全球化和文化全球化。从历史上来看，全球化过程就是世界近代历史形成的过程，是资本主义生产方式的全球扩张过程，是产生于西方的以工业文明为标志的现代性的全球扩展进程。对于后发现代化国家而言，全球化在促进其加速走向现代化的同时，也给其带来了诸多风险。马克思、恩格斯早已看到了全球化的趋势，并在《共产党宣言》中分析指出："资产阶级，由于开拓了世界市场，使一切国家的生产和消费都成为世界性的了……过去那种地方的和民族的自给自足和闭关自守状态，被各民族的各方面的互相往来和各方面的互相依赖所代替了。"① 马克思、恩格斯认识到，随着工业革命的推进和世界市场的开拓，各民族打破了原有的社会封闭性，民族历史必然转变为世界历史，全球化势不可当，全球化并非一个纯经济的过程，它会带来经济、文化、社会等各领域全方位的开放性。

---

① 《马克思恩格斯选集》（第1卷），人民出版社2012年版，第404页。

　　当今世界，信息技术已然在全球化进程中起着关键性作用。今天，信息技术、数字技术加速迭代，时空高度压缩，人类社会的生产方式、生活方式、交往方式已经发生了巨大的改变，全球化呈现出不同于以往的时代特征。"当代信息技术的发展所带来的时空巨变已使当今世界全球化成为一种不可阻挡的历史趋势，它表明目前人们的日常生活与社会经济发展，势必会受制于时空高度压缩的当今世界全球化框架体系。"①不同国家、不同群体间相互依存、休戚与共，全人类进入了一个全球性的世界大社会。随着电子数字媒体技术在全世界的推广普及，文化全球化已经成为世界各国普遍面临的现实文化语境。

　　文化全球化是一把"双刃剑"，一方面拉近了不同文化间的距离，为民族文化的发展开辟了更宽广的空间。今天，随着信息数字技术的迅猛发展和普及，不同民族与国家的"话语"被放置在同一个平台上，文化交流与对话超越了时空限制，交流的即时性被发挥到了极致，不同国家与民族的文化被前所未有地拉近，世界文化显现出前所未有的新气象。联合国教科文组织于 2001 年通过了《世界文化多样性宣言》，指出："文化多样性是交流、革新和创作的源泉，对人类来讲就像生物多样性对维持生物平衡那样必不可少。"② 另一方面，文化全球化也加剧了不同文化和价值体系之间的竞争，弱势国家和民族的文化认同面临前所未有的挑战，世界文化发展面临着同质化的危险。在以资本为核心的世界经济格局下，资本逻辑和技术（工具）理性已经完成了合谋，其所谓的"文化冲突"本质是利益冲突。文化之间的交往并不平等，"文化全球化"实质是以美国为首的西方国家凭借其经济、科技、文化等方面的优势向全世界强势兜售西方文化，企图实现资本主义价值观的全球渗透和西方文化全球化，从而更好地按照自己的方式塑造世界格局，维持其在国际竞争中的优势地位，实现自身利益最大化。非西方文化总是处在一种被动适应的弱势位置。文化全球化就是西方国家向全世界推广

---

　　① 欧阳英：《解析当今世界全球化：一种哲学思考》，《山东师范大学学报》（社会科学版）2022 年第 1 期。

　　② 《世界文化多样性宣言》（2001 年 11 月 2 日联合国教育、科学及文化组织大会第三十一届会议通过），载安学斌《少数民族非物质文化遗产研究：以云南巍山彝族打歌为例》，民族出版社 2008 年版，第 265 页 。

其价值体系的过程，就是非西方国家被西方文化同质化的过程。

世界上各国、各民族独特的文化传统和历史特性是全球化进程和走向的潜在制约力量。文化以民族为载体，文化的独特性是一个民族存在的重要标志。也就说，文化的民族性决定了文化不能实现全球"一体化"或"同一化"。面对全球化对民族文化的冲击，非西方世界在学习借鉴西方文化的同时，要有强烈的文化自觉意识，科学对待自身文化，发扬自身文化个性，防止被西方文化所同化。

"在当今全球文化博弈、价值多元化并存、媒介技术高速发展的复杂文化语境下，西方发达国家正极力凭借科技实力与资本优势试图穿越后发展国家的制度与文化屏障，以强大的媒介体系不断加深既存的'数字鸿沟'，进而达到对全球文化市场与意识形态领域的双重占领。"① 在全球化进程中，各国特别是后发展国家越来越重视文化在国家发展中的重要作用。20 世纪 90 年代以来，随着中国参与全球化程度的加深，国际交往日益频繁，大规模、多层次的人流、物流、技术流和信息流全方位的冲击、影响和改变着中国。西方各种理论学说、流行文化纷纷涌入中国，悄然影响着中国人的思想和价值观。在全新的文化空间里，很多中国人在长期的耳濡目染中不自觉地接受着西方文化和生活方式，文化认同上呈现出某种程度的困惑与焦虑。很多中国人特别是年轻一代对传统文化在情感上逐渐疏离，越来越缺乏认同感。

文化全球化会带来两种现实的危险：一是西方国家利用自己的经济、技术和文化强势地位，继续加强自己在全球文化和意识形态领域的话语权；二是非西方国家面临新型殖民，文化主权和民族凝聚力被逐步瓦解，人类文化多样化遭遇前所未有的挑战。直到今天，在文化产业市场上，西方国家的文化产业所占的文化市场份额依然相当大，不仅对中国的文化产业造成了巨大冲击，更严重影响着中国的文化认同甚至文化安全。今天，中国在日益走近国际舞台的中央，世界格局也正在发生重大变化。面对全球化的急剧扩张和中华传统文化境遇堪忧的现状，文化

---

① 曹海峰：《全球化语境中文化认同的现实考验与建构策略》，《学术界》2016 年第 12 期。

复兴已经成为了事关中华民族伟大复兴的重大理论和实践问题。

中华民族的复兴必然伴随中华文化的复兴。一个丢失了精神家园的民族，即使经济成绩斐然，也很难跻身于世界现代民族之林。西方的文艺复兴主要是反对封建主义和宗教统治，是其内部的复兴。在全球化背景下实现中华文化的复兴，就是要建立一种能够代表当今人类社会发展水平的新文化，难度很大。

"传统文化是一种反映民族特质的具体民族文化思想和观念形态的总体表征。"① 对一个民族而言，传统文化是其文化身份和文化符号。对民族文化的认同是民族认同和国家认同最深层的基础。对自身文化传统的认同是抵御外来消极文化入侵的屏障，是保持民族归属感的最后壁垒，是民族精神独立的保障，是社会稳定的根基，也是维护文化世界文化多样性的根基。全球化时代，各民族的传统文化对于促进全球文化交流对话依然有着不可替代的价值。

随着中国深度参与到世界全球化进程，现代化水平不断提高，再加上互联网技术的迅速发展和普及，强势的西方文化通过各种渠道和载体大量涌入中国，整个社会的文化生态发生了重大变化，传统文化的生存发展空间被不断挤压。中华传统文化越来越缺少能够展现自身魅力和长处的文化生态。一定意义上讲，中华民族正在经历着"文化撕裂"的痛苦。文化全球化实质上是西方文化的全球扩张。

今天，世界性的文化交流和交融前所未有。中国人通过影视作品、图书、学术交流等很多途径自觉不自觉地接触西方文化，很多人特别是青少年潜移默化地接受和认同了西方的价值观和生活方式。与此同时，很多人对中国代表性的民族文化的认知却非常有限，很多优秀传统文化存在消退与"被边缘化"的情况。如圣诞节、情人节，在中国有浓郁的节日氛围，很多人会郑重对待，很多商家也从中看到了巨大的商机。而中国的七夕节，却冷冷清清，没有真正走进现代人的日常生活。再如，很多快速崛起的城市以"国际化"为风尚，丧失了中国文化的独特标识。文化认同问题成了困扰中国人的现实问题。对自身民族文化的

---

① 曹海峰：《全球化语境中文化认同的现实考验与建构策略》，《学术界》2016 年第 12 期。

认同会给社会成员提供稳定的心理框架和行为导向。文化认同危机则会动摇一个民族的精神价值系统，离散民族凝聚力。因此，全球化背景下，如何在现代化进程中保持自身文化主体性就成了中国人需要迫切考虑并持续解决的问题。

（二）文化趋同化一定程度上减弱了中华优秀传统文化的自觉自信

"全球化在为后发展国家提供新的发展动力与视野的同时，也使它们的民族认同与传统文化都面临着被解构与重构的重重危机。"① 自近代西学东渐以来，中国已经出现过好几次的文化认同危机。今天的中国，高度开放，已然深度参与到全球化进程中，难以避免的受到文化全球化的冲击和影响。文化全球化带来的文化趋同性，一定程度上影响和削弱了中国人传承发展自身传统文化的自觉意识。

文化认同对民族认同具有关键意义。中华民族的复兴必然伴随着文化的复兴。不同于西方的文化复兴，中华文化的复兴是在全球化背景下进行的，任务重，难度大，中国需要树立起迎接中华文化复兴的文化自觉和自信。文化自觉并不是一个轻松的过程，首先要客观认识自己的文化，知道自己文化的精华和糟粕、优势和不足，知道自己文化的现代价值；其次要了解其他文化，要能够鉴别判断其他文化的积极价值及不足之处，才能在多元文化交流交融的现代世界里找到自己的位置。

文化自觉是费孝通在 20 世纪 90 年代提出的一个概念。费孝通指出："这四个字正表达了当前思想界对经济全球化的反应，是世界各地多种文化接触中引起人类心态的迫切要求。"② "文化自觉只是指生活在一定文化中的人对其文化的'自知之明'，明白它的来历、形成过程，在生活各方面所起的作用，也就是它的意义和所受其他文化的影响及发展的方向，不带有任何'文化回归'的意思，不是要'复旧'，但同时也不主张'西化'或'全面他化'。"③ 此外，费孝通先生还系统阐述了"文化自觉"的基本构成和主导精神，是我们研究文化自觉和文化自信问题的有益出发点。

---

① 曹海峰：《全球化视阈下民族认同与中华文化创新》，《大连理工大学学报》（社会科学版）2014 年第 3 期。

② 费孝通：《关于"文化自觉"的一些自白》，《学术研究》2003 年第 7 期。

③ 费宗惠、张荣华：《费孝通论文化自觉》，内蒙古人民出版社 2009 年版，第 5 页。

在费孝通的论述中，"文化自觉"是"文化自信"的基本前提。自觉到自身文化的特殊性，并自信这种特殊性的当代价值和世界价值。换言之，文化的特殊性是文化自信的唯一来源或支撑。为此，汤一介认为费孝通的"文化自觉"理论包含着确立中华文化主体性的深刻意义。

全球化的实质就是现代化，起源于欧洲的现代化从一开始就具有西方化特征。全球化的过程伴随着西方文化的扩张与入侵。面对强大的西方文化对本土民族文化传统和价值观念的巨大冲击，落后国家和民族处在被动适应的弱势地位，往往会失去对自己传统文化的自信，无暇反思价值建构、文化认同等深层次问题，把西方文化视为先进的高级文明样态，按照西方标准来重塑自身文化，竭力学习模仿以求趋同，甚至沦于亦步亦趋的境地，文化完整性和独立性往往处于危险之中，价值观存续、文化认同和民族凝聚力受到严重威胁。

全球化让强势国家有了更大的影响力和话语权。发达国家借助于强势的资本运作、先进的科学技术与领先的文化传播机制，以强大的威力对对方产生无可抵挡的影响，控制着全球的文化话语权，对非西方国家民众的价值观念、思维方式和生活方式产生了很大的影响。冷战结束后，作为世界唯一超级大国，美国的文化自信达到空前的高度。美国尤其重视通过市场推动文化传播，因为文化的影响力是在传播中实现的，而市场是促进文化传播的主要途径，如好莱坞的电影、杰克逊的歌曲等就是靠市场传播的。美国拥有大量的各种类型的杂志，拥有美国广播公司、哥伦比亚广播公司等电视巨头，其电视传媒业在全球拥有举足轻重的地位，还有全世界最具影响力的电影生产基地好莱坞。在全球文化产业市场，来自美国的文化产品占了相当大的比重。西方强大的文化产业源源不断地生产出大量影响全球的文化商品，悄无声息的传播着西方的价值观和生活方式，垄断着全球文化话语权。总之，西方文化以一种"被模仿"的"样本"方式关涉文化经济利益，并操控着后发展国家的民族认同乃至文化安全。

在中国，学者们清醒地意识到："今日中国的问题，乃是世界的问题，其最内在的本质是一个文化问题。"① 当今世界，市场经济成为全

---

① 郑家栋：《现代新儒学概论》，广西人民出版社1990年版，第6页。

球性的经济体制，互联网在全球广泛普及，文化传播超越了传统的领土疆域，冲破了传统民族国家的壁垒，主要传媒公司的全球影响力进一步扩大。西方国家不断推动其文化在全球的传播，这势必侵蚀后发展国家民族文化的生存空间，国与国的关系变得更为复杂。在快速推进的全球化进程中，全世界有太多的文化生产在追求所谓的"国际化"，世界上有太多的城市因丧失民族特色而成为"千城一面"的存在。全球各地丰富多彩、各具特色的民俗、节日乃至语言正在以超乎我们想象的速度退出人们的日常生活，世界正在被西方主导的现代化格式化。

文化趋同化会削弱一个国家主流文化的权威，影响其文化的自主能力。要实现文化自信自强，绝不能丢掉自己的文化传统，丢掉意味着民族消亡、政权瓦解。因此，全球化背景下，如果不能保持民族文化的独创性便会落后挨打。然而，中华优秀传统文化在全球"文化博弈"中却并没有光彩夺目。在文化虚无主义者看来，产生于农业文明时代的中华传统文化已经不适应当今世界，会成为中国现代化进程的阻力，所以要全盘否定和彻底摒弃。今天，很多非物质文化遗产不断失传，传统民俗习惯、传统医药、戏曲、曲艺杂技、传统体育等诸多领域都面临着传承与发展的困境，"每分钟都面临的消亡"是我们不得不面对的传统文化传承现状。由于缺乏强烈的文化自觉和文化主体意识，部分中国人盲目追捧西方节日，而有意无意淡忘了我国独有的民族节日，更谈不上去挖掘节日背后蕴藏的中国文化。由于缺少对传统文化的自觉传承意识，我们许多宝贵的传统文化资源没有为我们所用，却被其他国家开发利用。它们不仅获取了可观的利润，还成功地利用我们的文化资源、文化符号传播了它们的价值观。由于对传统文化的传承缺乏自觉，很长一段时间，我们不得不面对敦煌在中国，而敦煌学却不在中国的局面。

总之，今天的西方国家正试图通过推行文化霸权而掌控后发展国家的文化与意识形态。处在被动适应的弱势位置的非西方国家，要保持足够的警醒，避免民族文化被解构、民族认同被边缘化，避免"沦为"西方国家的文化殖民地。今天的中国，要自觉增强文化主体意识，正确评价并充分发挥中华优秀传统文化对中国式现代化建设的作用和价值。

二 传统社会解体及当前中国社会变革带来的挑战

文化不是独立存在的。它与一个社会的经济制度、政治制度构成一个社会结构整体，处于相互联系之中。中华优秀传统文化源远流长，是与中国传统社会紧密结合在一起的，体现了中国人特有的思维方式和精神世界。小农经济、高度集权的专制制度以及向环保法社会，决定了中华文化自成一系的思想面貌。①

自汉武帝时期起，儒学就成为中国漫长封建社会的主流意识形态，并全面塑造和影响着中国的政治文化、治国理念和社会秩序，深深影响着百姓日常生活的方方面面，所谓"人伦日用"。儒学之所以能够对中国社会产生如此广泛而深远的影响，其根本原因在于儒家文化被"法典化"。"通过将儒家思想礼制化，再赋予礼制以法律的形式，儒家的道德观念转变成了不可逾越的礼法秩序。"② 于是，儒家学说就成了全面安排人间秩序的思想体系。儒家思想就成了国家治理的制度安排，也成了百姓社会生活的规范，整个社会信仰体系与社会制度体系高度一致。也就是说，在中国传统社会，儒家学说与社会生活高度契合，实现了与社会实践的并轨。百姓的日常生活状态就是儒家伦理规范的具体化。以科举制度为核心的整个教育制度，使儒学成为中国古代知识分子的基本文化视界；严密的宗法制度，将儒家的伦理思想内化落实进百姓日用之中，成为百姓衣食住行和日常交往的行为规范。也就是说，严密完整系统的社会制度体系确保了儒学的世代传承与发展。通过在社会各个方面的制度化，儒家思想全面体现在百姓衣食住行和社会交往之中，建立起了一个严密的制度体系。在这个体系下，儒家文化构建起了社会生活的基本面貌，每个人都从日常生活习得儒家文化信息，百姓的举手投足、日常生活就是礼法的外在状态，蕴含着深刻的文化内涵。官方意识形态成了老百姓的心理共识与行为自觉。这个制度体系保障了儒家文化的传承。

中国是被西方列强以坚船利炮的方式强行纳入全球现代化进程

---

① 商志晓、万光侠、王增福等：《中华传统文化弘扬与现代化发展研究》，中国社会科学出版社 2021 年版，第 5—6 页。

② 何显明：《传统文化创造性转化的社会实践基础》，《哲学研究》1999 年第 7 期。

的。中国的现代化进程是以传统制度和文化的历史性断裂为起点的。近代以来，中国的经济基础与上层建筑发生了深刻变化，制度化的儒家文化全面瓦解，再也无法按历史上的方式和传承机制演化下去了。也就是说，近代以来，生存基础与传承机制的缺失对传统文化发挥作用形成重大挑战。特别是在当前，在全球化背景下，中华优秀传统文化要服务现代化强国建设，无疑面临许多严峻挑战。

（一）经济原因：市场经济对优秀传统文化传承带来的挑战

经济基础决定上层建筑。在漫长的中国封建社会中，中华优秀传统文化如此发达，因其有发达的农业经济作为经济基础。古代中国是一个典型的农耕社会，土地是最基本的生产资料。"以家庭为单位的小农在自己狭小的土地上投入劳动，再加上家庭手工业的补充谋得自家的温饱。这种小农经济的生产方式构成了中国传统文化产生发展的生产力基础。"[①] 在两千多年的发展演变中，中国文化受到自然经济的有力塑造，形成了独具特色的伦理型文化。直到近代西方列强入侵中国之前，中国文化虽然历经分裂、融合等巨大变动，但从未离开过小农经济这个社会根基。家国同构、祖先崇拜、天下观念等世代传承并不断强化。中华文化与小农经济和家族组织的紧密联系，使自身具有了超级稳定性和连续性，成为世界上唯一未曾中断的古代文明。

鸦片战争以后，西方经济力量侵入中国，传统小农经济和封建家族制度开始衰退、解体。西方文明对中国社会造成了强大冲击，加速了中国的现代化进程，瓦解了传统文化特别是儒家文化的经济基础和社会基础，不可避免地对传统文化造成强大冲击。

"义"与"利"是道德生活中一对最基本的范畴。中国文化作为伦理型文化体系，对"义""利"关系是十分重视的。其基本态度是"重义轻利""以义抑利"。经过历史的沉积，"以义为重""以义抑利"的义利观被中华民族心理所广泛接受，成为中华民族最基本的价值取向。

为了促进生产力的更快发展，1978 年以来，我们逐步建立和完善了社会主义市场经济体制。市场经济极大提高了资源的配置效率，经济快

---

① 蔺子荣、王益民：《中国传统文化与东方伦理型市场经济》，《中国社会科学》1995年第1期。

速发展，科技快速进步，社会财富迅速增加，人民群众的获得感明显提升。今天，中国经济总量位居世界第二，综合国力有了大幅的提高，社会主义优越性得以更好地呈现。与此同时，我们也必须看到，市场经济绝不是完美的，也有自身的局限性。竞争是市场经济最重要的机制。在激烈的竞争中，市场主体都在想方设法追逐自身利益的最大化，利益已成为很多人最基本的价值评判标准。过于关注自身利益导致整个社会出现了道德滑坡、信仰缺失等不良现象。社会生活中道德与利益失衡现象频频出现。等价交换是市场经济遵循的基本原则。但是，现实生活中有将交换的原则加以扩张化和泛化的倾向，一定程度上导致了人际关系的功利化。法律、良心、权力、尊严本身是不能用来交换的。否则，就会导致社会腐败和道德沦丧，就会对社会正义和伦理道德构成威胁。中华文化是伦理型文化，中国社会有着独特的伦理观念。市场经济崇"利"，而中华文化尚"义"。市场经济的伦理观念和中国传统伦理观念不可避免地产生了冲突，这在一定意义上消弭着传统文化的伦理性价值。可以说，中华优秀传统文化在市场经济的洪流中一度受到冲击。

中国素以礼仪之邦而著称，中华优秀传统文化又极为重视伦理道德教化。中华文化崇德尚义，义利之辩贯穿了中国古代伦理思想的始终。儒家主张"见利思义""重义轻利"，认为公利高于私利，呈现出浓厚的家国情怀。市场经济下，主体以追求利益最大化为目标，价值观趋于个体化、功利化，很多人的行为有着明显的趋利性。由此，市场经济与中华传统文化的价值逻辑产生了一定的冲突。

"面对当代社会的深刻变化，我们必须适应新的历史条件，使传统文化与道德规范通过创造性转化能有效地化解传统与当代的矛盾，推动社会向前发展，而不能对建立在血缘关系和小农经济基础上的传统道德规范怀着一种温情的浪漫主义迷恋。这既不现实，也不可行。"①

（二）社会历史原因：社会转型对优秀传统文化传承带来的挑战

与世界其他国家不同，中国是在血缘纽带解体很不充分的情况下步入阶级社会的。由社会的基本细胞家庭形成家族，由家族形成宗族，由

①　陈先达：《市场经济条件下有效地调适传统文化和道德规范与当代的关系》，《红旗文稿》2016年第24期。

宗族组成社会，进而构成国家。中国形成了以血缘亲族关系为纽带的深层社会结构，并且绵延几千年不断，深深地积淀在社会人际关系和价值系统的深处。对于这样一个幅员辽阔的农耕社会来说，这种以宗法血缘关系为支撑的文化把农民牢牢地维系在土地上。所以，家庭制度就成为中国传统社会中最重要的制度安排。经济基础决定上层建筑。中华传统文化植根于中国漫长的农业自然经济中。血缘宗法制度是与小农经济相适应的社会组织形式。家族制度和宗法制度是支撑传统文化的重要社会基础，塑造了中国文化在政治方面"家国同构"的基本属性。中华传统文化的伦理性特征也主要源自我们漫长的血缘宗法社会，这使得传统文化一个重要的职能就是维护宗法制度。中国几千年的历史，有过战争、分裂与融合，但经济基础和社会结构却非常稳定，中华文化也保持了连续性。漫长的农耕经济时代，中国人形成了非常稳定的"熟人社会"，这影响甚至决定着人们的社会生活方式。

近代以来，西方经济力量入侵中国，资本主义经济成分在中国逐步扩大，中国走上了现代化之路。中国的社会结构开始发生变化。小农经济和家族制度逐步解体。近代以后的中国社会，外敌入侵，军阀混战，国共两党之争，传统的乡村社会受到巨大冲击，农村阶级关系紧张。原来维护儒学价值权威、落实儒学价值理念的社会组织形式——宗族乡绅治理模式被破坏，代之而起的是土豪劣绅与基层村保人员。如果说封建制度的解体使传统文化失去了外在扶持，那么，近代以来中国社会经济结构的变化特别是家族制度的解体，则从根本上动摇了传统文化存在的社会土壤。20 世纪 30 年代，梁漱溟曾想通过在乡村建设"新礼俗"，恢复中国乡村基本秩序，从而在此基础上实现中华文化的复兴。"乡村建设"没有也不可能成功。1949 年以后，经过土地改革，土地归集体所有，中国农村生产关系发生了历史性的变革。而且，中国共产党建立起了非常完整健全的从公社到大队的党组织系统和行政组织系统，党的领导在乡村得以很好地贯彻，社会组织的脉络上下打通。经历了如此深刻的经济社会变革，中国农村支撑宗族存在的基础被消除，宗族的力量被分化，传统儒学在社会基层结构上失去了依托。

今天的中国，随着新型工业化、信息化、城镇化、农业现代化的快速推进，产业结构、阶级阶层结构、城乡结构等方面都发生巨大的变化，中国人的生活方式也逐步现代化，国家治理也逐步走向现代化。这些变化是现代化的必然结果，但进一步消解着中华优秀传统文化的社会基础。

1. 人际结构从"熟人社会"向"陌生人社会"转变

中国传统的乡土社会是费孝通称之为的熟人社会。熟人社会通过人情往来凸显其运行逻辑。在中国传统乡村社会，具有血缘关系的人世世代代共同生活在一个村庄，大家彼此知根知底。人们之间有着方方面面的多种联系，长时间、多方面的接触交往，形成了彼此之间的信任感和亲密感。在传统乡村社会，人们长期共同生活在一个小范围内，乡里乡邻是最基本的人际关系，血缘、地缘与生活范围是合一的，人们的社会交往半径有限，大家彼此熟悉了解，这就形成了以血缘和地缘为基础的长期稳定的社会结构，也就是所谓的"差序格局"和"伦理本位"。"乡土社会的信用不是对契约的重视，而是发生于对一种行为的规矩熟悉到不假思索的可靠性。"① 人们在交往中互助合作，并且对交往有长远预期，人际关系密切而稳定。每一个人都极大地依附熟人关系，所谓"人熟是一宝"。熟人社会的这种"身份信任"，无疑是农业社会的人际关系最突出的特征。熟人社会这一概念，准确地揭示出中国传统社会是一个以血缘和亲缘关系为纽带的"面对面的社群"。这一社会状态，与儒学的精神是相互支撑的。儒家的社会伦理体系是以血缘亲族（"自己人"）关系为范本拓展而来的。在这个伦理体系中，"陌生人"是父子、兄弟、夫妻、师徒、朋友、族人、熟人等之外的"他人"。也就是说，在熟人社会，人们的社会关系建立在亲缘、血缘和地缘基础上，熟人之间形成较为密切的情感与道义的联系，具有排他性的特征。"每个人都以自己为中心按照亲疏远近结成的人际网络，并在这个特定的网络圈内建立人情关系，维持着自己的利益结构。"② 在熟人社会，儒家伦理的实施固然要依靠人的道德自觉，但熟人本身就是强有力的外在舆论监督力量。

---

① 费孝通：《乡土中国　生育制度》，北京大学出版社1998年版，第10页。
② 费孝通：《乡土中国　生育制度》，北京大学出版社1998年版，第188页。

历史表明，城镇化水平是衡量和判断一个国家现代化水平的基本维度。城镇化水平的提高、农村生产生活方式和社会结构的变化是现代化的基本表现，是生产方式变革的必然结果。中华人民共和国成立以后，中国社会发生了前所未有的翻天覆地的变化，传统中国的社会格局很大程度上被打破了。1978年以前，中国实施了严格的户籍制度，形成了城乡二元体制，城乡之间流动极为有限。城市实行单位制，农村实行人民公社体制，人们工作生活都在熟悉的环境里。城乡的运行逻辑基本上还是熟人社会，形成了非常独特的"组织化的熟人社会"。1978年以来，中国人民创造了人类历史上最为波澜壮阔的现代化奇迹，中国快速地从"农业社会"进入"工业社会"，"乡土中国"正逐步变成"城市中国"。中国社会的认同逻辑正在从熟人社会的"身份认同"变为陌生人社会的"契约认同"。

伴随着改革的深入推进、科技水平的持续提高、产业结构的升级换代、城镇化水平的持续提高、城市规模的不断扩大、交通的便利和信息化的普及，中国社会流动性迅速提升，地缘、亲缘与血缘已经很难合一，中国逐渐成为了由社会分工与市场关系构成的"陌生人社会"。越来越多的人地理范围与生活范围不再相同，人际交往的对象大都是陌生人，对社会组织和公共生活的依赖程度不断加强。人们相互之间熟悉程度不断降低，人情关系变得越来越淡化，相互关系不断疏松。在城市生活，大家彼此是不熟悉的，即便住在同一个小区甚至同一栋楼里，也是见面不相识，形成了"陌生人社会"。在农村，由于大学扩招，大量来自农村的大学生毕业后留在城市，再加上进城农民工数量快速增长，农村出现了严重的空心化趋势，村民之间也越来越疏离。外出务工人员的子女在其务工地上学，村庄里代际关系传承受到一定限制。村庄内部的交际圈并未扩大，而是在持续缩小。

无论如何，现代化进程不可避免地造成了中国社会结构的变迁。传统文化中宗法血缘的文化基因，不可避免会受到冲击，这对传统文化在当代社会有效发挥作用构成了严峻挑战。

2. 家庭结构从主干家庭向核心家庭演变

中国历史上，村庄都是聚族而居，再加上皇权不下乡，家族就成为中国乡村社会的基本细胞，宗族制度成为农村社会制度的核心，村庄得以成为自主发展社会共同体。宗族制度下，长幼有序、男性主导、治理上家长命令和家法约束、经济上有共同的家产支持、还有一整套维系家族存续和团结的仪式等，是儒家思想在乡村中的制度化具体化。

在传统中国，家庭为基本的社会关系，亲子关系是家庭的主轴，夫妻关系是配轴，夫妻关系从属于血缘关系。也就是说，家庭结构是为家族制度所决定的。家庭结构以主干家庭为主要形式，四世同堂、五世同堂的大家庭是很普遍的现象。儒家以实现"仁"为根本目标，而"仁"是建立在血缘亲情的基础之上的，仁德的养成主要是通过家庭生活来实现。"家"可以说是中国人修身的道场，是文化传承的重要场域。

1949 年以来，中国社会发生了深刻而广泛的社会变革，党加强了对农村的全面领导。经过土改社会主义改造，宗族制度丧失了赖以存在的经济基础；从土地改革到人民公社，国家权力全面下乡，通过乡村集体组织加强了乡村治理，政治文化取代了乡村礼制文化，农村权力结构发生了根本性的变化，家族制度走向衰落。

1978 年之后，中国农村开始实行家庭联产承包责任制。家庭联产承包责任制使国家与农民个体之间建立起直接关系，农民个体活动不再受组织性束缚。中国农民首先获得了解放，一举突破生存约束，开始追求更为富足的生活，这就需要更多的资源，但单个农户显然难以完成。改革开放初期，改革的各项配套措施还不够完善，农村治理体系还不够健全，农民大量事务难以获得国家制度层面的有效支持，在原有的正式组织退出而新的力量未能有效运作之时，农民转而发掘宗族制度中有利于发展的因素来实现发展，家族为基础的乡村社会结构有一定程度的恢复，但家族权威不再获得国家的支持。

20 世纪 90 年代以后，改革开放加快推进，中国乡村加速向现代社会转型。随着市场经济的不断推进，乡村利益关系日益多样化和复杂化。户籍制度改革进一步推进了劳动力的自由流动，同学、商务、战友、同事等各种社会关系迅速发展起来，再加上社会保障制度的逐步完善，基层治理的国家权威不断强化，家族组织在基层治理中的权威消失。"在乡村社会中，原有宗族组织的社会管理、服务功能已被日益完善的各种行政事业单位和村委会所承担，其剩余的经济功能正逐步为新型经济组织所取代，宗族组织正成为纯粹执行祖先信仰的一种非正式机构。"① 在当代社会，尽管家族还参与一定的公共事务，但基本上只是维持血缘亲情关系的组织，对家族成员人身与财产权利的干预权力日益式微。

"家庭，即以生产为目的的社会结合的最简单的和最初的形式。"② 也就是说，一定时期的家庭形式是与这一时期的现实状况相适应的。在传统的农业社会中，主导产业是农业，农业是劳动密集型产业。因此，在农业社会中，劳动力不仅是具有决定性意义的生产要素，还决定着家庭财富和家庭社会关系的传承与延续。因此，传宗接代是传统乡村婚姻的首要价值。

随着中国现代化进程的推进，城镇化水平不断提升，社会保障水平不断提高，各种公共服务也不断健全，家庭原来的经济、教育等功能已经部分转移到社会。城镇化冲击着农村社会原有的利益格局和社会秩序。随着技术进步，农业对劳动力数量的需求不断降低。工业化和信息化社会对劳动力素质和专业化要求不断提高，劳动力的教育成本日益提升。同时，随着社会保障水平的持续提高，家庭养老功能逐渐减弱，多子多福的观念逐渐淡化，人们的生育观念已经发生了重大变化。家庭人口数量急剧缩小，无论在农村还是在城市，不但传统意义上的大家族已经逐渐消失，就连过去五世同堂、四世同堂的家庭也不多见。受长期实行计划生育政策的影响，家庭中的子女数减少。城市家庭基本都是独生子女，甚至出现了丁克家庭；农村家庭独生子女的数量也日益增多。

国家对婚姻家庭立法的完善从制度上推动了传统家庭结构的现代转型。在家庭中，夫妻关系是由独立、平等的男女双方组成的婚姻契约。核心家庭逐渐成为主要的家庭形式，成年子女婚后一般都分立门户。直系家庭和联合家庭的数量已大量减少。核心家庭中，孩子难以感知老人的权威。"四二一"的家庭，难以培养起孩子的孝悌之情。总之，家庭结构由主干家庭转变为核心家庭，对传统伦理观念的养成造成重大影响。

---

① 蔡立雄：《功能转换与当代中国农村宗族制度演化》，《中国经济史研究》2010 年第 4 期。

② 《马克思恩格斯文集》（第 9 卷），人民出版社 2009 年版，第 102 页。

第四章 中华优秀传统文化传承中存在的主要问题

中华优秀传统文化是我们文化自信的基础，更是我们未来发展的重要基石。中国共产党自成立之日起，就是中华优秀传统文化的忠实传承者和弘扬者。党的十八大以来，以习近平同志为核心的党中央高度重视传承中华优秀传统文化，开展了一系列富有创新、富有成效的工作，中华优秀传统文化的传承进入到了一个更加自觉、更加有力的新阶段。但是，由于历史的、现实的、认识的、实践的等多方面因素的影响，中华优秀传统文化在传承内容、传承方式、传承体系方面都存在诸多问题。为此，深入探析中华优秀传统文化传承过程中存在的问题及形成这些问题的原因，是我们亟须做的事情。

第一节 对传统文化内容的研究阐发不足

2017年1月，中共中央办公厅、国务院办公厅印发了《关于实施中华优秀传统文化传承发展工程的意见》（以下简称《意见》）。《意见》指出：核心思想理念、中华传统美德、中华人文精神等是中华优秀传统文化的主要内容。此外，文件还基本勾勒出了中华优秀传统文化的基本轮廓。

"传承内容是文化传承的核心，抽去了这个核心，文化传承便不存在。"① 要传承弘扬中华优秀文化，就要下大力气系统地对传统文化

---

① 段超：《中华优秀传统文化当代传承体系建构研究》，《中南民族大学学报》（人文社会科学版）2012年第2期。

进行整理、挖掘、分析，厘清中华优秀传统文化的基本内容，加强对传统文化传承的理论研究，真正将宝贵的传统文化资源转变为现实的精神财富。目前，对中华优秀传统文化的研究阐释仍存在着科学性辨识不够充分、时代性诠释有待进一步加强、高质量产品不足等诸多问题。

一　科学性辨识不够充分

任何一个国家和民族都有自己的传统文化，传统文化构成了国家和民族的精神标识、文化基因。中华民族在五千多年的发展中创造了博大精深的中华文化。由于中华优秀传统文化诞生于血缘宗法和小农经济的封建社会，其中杂糅着许多消极、保守的成分，内容庞杂、良莠不齐，不可避免地包含着许多落后于时代和实践的内容，这也正是仅依靠传统文化不能挽救民族危亡、实现民族振兴的主要原因。

源远流长的中华传统文化内容极其博大精深。在这个悠久的文化中，哪些是历久弥新的优秀内容，哪些是糟粕，需要有清晰的标准和明确的界定。但是，长期以来，文化研究理论准备不足，缺乏学贯中西的学术大家，研究工作各执一派，缺乏整体规划和顶层设计，缺乏对中华传统文化全面、系统的梳理与挖掘。这就带来了一个很大的问题，中华优秀传统文化传承的具体内容对象不够清晰，中华优秀传统文化的科学性辨识不足。首先，对传统文化进行辨识的根本目的不够清晰。今天，我们传承中华优秀传统文化，是为了古为今用，是为了服务于新的实践和时代要求。只有通过时代和实践的去蔽，传统文化中的精华部分才能在现实生活中发挥作用，才能走进大众日常生活。但今天依然存在"贵古贱今""颂古非今"的现象。如果辨识的根本目的不是为了解决实践问题，就有可能导致文化复古。其次，对传统文化的科学辨识工作还不够到位。如果不能立足时代，科学区分哪些是精华且具有传承价值的；哪些是糟粕应该抛弃的，就很容易导致思想混乱和文化错位。

中华优秀传统文化的科学性辨识不足直接导致了在中华优秀传统文化的传承工作中，一些地方良莠不分，未能很好地根据时代需求选择传承内容。中华传统文化中有许多积极因素，也难以避免地受到历史和时代的局限，有糟粕和陈旧过时的内容。要通过积极的扬弃和改造，使优秀传统文化能够服务于现代社会发展。但在实际的传承工作中，传统文化去粗取精、去伪存真的工作还做得不够到位，一些与时代脱节、不符合现代价值观的过时的甚至糟粕内容被错误宣扬。如儒家伦理道德，主张克己复礼、见贤思齐，追求慎独，强调诚信、仁爱，是社会主义道德建设的重要思想资源。但儒家的伦理道德中也存在一些糟粕，例如，"三纲"（君为臣纲、父为子纲、夫为妻纲）、"三从"（幼从父、嫁从夫、夫死从子）、"四德"（妇德、妇言、妇容、妇功）等封建伦理道德。

传统文化中有些内容精糟杂糅，难以分辨，这给我们今天的传承和弘扬带来极大障碍。比如"孝"是中国古代伦理道德中的核心概念之一，是中华传统美德之一。《论语》上说："孝弟也者，其为仁之本与!"（《论语·学而》）《孟子》上也强调要"谨庠序之教，申之以孝悌之义"（《孟子·梁惠王上》）。然而，中国古代的孝文化是精糟杂糅的，必须辩证分析。以《二十四孝》为例，其中记载的诸多孝子孝行就体现精糟杂糅的特点，如埋儿奉母、卧冰求鲤、恣蚊饱血等孝子故事，属于愚孝，有悖人性，应该摒弃。鲁迅曾在《二十四孝图》这篇文章中评论道："我请人讲完了二十四个故事之后，才知道'孝'有如此之难，对于先前痴心妄想，想做孝子的计划，完全绝望了。"[1] 再如，《三字经》《弟子规》作为传统时代的启蒙读物，有很多积极有益的东西，但其中有些宣扬宿命论、封建礼教的内容与现代社会的民主、科学精神相悖，需要具体分析。而有些民间办学单位和部分国学培训班，往往不加选择地让学生全盘诵读，造成一定负面影响。

二　时代性诠释有待进一步加强

文化是发展的不是停滞不前的。民族文化如果不赋予其现代性，只会走向故步自封，甚至中断。继承、创新和发展是民族文化传统得以传承和弘扬的规律。弘扬传统文化绝不是简单地向传统的复归，很多传统文化由于时代和实践的五大变迁，变成了一种"死"的文化，传承弘扬的过程就是将其"活化"的过程。也就是说，中华优秀传统文化的传承发展应以服务现实为要旨。

---

① 《鲁迅全集》（第2卷），人民文学出版社2005年版，第261页。

"弘扬中华优秀传统文化的根本路径在于保持中华优秀传统文化内在基因和文化神髓的基础上，推动其现代化和世界化。"① 要使中华优秀传统文化得到更多人的认同，就要对中华优秀传统文化的内涵加以补充、拓展、完善，重新赋予其使用场景和文化意义，赋予新的时代内涵和现代表现形式，使之与时代相适应，重新融入现代生活，从而使其能够为今人所取、为今人所用。实际上，中华文化具有很强的包容性和革新力，总是在不断汲取优秀思想成果，不断进行自我丰富与完善，推陈出新。在世界所有的古老文明中，中华文明是唯一没有中断而延续至今的文明。之所以能够有如此顽强的生命力，是因为中华文化始终在不断发展、与时俱进，具有返本开新的能力。今天，要传承弘扬中华优秀传统文化，就要针对新的形势、新的问题，通过将优秀传统文化与革命文化和社会主义先进文化相结合，赋予传统文化新的活力，使其真正成为中华民族复兴的精神源泉和不竭动力。

但是，当前对中华优秀传统文化的现代性诠释不足。要增强对优秀传统文化的现代性诠释，就得对其进行社会科学化的处理与升华，使之能够进入到现代知识体系中去，能够和现代人的认知框架相衔接，更好地被现代人所理解和接受。只有这样，才能对中国式现代化建设具有更加直接的意义。对传统文化的研究，应该说在不断地拓展和深化，但仍然没有很好地实现时代诠释与现代转化。要将优秀传统文化中蕴含的思想理念、宝贵经验、精湛智慧、思维方式有机融入中国特色社会主义现代化建设的语境中，还有很长的路要走。

（一）理论研究相对滞后现象

哲学社会科学是社会的先导、时代的先声。中华优秀传统文化是发展中国特色哲学社会科学的深厚基础和宝贵资源。中华传统文化有着极具民族特色的思想体系和思维方式，包含着丰富的哲学社会科学内容，治国理政智慧体现了中国人几千年来积累的知识智慧和理性思辨。传统文化的现代化，实际上就是将其社会科学化。在今天的时代条件下传承中华优秀传统文化，需要不断挖掘其思想精华，借鉴传统思维方式，并

---

① 傅秋爽：《北京中华优秀传统文化传承与传播创新研究》，中国社会科学出版社 2019年版，第 202 页。

对其进行社会科学化的提炼和改造，赋予其现代学术品格，从而使其有机融入现代哲学社会科学体系中去。只有这样，才能更好地发挥优秀传统文化对治国理政的价值、对中国式现代化的价值。对在相当长一个时期，我们对传统文化是批判有余，继承不够自觉、积极、主动。现在学术界围绕中华优秀传统文化进行了大量的理论研究和学术探讨，但总体来说，理论研究依然滞后，研究阐发不充分，且理论研究和实践脱节的现象比较突出，很多基本的理论问题并没有解决。

（二）对现实问题的关注度需进一步加强

在当今社会，由于传统文化赖以存在的社会基础的改变，中华优秀传统文化已经不再是一套完整的服务于封建统治的定国安民、纲纪世界体系，更多地表征为由习俗所支撑的文化碎片。中华优秀传统文化对今天人们的影响，更多地体现在思维方式、思想观念和习俗中，由此带来的问题是传统文化对现实问题的关注度十分有限。

实践是鲜活的，是不断发展的。文化不能离开火热的社会生活，否则就会丧失生命力。优秀传统文化只有走进人民群众火热的社会实践中，才能与时俱进、生机盎然。优秀传统文化不能只陈列在博物馆中供人膜拜，还必须进入民众的日常生活世界，为实践服务，在实践中提升吸引力、感召力和凝聚力。中华优秀传统文化在一定时期、一定程度上被忽视、边缘化甚至排斥，部分原因在于传承工作更多地集中在文本考据和阐释解答，对于如何将中华优秀传统文化予以创新转化从而解决现实问题的关注不够。事实上，传统文化无论是继承还是创新，都要突出实践标准，看其能不能适应时代需求，能不能解决现实问题，能不能助推社会发展，是否有利于培育时代精神和时代新人。中华优秀传统文化只有适应时代需求，为解决时代问题提供智慧资源，才能获得持久的生命力。当今世界，全球化深入发展，中国取得了令世界瞩目的发展成就，亟须以中国理论总结中国经验，亟须扭转对西方文化的学徒状态，形成中国自己的叙事，形成哲学社会科学的中国范式。在现代化进程中，我们需要借助传统文化的优秀基因来总结中国经验，用中国自己的理论向世界解释清楚中国崛起的故事。

（三）对中华优秀传统文化的现代性转化不够

在赋予传统文化时代精神和适宜形式等方面的研究和实践不足。中华传统文化是在中华民族几千年的历史中积淀而成的，很多内容具有很高的思想价值和实践意义。当前，传统文化现代性转化的理论研究和具体工作都还不够深入，这直接影响了传统文化的现代传播。"在文化传习过程中，阐释不是停留在古代文本的表面意义上，或停留在作者的原意上，而是建构性地把古代文化中原有语句或命题解释为另一种积极意义，扩大了原语句的意义及其适用范围，以适合当代的需要。"① 如传统文化中的"民本"思想，作为封建时代的产物，是封建统治者的"治民"之道，并不是现代意义的"人本"思想，更不是现代"民主"思想。要使其在现代社会中发挥作用，就得摒弃其封建立场等时代局限性，并使之在价值意义和表达方式上实现现代转化；在这个前提下，确立起"人民主体""以人民为中心""立党为公，执政为民""江山就是人民，人民就是江山"等新理念。

（四）缺乏对中华优秀传统文化科学的通俗化阐释

优秀传统文化的厚重内容、深邃内涵不易为一般性受众所理解，其表达方式亦因年代久远而易让受众产生隔阂与疏离感。传统文化有很多传世经典，但普通民众确实很难理解，因此被视为"阳春白雪"的现象还是比较常见的。要想达到好的传承效果，就得让民众喜闻乐见，至少通俗易懂，符合现代人的认知习惯。那就需要对相关典籍进行通俗化的翻译和阐释，使其真正走进民间，走进大众生活。但目前，传统文化研究基本上停留在学术领域。大多数专家学者仅把传统文化研究作为一种职业，一种谋生的手段，研究成果也大多是"坐而论道"，其应用性、通俗性、可读性较差。当前，国家高度重视传统文化的传承发展，但目前的现状是官方高度重视并大力推进，文化领域精英也多有参与，但由于缺乏与普通大众的有效沟通与互动，导致有些传承活动因为不符合民众现实的文化需求而难以持续进行下去。

更为严重的是，优秀传统文化的传承弘扬中还存在庸俗化的情况。为迎合市场需求，追求商业利益最大化，传统文化传承中存在唯利是图的功利主义态度，对传统文化缺乏最起码的敬畏，导致庸俗化解读甚至恶搞传统文化的低级现象时有发生。近年来一些热播的宫斗剧、穿越

---

① 陈来：《中华优秀文化的传承和发展》，《光明日报》2017年3月20日第15版。

剧，其情节内容和价值导向往往与历史真实大相径庭，呈现出一种歪曲丑化的倾向。这些在损害传统文化形象的同时，也影响了优秀传统文化的传承效果。

三 高质量产品不足

（一）传统文化人才数量少且质量有待提高

毋庸置疑，在优秀传统文化传承中，人才起着基础性和关键性的作用。近年来中国文化从业人数增长十分显著，文化队伍建设总体向好，但传统文化方面的专业人才依然匮乏。近代中国，由于西方列强的入侵，中华民族经历了一段血与火的屈辱史，中国人对自己传统文化的怀疑、否定由此开始，传统文化教育出现了严重的断层。现在很多人对传统文化的认识仅停留在中小学的诗词层面，不知道传统文化是包括经史子集、传统节日、传统医学、建筑、戏曲、民俗、书法、国画、烹饪等在内的综合体。历史欠账多，培养力度小，使得很多传统文化面临无人传承的局面，传统文化人才数量和质量堪忧，中华优秀传统文化的传承弘扬面临严重的人才困境。

传统文化传承缺少真正的名师大家。文化的竞争，说到底是人才的竞争。真正的名师大家至少具备两个特征：一是能够抵御现在学术界的浮躁，专注于学术；二是注重实践，能够发挥传统文化经世致用的作用。如费孝通先生，其《乡土中国生育制度》等书目，之所以被奉为经典，关键在于其对中国社会独到的观察和体验。目前，中华优秀传统文化领军人才严重匮乏，非物质文化遗产传承人综合素质特别是现代文化素质有待提升，对优秀传统文化的理解与展现仅停留在自己的实践认识和自然经验的基础上，专业水平尚待提高。一些传统的技艺，需要大量的时间学习，但经济回报较为有限，因而很多传统技艺现在仅是一些老人在坚持。因此，目前传统文化资源面临着零落佚失的可能，传统工艺面临着失传断代的危机，传统文化古籍与文物面临着诸多修复难题。现在很多人特别是青少年，对民族音乐、戏剧曲艺、传统服饰、篆刻等传统文化缺乏兴趣。这些领域面临事业后继无人，传承人青黄不接的困境。"以国家认定的第五批国家级非物质文化遗产代表性传承人为例，1082 人中 60 岁以上有 631 人，占

58.32%，传承人高龄化现象非常突出，存在较为明显的传承断层。"①

（二）高质量产品有待增加

中国式现代化是物质文明和精神文明相协调的现代化。新时代共同富裕既包含物质上的共同富裕，也包含精神上的共同富裕。新时代，人民群众需要高质量的精神文化产品以满足自身不断增长的精神文化需求。目前，中国各种类型的文化产品快速增长，但从整体文化产品市场来看，"有数量缺质量、有高原缺高峰"的现象仍然较为普遍，这一点在传统文化领域尤为突出。

中华民族拥有悠久的历史和丰富的文化遗产，这是中国文化建设得天独厚的优势资源，但文化资源大国并不等于文化产业强国。国内很多历史文化题材的作品，由于创作者缺乏深厚的传统文化素养且对其缺乏敬畏之心，导致其作品既缺乏历史深度，又缺乏现代意义。美国缺少本土的历史文化资源，却非常擅长利用世界其他民族的文化资源，结合美国自己的价值观，创作出在全世界影响广泛的作品。如好莱坞电影《功夫熊猫》，将中国元素利用得淋漓尽致，把中国"天人合一"的思想与美国英雄主义文化完美交融。

文化产业从根本上讲是内容产业，内容才是文化产业的核心竞争力，内容质量是确保产业长期健康发展的根基。文化产业的根本在于深厚的人文素养和专业的知识储备，是文化符号与产业经济的深度融合。文化产品走向消费是情感的互动与传递，而不是简单的"被观看"。好的产品不是只靠"砸钱""烧钱"就能出的，而是要有文化眼光、文化情感和价值的融入。目前，我们在对文化产业发展规律的理解和把握上还有待提高，守着丰厚的文化资源却不能很好地挖掘，文化产品缺少文化内涵。以影视业为例，前几年有了井喷式的发展，经过几年的沉淀后，能够真正走向世界的却寥寥无几，整个产业缺乏对民族文化的自觉意识，过于追求技术和技巧，忽视了内容的深度挖掘，结果有不少技术先进和制作上大投入的大片因缺少"灵魂"，市场反应冷淡。2016 年上映的某电影，虽有多家媒体联合造势，但国内票房只有 11.7 亿元，北

---

① 黄意武:《中华优秀传统文化创造性转化、创新性发展面临的障碍及破解路径》,《重庆社会科学》2020 年第 5 期。

美票房更是惨淡，只有1800万美元。中央电视台的《中国诗词大会》《中国国宝大会》《经典咏流传》等传统文化类节目的广受欢迎表明，未来的文化产业一定是属于有内涵、有深度的文化产品。

另外，我们的文化产品要加强对社会主义核心价值观的表达。今天，全世界都在关注快速崛起中的中国，但外国人对中国和中国文化的理解与实际情况之间存在较大差距。中华优秀传统文化中有很多优秀的品质，如勤劳、节俭、善良、勇敢、亲和、包容、克制、隐忍、担当、诚信、奉献等。我们要重视和发掘中华优秀传统文化的价值和作用，以优秀传统文化滋养和培育社会主义核心价值观。

第二节　各种传承方式的传承效果都有待提升

传承方式是文化传承的方式、手段和策略等的总和。加强传承方式建设对于促进中华优秀传统文化的有效传承十分重要。今天，中华优秀传统文化主要是通过民间传承、学校教育传承、数字化技术传承、开发利用传承等方式进行的，目前各种传承方式的传承效果都有待提升。

一　民间传承受到诸多现实冲击

"人伦日用"是中国传统伦理型社会的典型特征。优秀传统文化的民间传承是文化传承最接地气的方式。传统的风俗习惯、乡规民约、人际交往规则潜移默化地塑造着人们日常生活的基本面貌。传统文化的民间传承也称之为大众化传承，传承的主体是大众，他们不像政府和知识分子那样有意识地自觉去传承传统文化，他们主要是在日常的生产生活中，通过言传身教的方式进行传承。当老百姓对传统文化的价值产生认同时，他们将其落实在日常生活的方方面面，成为约定俗成、根深蒂固的思维方式、生活理念、价值取向，成为他们的心理共识和日用而不知的行为习惯，从而影响着百姓生活的基本面貌，文化传承才能真正得以巩固。

文化自信是全体人民的自信。民众日常生活中日用而不知的文化具有强大的力量。对于绝大多数人而言，其内化于心的伦理观念、交往逻辑、审美观念往往并不是来自于文化典籍，而是更多来自其生活环境耳濡目染的熏陶和世代相沿的传统观念。对一个有着悠久历史文化传统的民族而言，其文化传统早已渗透进百姓日常生活的言行举止中，成为百姓潜在的心理共识。它的力量往往胜过书本的力量。为此，如何让优秀传统文化成为当今中国社会的有机组成部分，是个值得重视也必须解决的问题。

在传统的中国民间社会，百姓主要是通过族规家训、风俗习惯、节日庆典、民间礼俗等途径学习和践行文化所昭示的伦理规范的。比如，传统乡规民约将人从生到死都规限以礼，是传统社会的习惯法则，形成了民间社会的伦理秩序，传承和彰显着儒家伦理规范；中国古代是血缘宗法社会，十分重视通过族规家训教育其后人为人处世、操持家业，这些家庭规范实实在在地传承了传统伦理文化。在中国古代数千年的历史中，儒家文化之所以能够深深地影响人们日常生活的方方面面，是因为经济社会基础是稳定的，人们的日常生活模式是稳定的。在传统的中国社会，小农经济的生产方式决定了人们思维和实践活动的重复性。传统的伦理观念、行为规范成为百姓日常生活的原则与依据。在这样的社会里，人们按照祖祖辈辈流传下来的方式生产生活，遵循着社会自发形成的交往礼仪、风俗传统等，就可以正常生活。今天的中国社会，社会生产生活方式已经发生了深刻变革，传统文化的民间传承受到重大冲击，这使得传统伦理观念很难有效地进入老百姓的日常生活。

（一）家庭在传统文化传承中的作用受到冲击

传统文化特别是儒家文化强调以道德规范协调家族成员关系、维持家族秩序和家族和睦，家族、家庭成为文化传承的重要阵地。儒家以实现"仁"为根本目标。在传统社会，"仁"是融入在老百姓日常生活里的，仁德的养成主要是通过家庭生活来完成的，是一种实践伦理。"家"可以说是中国人修身的道场，是文化传承的重要场域。中国传统社会倡导"五伦"，即父子有亲、夫妇有别、长幼有序、君臣有义、朋友有信。"五伦"中，家庭关系被更多地强调，说明以血缘关系为基础的人际交往构成了社会成员交往的主要内容。

家族制度和宗法血缘结构是支撑传统文化的重要社会基础。在传统社会，人们生活在家族家庭网络中，从小就在衣食住行、人际交往、礼仪规范等方面接受塑造，从而长大后能够适应社会要求。

随着社会的发展，城镇化的推进，现代化水平的提升，中国的家庭结构发生了重大变化，这对传统文化的传承形成了重大挑战。在快速走向工业和信息化社会的进程中，老人的生产生活经验对年轻人的作用在变小，老人的权威在降低。再加上人口的大规模流动和迁移，日渐增长的生活压力，家庭成员经常身居异地，造成了家规、家训、家风等这些传统文化教育形式难以实行，影响了人们接受传统文化熏陶的时间和机会。另外，随着社会竞争的加剧，很多家庭在教育孩子时注重智力的开发，重视子女自主意识的培养，轻亲情伦理的教育与熏陶，对传统家庭关系中长幼有序、父慈子孝等基本人伦较为漠视。在当下，我们要传承优秀传统家风文化，加强当代家风建设，将传统文化理念落实到日常交往、社会德行的方方面面。

（二）乡规民约作用的发挥受到影响

世俗文化是一个民族重要的文化标识。了解一个民族，只看图书馆中的民族文化经典是远远不够的，因为经典只能代表它过去的文化高度。当下的文化主要体现在民族的生存方式里，体现在它的社会风气里，体现在老百姓日常生活中的衣食住行、言行举止和社会交往里。传统乡规民约是中华优秀传统文化的有机组成部分。作为乡民"合情共议"的产物，乡规民约在历代基层社会治理中都发挥了极为重要的作用，维护了乡土社会的良好秩序和淳风美俗。传承中华优秀传统文化理应包括对传统良风良俗的坚守和弘扬，让优秀传统文化进入老百姓的日常生活中。

"优秀传统文化的民间化传承，对大众而言，重在如何践行文化所昭示的伦理规范。从自主性的角度看，它主要表现为：把儒家文化的精神理念、伦理规范化为乡规民约，生成传统社会的习惯法则，在日常生活中践行、遵守。"① 乡规民约是立足乡土社会、基于合意制定或约定俗成、对共同体成员产生约束和指引作用的成文和不成文的行为规范。乡规民约体现在百姓日常生活衣食住行、丧葬嫁娶等方方面面。

---

① 解丽霞：《制度化传承·精英化传承·民间化传承——中国优秀传统文化传承体系的历史经验与当代建构》，《社会科学战线》2013 年第 10 期。

中国是世界上最早进入农耕文化的国家之一，中国的乡民社会是地缘文化和血缘文化的结合体。中国人具有安土重迁、择土而居的特点。乡规民约是中国历朝历代实施道德伦理教化的重要力量。中国传统社会是熟人社会。在传统社会，乡规民约将人从生到死都规限以礼，设定了百姓交往的形式，实现了对百姓的道德教化，成就了中国民间社会的伦理秩序，有效落实了伦理道德的文化传承。

随着中国现代化进程的推进，城镇化也快速推进。现代化是一个多层面的进程，它涉及思想、行为等各种领域，今天的中国社会正在经历一个急剧变革。城镇化意味着社会从熟人社会向陌生人社会的转化。城镇化的发展自然会削弱熟人社会的行为规则。城市社会主要是一个陌生人社会，即使在农村，大量进城务工人员携带子女进城甚至定居，青年学子毕业留在城市，老人投奔子女，农村空心化趋势明显，村庄内部的代际关系传承在减少，村民之间的关系也在疏离。中华优秀传统文化所褒扬的社会伦理体系，是以血缘亲族（"自己人"）关系为范本扩展而成的。在熟人社会，人与人之间的相互熟悉构成了强有力的道德舆论监督力量；而在陌生人社会，这种监督力量会大大减弱甚至消失。今天，随着现代化、城镇化的推进，社会流动日益频繁，城乡一体化不断发展，农村由内而外被深度重塑，乡土社会被不断解构，重土安迁的乡土社会一去不复返，乡规民约的生存空间随着乡土社会的变迁不断受到挤压。

在传统社会，以小农经济和宗法制为基础，奉行"父母在，不远游，游必有方"，以血缘为基础、以熟人为外延的乡规民约就能更好地实行。而今天，市场经济的浪潮严重冲击着乡规民约实施的社会基础，亿万农民进入市场，成为市场主体，接受和适应着市场社会的运作法则，从事着各种各样的市场交易，生产生活方式日益现代化。市场是高度开放的，农村的各种资源加速流动，利益关系也更加复杂，价值观也日益多元化。在市场中，人们开始理性地进行利益权衡，市场经济的契约规则也逐步深入人心。总之，市场化本身就在不断解构着乡土社会的规则系统。

要保护和传承好有民族凝聚力的良风良俗，就要把中华优秀传统文化世俗化、大众化，将其内化为中国人民价值观和道德观念的一部分，使其成为中国人生活方式的组成部分。

（三）传统节日庆典的传承面临困境

节日是一个国家，一个民族标志性的文化符号，具有独特的文化地位。在中国传统社会，节日庆典活动是百姓生活的重要内容。历时弥久形成并具有定时性的传统节日和代表百姓生活重大事件的婚丧嫁娶活动是百姓生活的重要节点。中国传统节日庆典是中华优秀传统文化的重要组成部分，其承载着丰厚的历史文化内涵，传递着中华民族古往今来的文化记忆，是民众精神信仰、审美情趣、伦理关系与消费习惯的重要展现，是中华优秀传统文化传承的重要载体，对于民族文化的塑造有着不可替代的作用。"传统节日在当代社会的价值与意义，就在于我们不断地给自己创造回归传统的机会。我们通过回归传统来辨识、确认自己的文化身份，树立我们的民族自信。"①

传统节日的周期性出现持续、反复强化着民族的文化传统。传统节日通常有着集体性的仪式或活动。传统节日是中华儿女的生活实践和伟大创造。节日每年如约而至，大众广泛参与，古往今来的文化记忆得以传承，从而引导民众确认文化身份，有效连接起中华儿女共同的精神信仰，增强民族凝聚力。中国传统节日具有团圆喜庆、祈福缅怀、崇祖敬祖等多重内涵，凝聚着厚重的文化传统，是千百年来代代相传的文化标志，承载着全体中国人的共同记忆，是中华文明的缩影。"中国传统节日是对民族文化和民族记忆的一种全民性强化，是延续民族品性、增强民族认同的链条。"② 中国传统节日形成于农耕文明时代，以岁时为基础，与农事紧密相关。节日是日常生活中的独特存在，是文化生活的印记。节日活动年复一年定期举行，接续历史与当下，世代相传形成了牢固的文化记忆。传统节日是最广泛的社会交往方式。"在传统社会，中国也有朝野之分、官民之分、贫富之分、贵贱之分，但是在节假日所代

---

① 萧放：《传统节日：一宗重大的民族文化遗产》，《北京师范大学学报》（社会科学版）2005 年第 5 期。

② 王文章、李荣启：《中国传统节日的文化内涵》，《艺术百家》2012 年第 3 期。

表的时间框架上却是高度整合、统一的。"① "中国节日生活传统中人伦传统是其中的核心传统。"② 如中国三大传统节日——春节、端午、中秋，春节与中秋两个节日都是以家人团聚为主题的。端午节包粽子、赛龙舟，缅怀介子推、屈原，感悟他初心不变的爱国情怀彰显了中华民族的家国一体的思想理念。

传统的婚丧嫁娶活动，是老百姓的人生大事，是一个家族或村落人际往来的重要方式。人们按照风俗传统、礼仪习惯行事，并相聚在一起感受家族内部和熟人社会之中的温情或悲伤，在这一过程中通过庆祝或哀悼的方式获得心理期冀和慰藉，并因此增加了彼此之间的凝聚力。

总之，在传统社会，各种节日庆典活动，给人们带来了休闲和娱乐，增强了社会成员之间的团结和凝聚力，维护和加强了社会的有机联系，传递着社会和历史的集体记忆，这对于维持整个社会的运转有着不可替代的作用。

在全球化、现代化的浪潮中，中国正在加速实现现代化，中国经济社会发生了全方位的深刻变化，传统文化传承正经历着前所未有的洗礼与考验。中国的传统节日体系和婚丧嫁娶传统是与农业生产相匹配的。今天市场经济渗透到人们生活的方方面面，人们的生产生活方式完全不同于农业社会，呈现出了与过往完全不同的节奏与模式，这使得传统的节日庆典与现代社会的生活出现不协调，从而使传统庆典的传承面临很多问题。

1. 节日庆典的仪式越来越简化

仪式是传统节日庆典中非常重要的内容，使节日具有了神圣性和隆重感。因它们与节日庆典相伴相生，赋予传统节日庆典意义和内涵。"任何节日的符号与仪式，都存在着两个基本的方面：一是它们所蕴含的精神文化的内涵因素；二是体现这些精神文化内涵的符号与仪式的外

---

① 高丙中：《民族国家的时间管理——中国节假日制度的问题及其解决之道》，《开放时代》2005年第1期。

② 萧放：《传统节日：一宗重大的民族文化遗产》，《北京师范大学学报》（社会科学版）2005年第5期。

在形式与物化的载体。"① 中国传统节日庆典有着完整的仪式和丰富多彩的节俗活动。比如，传统的春节，是由衣、食、祭祀、娱乐等一系列仪式组成的，如元宵节吃汤圆、扭秧歌、舞狮子，端午节插艾条、挂香符，中秋节团圆赏月。传统节日传递着民族的集体文化记忆，沉淀着民族的文化情感，成为民族文化的象征，体现着我们共同的价值观。

但是，在经济社会全面转型的今天，节日庆典的仪式越来越简化甚至省略、失传，其内涵也逐渐淡化甚至被抽空。仪式的简化甚至失传实际上是精神和传统的流失，是一种生活方式的消失，是中华民族文化资源的流失。在全球化的今天，我们更需要通过一种仪式来确认自己的主体性和归属感，确认我们在文化意义上的身份。现在不少年轻人对于西方生活方式感兴趣，对西洋节日也倍加追捧。人们有不同的文化需求，可以理解也应该尊重，但我们不能丢掉维系中华民族血脉的文化传统。

2. 传统节日庆典与现代生活难以协调

传统节日在时间的安排上是与农业生产相匹配的。在传统农业社会，这种时间安排使人们有了劳作之余休闲娱乐的契机。但随着中国工业化、信息化、城镇化的推进，越来越多的人从事第二、第三产业。即使从事第一产业的人，生产生活方式也发生了根本变化。现在普遍采用公历纪年，社会运行的时间坐标都遵从公历。整个社会的生活方式已经发生了历史性的变化，节奏越来越快。特别是在城市，人们日常工作时间大多"朝九晚五"，很多人时常加班，日常工作安排与季节无关，与岁时的相关性逐渐弱化，这就导致了人们很难有时间按照传统的习俗过传统节日。比如春节，传统上腊月二十三就要开始各种准备工作，民间有谚"二十三糖瓜粘，二十四扫房子，二十五做豆腐，二十六炖猪肉，二十七宰年鸡，二十八把面发。二十九蒸馒头，三十晚上熬一宿。大年初一扭一扭，除夕的饺子年年有"，体现了人们筹备春节的场景，也是民间的习俗。但今天，临近春节，人们都还在工作岗位上，且很多人这个时间工作更加繁重。另外，商品经济的发展，也使得节前准备工作需

① 李心峰：《当前专家学者关于中华传统节日符号与仪式的探讨》，《艺术百家》2012年第4期。

要的时间变短。原本的民俗难以沿袭。

　　饮食文化在中国传统节日体系中有着重要的位置。春节包饺子、元宵吃汤圆、端午吃粽子、中秋吃月饼等，节日特色饮食孕育出深厚的节日饮食文化。然而，今天，物质极大丰富，各种美食层出不穷，人们的饮食观念深刻变化，传统节令饮食的吸引力在不断下降。

二　学校教育传承的作用尚未充分发挥

　　在中国历史上，官学与私学对文化传承发挥过重要作用。由于学校教育在文化传承中具有系统性、完整性、稳定性、强制性等特点，学校教育依然是今天传统文化传承的重要途径。学校教育在中华优秀传统文化教育的体系构建、内容选择、课程设计、方式方法等方面具有专门研究，科学性更强。可以说，学校教育的过程，就是一个以文化人的过程，系统的民族传统文化传承离不开学校教育和课堂教学这一主渠道，学校教育依然是传统文化传承的主阵地。

　　1978 年以来特别是中国特色社会主义进入新时代，党和国家高度重视中华优秀传统文化教育，重视中华优秀传统文化在青少年中的传承。2014 年 3 月，教育部颁布了《完善中华优秀传统文化教育指导纲要》，对全面推进中华优秀传统文化教育进行了整体规划，中华优秀传统文化教育活动有了明确的指导方针、有力的政策保障和具体的行动指南。《关于实施中华优秀传统文化传承发展工程的意见》将"贯穿国民教育始终"作为实施中华优秀传统文化传承发展工程的重点任务之一。

　　目前，中华优秀传统文化教育不断加强，各级各类学校稳步开展中华优秀传统文化教育，中华优秀传统文化逐渐全方位地融入青少年教育，青少年的国家认同、民族认同和文化认同不断增强。但是，中华优秀传统文化教育还存在不少突出问题，尚未建立相对独立、成熟和完善的优秀传统文化教育体系。概括来说，在中国目前的国民教育体系中，传统文化教育存在着师资队伍薄弱、功利主义和实用主义的冲击、大中小学各学段传统文化教育内容的割裂以及学校教育与家庭教育、社会教育割裂等方面的问题。

　　（一）师资队伍薄弱

　　中华优秀传统文化博大精深，学习和掌握传统文化是一个循序渐进的过程。各级各类学校,要真正讲好传统文化,需要有专业的师资。只有讲授传统文化的教师自身能够较为系统全面深入地了解传统文化,有着一定的传统文化素质,才能做到传道授业解惑。

党的十八大以来,党和国家越来越重视优秀传统文化教育。中华优秀传统文化教育迎来了新的历史机遇。学校传统文化教育要想取得预期目标,数量充足的高质量师资队伍是基本条件。但是由于多年来忽视了传统文化教育以及相关专业教师队伍的培养,没有建立起专门立足于中华优秀传统文化教育的课程体系和专业人才培养体系,导致目前大中小学各阶段从事优秀传统文化教育教学的教师都呈现匮乏状态,教师自身的传统文化素质有待提高。

1. 中小学校传统文化教育的师资力量严重不足

教师专业素养的高低,直接影响着传统文化的教育效果。中华传统文化内容广泛,包括诗词、中医药、戏曲、国画、书法、武术、建筑、饮食、服饰等等;传统文化教育需要哲学、中文、历史、音乐、美术等众多专业背景的教师。目前,绝大多数中小学中都没有足够的师资承担中华传统文化教学。2008 年,教育部推进京剧进课堂,但最大的问题就是师资力量严重短缺。即使是音乐教师,对京剧也知之甚少,更别说其他学科的教师了。由于中国的师范教育体系内,对传统文化教育的重视程度不够,没有培养出大量的能够专门从事传统文化教育的毕业生,其他专业的毕业生传统文化知识也不够深厚。目前,中小学校的传统文化教育主要依托于语文、历史、政治等现有学科。由于中小学特别是中学有比较大的升学压力,所以更多是让学生学习与考试相关的传统文化内容,不太关注精神内涵的阐释。各相关课程衔接性不够,内容碎片化。特别是在教育资源相对匮乏的农村,传统文化教育的师资就更无从谈起。显然,如果师资问题得不到很好的解决,中小学层面的传统文化教育则很难有效进行。

2. 高校缺乏专家型传统文化教师队伍

高校承担着传承中华优秀传统文化的重任,有责任研究讲授传承中华优秀传统文化,这就需要有一支专家型传统文化教师队伍。这支队伍不仅能够讲授传统文化课程,而且能够对传统文化资源进行充分的研究与阐释,并赋予它新的时代意义。长期以来,中国高校传统文化的教学和研究主要依托哲学、史学、文学等学科，这些学科是研究和传承中华优秀传统文化的核心。此外，民俗学、人类学、民族学等学科也具有丰富的传统文化内容。优秀传统文化学科虽然与相关学科相互依存和支撑，但其有一定的独立性，目前依然未进入学科分类体系和高等学校学科设置中，也就不会有系统的课程体系和人才培养体系，这极大影响了高校专家型传统文化教师队伍建设。正是由于多年来忽视了传统文化教育以及教师队伍建设，使得目前许多高校教师在传统文化方面的文化素养和教学水平有限，难以承担传统文化教育的重任，传统文化教育举步维艰，严重影响了高校传统文化教育的成效。

（二）功利主义和实用主义的冲击

长期以来，在中国教育领域，功利主义和实用主义的价值趋向体现得非常明显。在中小学，应试教育的影响根深蒂固，高考是最大的指挥棒，学校重视升学率，教育的方法、手段、内容等都围绕提高升学率而进行的。高校都在努力提高在国内外的各种排名，提高自己的知名度。大学的办学过多地考虑了市场需求，哪个学科、哪个专业热门，就设置哪个学科，办哪个专业。升学、就业在我们的教育过程中被过多强调，而"人文修养""家国情怀""社会责任"等则在一定程度上被忽视。长期形成的社会惯性和心理惯性影响和冲击着各级各类学校传统文化教育的效果。

在中小学阶段，面对强大的升学压力，学生和学校自然都把精力集中在和考试相关的科目上。有关考试、升学的，学生们会全力以赴，否则，一般不会花很多时间学习。在这样的氛围下，人们习惯性地用"应试心态"来对待传统文化的学习，因而在中小学，要么只讲考试所需要的传统文化内容，要么只是用来装点素质教育的门面。今天，大学生就业竞争激烈，考研比例越来越高，竞争非常激烈。在这种形势下，很多大学生把更多的时间投入到专业知识和专业技能的学习上，投入到求职所需要的资格考试上，放在研究生入学考试上。很多人认为，传统文化知识对考研和就业关系不大，只是提升综合素质，所以不重视相关课程的学习，影响了学习效果，难以入脑入心。

（三）大中小学各学段传统文化教育内容的割裂

从历史来看，中国古代教育大体可以分为蒙学教育、小学教育、大学教育三个阶段。蒙学阶段的学习内容和学习方法以《三字经》《百家姓》《千字文》《弟子规》等的诵读为主；小学阶段以书法、舞蹈、国乐练习及"四书"、《孝经》《道德经》的背诵为主，学习"洒扫应对进退、礼乐射御书数"等文化基础知识和礼节；大学阶段的学习内容以"四书""五经""经史子集"选本为主，主要学习"穷理正心，修己治人"的学问。"从整体来看，我国古代形成了蒙学、小学、大学三阶段教育的有效衔接，教育内容明确且由易到难、循序渐进，教育方法依据各学段教育内容的不同而采取不同的方法。"①

中华优秀传统文化本身具有整体性和系统性，因此其教育必须具有衔接性和完整性。《完善中华优秀传统文化教育指导纲要》提出要分学段有序推进中华优秀传统文化教育，系统设计不同学段的教育目标和教育内容，这种安排应该说很好地考虑了学生成长过程中心理和认知发展的阶段性。但在实际实行的过程中，传统文化教育内容随意性比较大，内容也较为零散，不同学段的教育内容缺乏衔接性，甚至出现了倒置的情况。有些深奥难懂的内容放在了中小学，而有些属于启蒙性质的内容却出现在大学阶段。中华优秀传统文化内容丰富，不同的内容需要不同的教育方法。由于目前大中小学的传统文化教育基本都是采用学习文化知识的方法来进行的，一定程度上导致各学段的学习内容出现了重复，影响了学生学习的积极性和热情。

（四）学校教育与家庭教育、社会教育割裂

传统文化教育是一项系统工程，单靠学校是远远不够的，需要家庭、学校、社会等各方面形成合力，打"组合拳"，提升传统文化教育成效。不同传承主体传承的侧重点有所不同，学校教育更多倾向知识传授，家庭教育侧重的是文化中的行为系统，而社会教育更多侧重价值取向系统。毫无疑问，学校是进行传统文化教育的主要主体，是主渠道，在传统文化教育体系中起着主导和引导作用。但传统文化教育要想取得真正的实效，仅仅依靠学校的力量是远远不够的，需要家庭与社会的共同参与。传统文化教育要取得好的成效，需要发挥多方能动作用，学校

---

① 张应强、张乐农：《大中小学中华优秀传统文化教育衔接初论》，《高等教育研究》2019 年第 2 期。

教育、家庭教育、社会教育相衔接和配合，形成全社会共同弘扬传统文化的大氛围。

今天的中国，文化环境高度开放，各种文化思潮相互激荡。由于信息技术普及，互联网已经成为各种文化交汇融合博弈的重要场域。处在如此开放的文化环境，受到不同文化特别是西方文化影响，青少年对传统文化倡导的价值观、思维方式、行为模式等有一定的疏离感。今天的年轻人，成长浸润在信息社会，网络游戏、平台点餐等成为了他们的生活方式，这在一定程度上减少了他们接触亲近传统文化的机会。人们对传统文化的敬畏感减弱、珍重感下降，整个社会传承传统文化的氛围不够浓厚。

父母是孩子的第一任老师，也是终身的老师。家庭教育对人的影响是深远的。特别是对传统文化教育而言，家庭教育更是不可或缺的。家庭教育作为传统文化传承的重要环节，更多的是在日常生活中影响，培养孩子的行为。中华优秀传统文化中关于"礼""德"的部分，是需要通过家长的行为去影响孩子的。今天，面对激烈的社会竞争，家长们对孩子的教育，更多地放在孩子需要参加考试的科目，更多重视培养子女的自主意识，家长的传统家庭教化意识淡薄。

三 新媒体的广泛使用使传统文化的传承面临新的困境

借助媒体是文化传承的主要方式之一。在历史上，以典籍为代表的纸质媒介是中华文化传承的重要载体。传统媒体主要是指报纸、杂志、广播、电视等。在传统媒体中，无论是报纸、广播还是电视，其传播的容量、速度以及感知方式都受媒介本身的限制。"新媒体是相对于传统媒体而言的，所谓新媒体，是指以数字技术为基础，以网络为载体进行信息传播的新型媒介，如网页、论坛、博客等，新媒体具有'数字化''互动性'和'即时性'等基本特征。"[①]

新媒体是在新的技术支撑体系下出现的媒体形态，是建立在数字技术和网络技术基础之上延伸出来的各种媒体形式。"截至 2021 年 12 月，中国网民规模为 10.32 亿，手机网民规模为 10.29 亿，网民中使用手机

---

① 李子嘉：《论新媒体对传统文化传播的影响》，《中华文化论坛》2015 年第 9 期。

上网的比例为 99.7%。"① 毫无疑问，新媒体有着传统媒体无法比拟的优势。今天的中国，人们的生活和网络新媒体已经有了非常紧密的联系。新媒体已然成为信息传播的重要媒介，是社会成员获取资讯的重要渠道。新媒体的普及，不仅直接影响和改变着人们获取资讯的方式和习惯，从根本上改变了信息传播格局，更改变着人们的交往习惯和社会参与方式。"互联网改变生活"就是在新的媒介方式产生之后实现的。随着手机、电子书、平板电脑等网络移动终端设备的广泛使用，依靠报纸、书籍、杂志等媒体为主要载体的传统文化传承直接受到了新媒体文化的冲击。

新媒体时代，全球文化交流更加便捷，文化全球化则伴随外来文化的入侵。数字化技术的快速发展一定程度上会使传统文化的传播碎片化、浅表化。新媒体的世界里，多元文化共生共存、肆意传播，新媒体平台基本是把人气和流量放在最主要的位置，这可能使传统文化的传播娱乐化甚至庸俗化。

（一）数字技术助推文化同质化

全球化背景下，文化在国家间综合国力的竞争中有着举足轻重的影响。今天，西方发达国家对发展中国家的策略已进入"后殖民"时期，文化成了殖民的"遮羞布"。在全球化的掩盖下，西方国家潜移默化地对发展中国家进行文化渗透，其根本目的是形成以西方为中心、自西向东单向输出的文化格局，确立西方的文化霸权。作为文化和意识形态的传播载体，网络世界成为本土文化和外来文化博弈的战场，电子媒介成了强势文化主体激烈争夺的阵地。这本身就不是一场势均力敌的战争。"西方一些发达国家凭借先进的传播技术和手段，在资本逻辑的驱使下，通过文化符号系统的强势传播，向'他者'输出本国价值观念和意识形态，企图同化'他者'，使'他者'依循西方的价值观念去思考，用西方的话语去表达，参照西方的模式去实践。"②

数字化浪潮裹挟下的文化全球化和文化霸权，持续冲击和威胁着众

---

① 《第 49 次〈中国互联网络发展状况统计报告〉》，中国互联网网络信息中心，http://www.cnnic.net.cn/hlwfzyj/hlwxzbg/hlwtjbg/202202/t20220225_71727.htm。

② 陈曙光、李娟仙：《西方国家如何通过文化殖民掌控他国》，《红旗文稿》2017 年第17 期。

多发展中国家的本土文化。中国传统文化也处在被动和受冲击的境地，其传播出现了自我矮化和边缘化的问题。当前，中国在互联网终端平台建设方面发展迅速、成绩斐然，但传统文化数字产业缺少品牌、缺少精品，在全球文化权益争夺中处于不利地位。在这样的背景下，本已式微的中国传统文化生存已然变得岌岌可危，需精心呵护方能延续，推陈出新更是难以谈起。本土文化是各民族在漫长的历史进程中沉淀下来的精神世界的体现。在互联网世界，西方思维模式和价值观念持续影响着中国人，不断侵蚀着中国传统文化长期形成的教化效果，从而对其传承产生了一定冲击作用。

（二）电子媒介可能使传统文化的传播碎片化浅表化

数字媒介的快速发展深刻改变着当今人类的思维方式甚至生存方式。"在我们生活的这个世界上，距离好像并没有太大的意义。……空间已不再是一个障碍物——人们只需短暂的一瞬就能征服它。"① 新媒体条件下，信息传播突破了时间和地点的限制，人们可以以低廉的成本毫无时差地获取海量信息。当高速传播的海量信息扑面而来时，人们往往无暇整理、分析、选择、提炼，很难准确判断取舍，不求甚解的"碎片式"信息消费成为新媒体时代的普遍现象，这和传统媒体时代追求的深度逻辑思维方式形成鲜明对比。"相当一部分人在长期获取碎片化知识之后会对自己产生一种错觉，好像拿起手机，世界尽在掌握。"② 事实上，知识的真正掌握是需要长期的系统学习和深入思考的。优秀传统文化是一个系统完整的思想体系，而各种数字媒介对传统文化的传播往往是离散化、碎片化的，"以偏概全"的缺陷比较突出。传统文化的这种碎片化传播使得受众很难全面深入地理解传统文化的精髓，甚至会误读传统文化本身。

随着数字技术的快速发展，社会正在变成一个具有巨大冲击力的视觉化社会。全球化时代，我们前所未有地关注中华传统文化的兴衰，利用新媒体反复向受众灌输一个个文化符号。图像是直观、感性的，也是

---

① ［英］齐格蒙特·鲍曼：《全球化——人类的后果》，郭国良、徐建华译，商务印书馆2013年版，第77页。

② 王易：《我不反对碎片化阅读，只是担心……》，http：//media. people. com. cn/GB/n1/2016/1214/c40606-28948267. html，2016年12月14日。

过眼即逝的，这种文化的工业生产和传播模式很可能导致传统文化传播的浅表化。也就是说，数字技术呈现的视觉效果能够让受众"入眼"，却往往很难让受众"入脑""入心"。传统文化是厚重的、是有自己独特韵味的，是需要细细咀嚼和内化的。数码图像的传播形式虽极具现代性，却一定程度上失去了文字所能带来的丰富联想空间，人们很难去深度思考传统文化的价值判断、审美情趣和深层意义等核心要素。

（三）新媒体可能使传统文化的传播娱乐化甚至庸俗化

资本在中国互联网发展中有着重要地位，当前网络媒体具有显著的商业性。实现资本增值是绝大多数新媒体平台的基本导向，能否带来人气和流量成为新媒体平台选择内容的主要标准。大众传播媒介已成为娱乐化产生的重要机制。"眼球经济"在新媒体上大行其道，娱乐性内容日益成为新媒体领域的主流文化。在这样的生态下，优秀传统文化的生存空间实为有限，传统经典文化和文学作品在网络平台遇冷也就不难理解了。利润导向使得一些新媒体创作者不但有意无意忽略了文化内涵的深度挖掘，产品缺乏专业阐释和精心打磨，而且还不断制造出具有话题性甚至刺激性的内容，甚至不惜将一些文化糟粕作为吸引流量的噱头。传统文化成了被资本挟持和利用的功利性资源。应该说，娱乐化倾向一定程度上瓦解了传统文化的精神内核、消解着历史的严肃性。长此以往，传统文化将丧失其应有的价值，与我们的生活渐行渐远。

新媒体是平等、开放的大众传播体系。今天的新媒体世界里，多元并存，雅俗共生，但占据主导形态的是大众娱乐文化，高雅文化则处于被边缘化的状态。很多用户不主动接触甚至有意回避专业严肃的信息，更不愿做过多思考。精英文化和大众传播的冲突在新媒体领域凸显出来。中国传统文化主要是注重修心养性的高雅文化，在新媒体上越来越处于"非主流"的尴尬境地。由于数字媒体一定程度上淡化甚至抹平了精英文化与大众文化的界限，传统文化、精英文化的特质在网络世界被进一步削弱，甚至被简单、随意地歪曲，随大众文化之波逐流，这会导致人们审美能力的退化。

四 传统文化产业整体实力不强

市场经济下，文化产业是文化生产与传播的重要载体。今天的中国，文化产业已日益成为国民经济的重要支柱产业，是提升中华文明传播力的重要途径，也是增强文化自信的现实基础。要大力开发相关文化产品或者文化服务，在大众参与和消费的过程中实现文化传承，实现经济建设与文化建设的良性互动、深度融合、协同发展。可以通过发展旅游业、演出业、影视业、图书出版业等文化产业，开发利用传统文化资源，促进传统文化的传承弘扬。

文化产业传承是一种市场化的传承方式。今天，文化产业在经济结构升级中的作用日益明显，文化已成为现实的生产力。文化只有与市场相结合，才能为文化建设提供基本经济制度方面的保障。传统文化产业整合创意、资本、科技等各种市场要素，源源不断地生产出各种文化产品，使传统文化融入现代人的精神世界。文化产品中的传统文化以形象化的形式对受者产生影响。文化产业把传统文化与经济建设、现实生活紧密结合在一起，从而使传统文化更好地扎根于人们的日常生活。文化产业不仅可以让更多的人接触传统文化，扩大传统文化的传播范围，更重要的是可以使受众更好地接受传统文化，使传统文化具有更强大的生命力。

优秀传统文化是我国发展文化产业独具特色、不可多得的宝贵资源，要充分发挥文化产业在传统文化传承中的作用。文化产业作为一种市场化的产业形态，在传承发展优秀传统文化方面具有独特优势。首先，文化产业可以使传统文化有更多的受众。学校教育、场馆传承等方式，受时空的局限，能够覆盖的受众有限。文化产业将传统文化转化为纪录片、影视剧、图书或其他载体的文化产品。文化产品通过书籍、报纸等印刷媒介，广播、电视等电子媒体，特别是网络新媒体，打破了时空局限，极大地扩展了传统文化的受众范围。其次，文化产业的传播方式更容易被受众接受。文化产品要赢得市场，就得让受众乐于接受，内容和表达方式就得符合受众的审美需求。特色旅游项目，具有民族特色的演艺产业，以传统文化为创作主题的影视剧、短视频、网络游戏、综艺节目等，在满足受众文化需求的同时，使传统文化自然而然进入人们的生活世界，进入人们的内心世界。"文化产业的发展有助于传统文化借助功能强大的产业机制和四通八达的市场机制重新植入大众生活，进而重新获得传承和延续之稳定的社会根基。"①

目前，中国在传统文化的产业化开发上有了高度的自觉，推出了很多好的文化产品，取得了很好的市场效益。电影《长安三万里》、网络游戏《原神》、舞蹈诗剧《只此青绿》等，市场成功的背后离不开传统文化的加持。但与此同时，必须看到，传统文化的产业化传承中也存在着诸多问题。在利益驱使下，一些文化企业走向"意义的失落"，一味迎合一些人的低俗需要，文化产业"物质枷锁"的负面效应日益显现出来；在现代商业运作中，一些地方仓促上马，进行简单低端的开发，历史文化资源遭到"建设性破坏"的现象时有发生，过度的商业化让有些地方传统文化资源失去其本来的韵味，造成了创意产业和传统文化资源的离析与割裂；传统文化产品的世界影响力依然欠缺，品牌建设滞后，文化产品的技术水平和国际领先水平仍有差距，文化产品的契合性、感召力不足等。

（一）文化产业"物质枷锁"的负面效应日益显现

发展文化产业是市场经济条件下坚定民族文化自信、建设社会主义文化强国的必然选择。党的十八大以来，文化产业作为战略性新兴产业和朝阳产业，迎来了政策引导、技术迭代等多重利好，市场规模持续扩大，利润平稳增长，发展动能显著增强，文化新业态带动效应明显，产业链条进一步延伸，在国内外影响力持续提升，文化产业日益成为国民经济支柱产业。文化产业的发展，不仅增强了民族归属感和认同感，也增强了中华文化的传播力与影响力。

坚持把社会效益放在首位，实现社会效益和经济效益相统一，是马克思主义文化观的一贯主张。近年来，一大批优秀的传统文化产品不仅赢得了市场和利润，更激发了国人对优秀传统文化的热爱，实现了社会效益和经济效益的双赢。

社会主义市场经济条件下，文化效益和社会效益都是衡量文化产业发展质量的重要标准。但文化产业的特殊性决定了社会效益是首位的。文化产业具有产业属性、经济属性，文化企业总要追求更多的利润和更

---

① 栾淳钰：《论文化产业发展与传统文化传承互促机制的构建》，《云南社会科学》2016年第2期。

高的经济效益。但文化产业又具有自身特殊性，承担着价值导向等重要的社会功能。价值导向是文化产业的核心功能。在激烈的市场竞争中，在利益的驱使下，文化企业极易走向"意义的失落"，文化产业"物质枷锁"的负面效应日益显现出来。目前，一些文化企业片面追求经济效益、利润至上，一味迎合受众喜好，这在一定程度上导致"庸俗、低俗、媚俗"的"三俗"文化泛滥，浮躁、急功近利的现象在文化市场屡见不鲜，文化市场缺少真正的文化气息。当前很多电视节目、国产绘本甚至教辅资料粗制滥造，缺乏文化内涵，没有深厚的精神价值。为此，国家力度空前地整顿文娱领域，取得了良好效果。

片面追求经济利益的问题同样存在于传统文化传承领域。一些文化企业为了追求市场份额，急功近利，有些产品粗制滥造，有些产品有意挖掘传统文化中权谋、暴力等内容去迎合某些低俗需求。中华优秀传统文化的经济价值是建立在其文化价值基础上的。以何种价值取向来引导文化产业，决定着文化产业能否实现可持续发展。文化产品蕴含的价值观会对消费者产生直接影响。文化认同的根本在于"价值认同"。没有精神价值的文化产品是不会有长久的市场竞争力的。为此，在以文化产业促进传统文化的传承弘扬时，要坚持正确导向，守正创新，努力创作更多具有中华民族特质的优秀文化产品，增强民族凝聚力和向心力。

（二）重开发、轻保护，传统文化遗产遭到破坏的现象时有发生

文化遗产是传统文化传承弘扬的重要载体，开发保护文化遗产是传承弘扬优秀传统文化的重要途径。保护文化资源和开发文化资源是相辅相成的。如果在对传统文化的开发利用中破坏了传统文化的原生态特质，就会造成对传统文化资源的损害，从而危害到传统文化产业的健康发展。如何从消费市场和现代产业角度提炼文化资源的市场价值要素，进行有效的开发和利用，这是中国文化产业发展必须考虑的问题。因此，在利用传统文化资源时需把握"度"，通过积极保护和适度开发，推动文化遗产的世代延续和可持续利用。

文化遗产作为传统文化传承的重要资源和载体，理应受到很好的保护。"非物质文化遗产是一个民族世世代代在艰苦的自然环境中经过努力奋斗创造的历史实录，不仅在传承中蕴含着人们的历史记忆与共同情感，而且也是团结和凝固当今社会民族认同的黏合剂，是'共同体'

成员情感的'最大公约数'。① 但是，随着中国社会现代化水平的不断提升，一些非物质文化遗产在社会生活中被边缘化。在市场经济中，一些非物质文化遗产被过度开发，遭受到不同程度的破坏，传统文化的意蕴逐渐淡化。

在现代商业运作中，作为由资本形态和产业形态融合的产业形态，文化产业在商业化追求的驱使下，不同程度地破坏了一些文化遗产。一些地方仓促上马，进行简单低端的开发，历史文化资源遭到"建设性破坏"的现象时有发生。有的地方，传统文化的保护口号喊得震天响，但在具体实践中，为了追求政绩，往往用"一刀切"方式解决经济发展与文物保护间的冲突，重开发，轻保护，没有实现文化与旅游及相关产业的深度融合，致使一些珍贵的古建筑、古村落遭到了不同程度的破坏。如果只重视产业开发带来的经济利益，忽视了传统文化资源的人文价值和永久性效益，过度的商业化就会让传统文化资源失去其本来的韵味，造成了创意产业和传统文化资源的离析与割裂。

（三）中华优秀传统文化产品的国际传播力不足

近年来，国家对于文化产业的重视程度不断提升，中国文化产业取得了长足的进步，全球竞争力不断提升。传统文化产品国际输出的质和量均有显著提升，各种艺术表演、影视剧等快速走向世界，中国传统文化元素得以集中呈现，丰富了国外受众的文化消费选择，为我们的文化企业创造了更多的发展机遇，提升了中国文化的世界影响力。"在欧美发达地区，中国传统文化因其独特的美学意蕴与文化价值，成为近年来这一市场外来文化产业的后起之秀。"② 但是，目前中华优秀传统文化产品的世界影响力依然欠缺，品牌建设滞后，文化产品的技术水平和国际领先水平仍有差距，文化产品的契合性、感召力不足。

品牌就是竞争力，打造知名文化品牌是文化产业赢得市场的必然选择。我国文化产业品牌建设相对滞后，不但市场竞争力不强，也影响了中华文化在世界范围内的影响力。传统文化本身就具有与生俱来的品牌效应。具有浓郁民族特色的文化品牌具有经济与文化双重价值。民族文

---

① 曹海峰：《文化认同视域下文化产业进程中的问题及对策》，《河南大学学报》（社会科学版）2018 年第 3 期。

② 常怀云：《中国传统文化的国际化传播困境》，《出版广角》2017 年第 19 期。

化品牌不仅可以提高文化产品的市场竞争力，也是民族的符号和名片，具有对内强化民族认同、对外彰显自我的作用，能够增强民族文化的内外影响力。近年来，文化产业作为战略性新兴产业，发展动能显著增强，市场规模持续扩大，日益成为国民经济支柱产业。但从国际文化市场来看，中国文化产品依然处在产业链和价值链的低端，产品缺乏核心竞争力，文化的国际影响力与经济总量世界第二的大国地位极不相符。在欧美市场，中华优秀传统文化产品依然把"性价比"作为主要卖点，更多的是以量取胜。与日本、韩国等文化产业强国坚持走"精品""高端"的路线相比，中国本土文化产品大多处在中低端市场，中华文化在世界范围内的影响力与价值引导力还有较大上升空间。随着中国国家实力和国际影响力的提升，世界对于中国国家形象的认知程度有了很大提升，希望能够通过更高品位、更高水准的文化精品来了解中国。文化品牌建设上的迟滞不前，文化产品竞争力与认可度不高，一定程度上影响了中华优秀传统文化的全球传播力和海外影响力。

文化产品的技术水平和国际领先水平仍有差距。文化产业的经济效益，往往要依赖先进的科学技术来承载。科技是促进历史文化资源转变为文化产业的重要推动力。文化与科技的充分融合，不仅会对文化载体、传播手段、传播受众产生重大影响，也会极大促进文化内容和形式的创新。美国等西方发达国家通过运用现代科学技术，有力推动了文化产业的发展。如在美国百老汇的音乐剧制作中，科技效果极大增加了其艺术感染力。与西方发达国家相比，中国文化产业主动融合文化与科技的意愿不够积极主动，突破性技术创新匮乏，关键技术受制于人的状况没有根本改变，技术水平的差距依然是制约中国文化产业国际化的重要原因。中国拥有丰富深厚的历史文化遗产，资源优势巨大，但由于创新能力的不足，资源优势并没有转化成现实的文化优势和影响力，许多优秀资源白白闲置浪费，甚至被别的国家开发利用。在文化遗产和创意产业的对接中，最有影响力的是美国，好莱坞、迪士尼的很多作品都取材于全世界的文化遗产。比如迪士尼公司根据"木兰从军"的故事，开发出的动画电影，风靡世界，即使在中国也经久不衰的热播。熊猫是中国的国宝，好莱坞电影《功夫熊猫》在中国赚了数亿美元。韩国和日本基于《三国演义》和《西游记》开发出的动漫和游戏，同样取得了很好的经济效益。因此，提高技术创新能力，提高中国文化产品的技术含量是增强优秀传统文化产品国际竞争力的关键环节之一。

传统文化产品的契合力、感召力不足。全球化背景下，不同文明的交流互动成为常态。客观来讲，由于文化、语言、价值观念、行为方式等方面的差异，各国受众的心理需求不同，对中华优秀传统文化存在不同程度的理解和接受问题。中华优秀传统文化产品要实现很好地传播，就要充分考虑到不同群体受众的心理需求和接受能力，运用现代科技手段和流行要素对中华优秀传统文化进行包装加工和精准宣介。中华优秀传统文化产品由于缺乏对跨区域表达、跨文化传播的深入考虑和设计，没有很好地找到跨文化传播的价值契合点和对接点，一定程度上存在文化传播难以顺利推进的困境。"传播者往往难以正确把握接受者需求或陷入'以我为主'的怪圈，给接受者造成认知上的偏差，导致其对信息进行无效解码，从而影响传播效果。"[①] 为此，中国文化企业要积极"走出去"，熟悉国际传播环境，秉承和而不同、互鉴互惠的理念，充分考虑海外受众的审美需求，更好地实现中国声音的区域化表达和分众化表达，提升文化产业国际化水平和竞争力，让海外民众能够更好地了解中国文化、了解中国。

第三节　传承弘扬机制有待进一步完善

传统文化的传承发展是一个重大的系统工程，要将其做细、做实、做牢，需要有完善的顶层设计，需要构建起中华优秀传统文化传承发展机制。文化传承机制决定着文化传承的走向。建立健全完善的传承发展机制，更好地整合各方面力量、协调各环节间的关系，充分发挥各种要素的作用，从而更好地从各个层面布局谋篇，使优秀传统文化的传承发展走上系统化、规范化、制度化、稳定化之路。中国目前还需要进一步探索出成熟完善的卓有成效的传统文化传承弘扬机制，这是制约传统文化传承弘扬的关键因素之一。

---

① 杨懿：《符号学视域下中华传统文化的国际传播：基于贵州茶的观察》，《现代传播》2020 年第 11 期。

一　各级党委和政府的主导推动作用有待充分发挥

对任何一项事业而言，没有坚强的组织领导就不可能取得成功。构建中华优秀传统文化传承发展机制同样需要坚强的组织领导。党和政府的主导推动对中华优秀传统文化的传承弘扬至关重要。传统文化传承中顶层理念的设计、相关法规的制定、财政经费的支持等方面都需要政府处于主导地位。特别是很多情况下，传统文化并不能带来明显的经济效益，企业缺乏传承的动力，但其作为民族文化瑰宝，政府责无旁贷地要承担起传承责任。

党的十八大以来，党和政府高度重视中华优秀传统文化的传承弘扬，各项政策措施不断出台。《关于实施中华优秀传统文化传承发展工程的意见》要求各级党委和政府要把中华优秀传统文化传承发展工作摆上重要日程，形成"党委统一领导、党政群协同推进、有关部门各负其责、全社会共同参与"的中华优秀传统文化传承发展工作新格局。

尽管国家有了上述原则性规定，地方在落实的科学性、有效性等方面，参差不齐，甚至没有取得实质性的进展。中华优秀传统文化的传承发展缺乏科学性、系统性与协同性。优秀传统文化传承工作涉及文化、新闻出版广电、文物、旅游等多个部门，具体工作也往往归属多个部门。"受部门职能分割和权限不同的影响，条块、区域分割还比较严重，没有完全形成相互配合、齐抓共管的传承保护工作机制，相关监管工作不够有力。"[1] 由于各部门的政策多有交叉，极易出现"多头管理"的现象。为此，在传承弘扬中华优秀传统文化的制度性安排方面，地方相关部门仍要细化落实、深化推进。

"当前，传统文化传承之所以面临一定的现实困境，很大的原因在于传统文化的传承呈现出一种碎片化的趋势，即传承主体之间都是各自为政，缺乏有效的衔接与联动。"[2] 今天，党和政府在大力倡导、知识分子在极力呼吁中华优秀传统文化的传承，普通民众也在积极践行优秀

---

① 郭万超、孟晓雪：《中华传统文化传承和弘扬存在的主要问题》，《人民论坛·学术前沿》2017 年第 2 期。

② 程敬华、庄龙玉：《现代化背景下传统文化传承的多元联动机制探索》，《学习论坛》2019 年第 10 期。

传统文化的理念。但是，这三种力量有效互动有限，没有很好地形成合力，一定程度上影响了传统文化的传承效果。

另外，民间资本相关运营行为需要进一步规范。现在有些所谓国学班、读经班等，缺乏相关资质，让孩子们穿上官袍、戴上官帽，摇头晃脑地诵读《三字经》《弟子规》等原文。更有甚者，打着传统文化的噱头敛财，把传统文化庸俗化。凡此种种，不但没有起到传承弘扬优秀传统文化的效果，还产生了很多负面效果，必须加以规范，避免传统文化的传承弘扬进入误区。

二 激励保障机制尚未完善

中华优秀传统文化传承发展，需要在体制机制层面落地落实，需要有完善的可操作的激励保障机制。合理完善的激励保障机制是促进中华优秀传统文化传承弘扬的强大动力。目前，中国在传统文化传承弘扬激励保障政策建设方面取得了很大的成绩，但也存在着诸多问题。

扶持中华优秀传统文化传承发展的财政支持有待加强。"如今，我们可以看到，在逐利逻辑的推动下，那些具有明显经济价值、适宜产业化发展的传统文化项目，大多数已得到市场主体的充分挖掘和大力投入；而那些不适宜产业化开发的、经济价值弱的文化遗产元素则在产业化的大潮中被冷落，乃至自生自灭。"[1] 传统文化传承是一项长期工程，且根本上是一项非营利性的公益性事业，需要政府投入大量资金进行遗产保护、传承人培养、学术研究、国民教育等。目前，许多地方缺乏相关专项经费，支持和扶持力度非常有限，主要靠基层自筹经费艰难度日，难以满足保护开发传统文化资源的需要，影响了传统文化传承保护的效果。部分文化遗产保护经费投入不足，导致了文化遗产得不到及时有效保护和合理利用。特别是对文化遗产资源丰富的经济欠发达地区而言，地方经济实力有限，能够投入到文化遗产保护的经费有限，致使这些地方面临更大的保护资金缺口。

对非物质文化遗产传承人的保护与保障措施不完善。在市场经济冲

---

① 刘芝凤、和立勇：《弱经济价值非物质文化遗产保护刍议——以福建省非物质文化遗产保护为例》，《中国人民大学学报》2018年第1期。

击下，有的非物质文化遗产项目面临传承人青黄不接、难以为继的情况，甚至存在人走艺绝的现象，传承面临断代风险。目前，国家对非物质文化遗产项目代表性传承人给予一定的传承经费和补贴。但仅靠政府有限的经济资助，很难维持传承人的基本生活和传承活动。对于代表性传承人怎样进行保护，还没有具体措施，后继人才的培养仍然靠传承人自发的师徒相授，但愿意学习这些传统非遗项目的年轻人非常有限。

专项保护规划仍有待完善细化，尤其是国家级文化资源的保护。目前，中国物质文化遗产、自然遗产与非物质文化遗产等珍贵文化资源的保护建设力度仍然不足。"我国对于非物质文化遗产的保护，依然是依靠公权力进行行政保护，在实际操作层面上，地方政府、文化官员包括文化工作者的作用，才是最直接和根本的推动力。"① 一些地方相关部门往往更重视经济价值大的非遗项目，投入也更多，而对很多弱经济价值的项目保护和研究不足，一些项目的损毁和破坏十分严重。有些传统文化资源历经千年岁月的洗涤，损坏破坏严重，亟须以数字化等手段进行存留。数字化存留对资金、技术、人力方面的需求都非常大，很多项目由于缺乏条件无法实施。很多历史文化资源一再流失，得不到有效传承，有的甚至自然消亡。

三 文化法律保障体系仍需健全

法治对于创建良好社会环境起着基础性作用。优秀传统文化的传承发展需要良好的法治环境。"文化保护，立法先行"，也是传统文化保护先进国家的成功经验。为此，我们需要建立完备的文化法律体系，加大执法力度，加大法治宣传，创造良好法治环境，让传统文化传承在良好法治环境下持续有序推进。目前，国家在传统文化领域的立法工作取得了显著的成绩。目前已经颁布的法律法规主要有《中华人民共和国文物保护法》《中华人民共和国非物质文化遗产保护法》《中华人民共和国公共文化服务保障法》《传统工艺美术保护条例》《中华人民共和国文物保护法实施条例》《历史文化名城名镇名村保护条例》《博物馆

---

① 刘芝凤、和立勇：《弱经济价值非物质文化遗保护刍议——以福建省非物质文化遗产保护为例》，《中国人民大学学报》2018 年第 1 期。

条例》等。应该说，立法体系的逐步完善为传统文化保护营造了较好的社会文化生态环境，使传统文化保护有法可依，但也存在诸多不足。

中国目前在传统文化方面的立法仍需进一步完善，且缺乏操作性。新时代，建设社会主义文化强国，需要发挥法治固根本、稳预期的保障作用。社会主义文化建设须在法治轨道上进行，充分发挥法治的引领、规范和保障作用。完善的法律体系是建设文化强国的基石。新时代社会主义文化建设需要高质量的法律供给。现行的法律法规、政策制度在顶层设计方面的作用不足，导致中华优秀传统文化的传承发展缺乏法律层面上的整体规划与分层推进。中国在文化方面的法律法规仍需健全，如对文化空间保护、节日保护等方面的立法不足。

政策法规的考评督促作用不足。优秀传统文化传承发展的落地情况、文化产业的发展情况、宣传教育普及效果等多个方面，没有定性与定量、过程与实效相参照的考核评价；现行的法律法规、政策制度对文化遗产保护措施规定不够严谨，刚性不够，影响了实际执行效果。

中国现行文化法律法规与全球化的规则也存在衔接不够的问题。中华优秀传统文化的传承弘扬过程，也是其积极参与全球化进程，从而在世界范围内传承创新和发扬光大的过程。在国际交往中，法律建设是一个重要环节。通过立法和法律手段依法有效地保护中国的文化主权和文化安全，能更平稳地推动中国文化"走出去"。但现行中国国内的文化法规条文与国际公约未能很好衔接。因此，中华优秀传统文化相关的法律法治建设，还需要进一步参与制定有关文化事务的国际公约，加速中国文化立法与国际接轨。

第五章　中华优秀传统文化的
传承原则

文化是一个国家和民族的灵魂。民族的复兴必然与文化的复兴相关联。传统文化是历史的赋予，中华民族的集体记忆和精神家园，是文化自信的根基。扎根传统文化并从中汲取滋养是当今世界各国推进现代化进程的普遍选择。传承中华优秀传统文化是中国人文化自信和自觉的时代体现。党的十八大以来，党和政府对中华优秀传统文化的传承给予了高度重视。习近平总书记关于中华优秀传统文化的系列论述，不仅明确了中华优秀传统文化传承弘扬的对象内容、重要意义与基本目标，而且结合时代特点系统论述了中华优秀传统文化传承弘扬的原则要求和发展路径等问题。中国特色社会主义进入新时代，我们要紧紧围绕实现中华民族伟大复兴的宏伟目标，把握正确方向，坚持科学原则，构建传承体系，不断推动中华优秀传统文化的传承发展。

第一节　坚持以马克思主义为指导

文化建设要坚持守正创新。"守正，守的是马克思主义在意识形态领域指导地位的根本制度，守的是'两个结合'的根本要求，守的是中国共产党的文化领导权和中华民族的文化主体性。"[①] 始终坚持以马克思主义为指导是事关国家文化事业发展方向的根本问题也是传承弘扬中华优秀传统文化的根本要求。只有坚持以马克思主义为指导，才能把中华优秀传统文化转化为中国特色社会主义文化建设的重要文化资源，

---

① 习近平：《在文化传承发展座谈会上的讲话》，人民出版社 2023 年版，第 11 页。

为中华民族伟大复兴提供强大精神力量。

一 要站在社会形态更替的高度看待马克思主义和中华优秀传统文化的关系

今天的中国，研究宣传学习中华优秀传统文化的热潮持续高涨，这是民族复兴在文化上的体现，是中国人文化自信提升的体现。这带来了一个问题，如何正确理解马克思主义和中华优秀传统文化的关系。显然，这是传承中华优秀传统文化必须回答的问题。

对于这个问题，如果我们的视野仅仅局限在文化领域里，那是很难说得清楚的。因为中国的社会形态发生了变革。只有坚持历史唯物主义的世界观和方法论，站在社会形态变革的高度，才能正确认识和处理二者的关系，才能理解社会主义中国选择什么样的理论为指导思想的问题。中华民族有着五千年的悠久历史和灿烂文化，是一个古老的国度。但今天的中国，是以马克思主义为指导思想的社会主义新中国，社会性质已然完全不同于传统中国。实现中华民族的伟大复兴是近代以来无数中华儿女为之不懈奋斗的伟大梦想。中国特色社会主义进入新时代，中国共产党擘画了以中国式现代化全面推进中华民族伟大复兴的宏伟蓝图。中国式现代化是共产党领导的社会主义现代化。今天，中华民族的伟大复兴已经成为不可逆转的历史进程。文化复兴是民族复兴的重要内容，这就需要我们高度重视源远流长的中华文明，需要我们正确处理马克思主义同中华优秀传统文化的关系。

中华人民共和国的成立标志着中国进入到社会主义社会，中国的社会形态发生了几千年未有的根本性变化。秦始皇统一中国之后，中国历史上的王朝更替都没有改变中国封建社会的社会形态，都只是封建王朝的更迭。历代王朝都把儒家学说作为维持统治的首要思想工具。近代中国，由于西方列强的入侵，中华民族面临内忧外患、风雨飘摇的艰难处境，王朝易姓、尊孔读经的旧路已经不可能改变当时的中国命运，不可能挽救民族危亡，不可能拯救人民于水火之中。也就是说，仅仅依靠中华优秀传统文化无法挽救中华民族于危难之中，历史需要中华民族选择新的社会形态。最终中国共产党、社会主义制度、马克思主义理论改变了中华民族的命运。中国近现代历史既是中国共产党领导下的民族革命和解放史，也是马克思主义传播和发展史。中国民主革命的胜利是马克思主义的胜利；中国特色社会主义是社会主义而不是其他什么主义。中国新民主主义革命、社会主义建设和改革之路，就是一条不断实现马克思主义中国化之路，一条马克思主义和中国实际不断结合之路。始终坚持以马克思主义为党和国家的指导思想，是新中国作为社会主义国家的必然选择，是中国共产党在长期的革命、建设和改革实践中做出的正确选择，也是近代以来中国人民在长期的历史实践中做出的正确选择，是历史的必然。

今天我们探讨马克思主义同中华传统文化的关系，千万不能忘记"旧邦新命"，千万不能忘记中国社会制度已然发生变革的事实。今天的中国共产党，作为马克思主义执政党，要在现代世界带领中国人民实现民族复兴，是不可能沿着儒家道路前行的，只能沿着社会主义现代化道路持续前行。也就是说，今天我们传承发展弘扬优秀传统文化，只有始终牢牢坚持以马克思主义为指导思想，才能找到定盘星和指南针，才能把优秀传统文化转化为民族复兴的重要文化资源和强大精神力量支撑，才能确保文化建设沿着正确道路和方向前行，才能铸就新的文化辉煌。

要坚持以马克思主义为理论指导，坚持中国特色社会主义文化发展道路，这是事关社会主义文化事业发展全局的根本问题。马克思主义传入中国并确立起指导地位，是中国人民做出的郑重选择，是近代以来中国历史发展的必然结果，是经过实践检验的正确选择。马克思主义揭示了人类社会发展的普遍规律，为人们提供了认识世界和改造世界的科学世界观和方法论，是无产阶级解放自身和全人类以获取全面自由发展的科学指南。只有运用马克思主义的立场、观点和方法，秉承科学礼敬的态度，在去粗取精、去伪存真、推陈出新的基础上传承弘扬优秀传统文化，使之成为中国特色社会主义文化的重要组成部分，中国共产党才能成为优秀传统文化忠实的继承者、弘扬者和建设者。

二　自觉坚持马克思主义指导地位才能确保传承中华优秀传统文化的前进方向

今天，要推进和发展中国特色社会主义事业，马克思主义与中国传统文化都是必需因素，二者缺一不可。但是，二者在此过程中的地位和作用是有着根本性的差异的，二者绝不是不分彼此的，更不可能相互取代，这一点必须清晰。马克思主义是我们立党立国的根本指导思想，是党和国家的主流意识形态，是全党全国人民团结奋斗的共同思想基础。以儒家思想为核心的传统文化是封建统治阶级维持其统治的思想工具。二者不仅存在着时空性的差异，而且在阶级基础上存在着本质性的区别。自觉坚持马克思主义指导地位是马克思主义中国化的前提。否定了这个前提，背离了这个方向，优秀传统文化的传承发展有可能会走向邪路。

　　历史唯物主义系统阐释了思想文化的产生发展规律，科学揭示了文化在社会发展中的作用和价值，是我们认识和处理文化领域的问题、繁荣发展社会主义文化事业的根本遵循。中国共产党是马克思主义政党。自建党以来，中国共产党始终高度重视宣传思想文化工作，形成了党在不同时期的文化工作路线、方针和政策。中国特色社会主义进入新时代，面对百年未有之大变局，中国正日益走近世界舞台的中央，成了21世纪世界社会主义的中流砥柱，思想文化建设因此具有了复杂的时代特征和特殊的历史使命，文化的作用更加彰显。面对实现中华民族伟大复兴的历史使命，中国共产党前所未有地关注宣传思想文化工作，认为意识形态工作是党的一项极端重要的工作。习近平总书记更是将传承弘扬优秀传统文化提升到前所未有的高度。优秀传统文化的传承弘扬，须在正确的方向和轨道上前行，绝不能走向邪路。自觉坚持马克思主义的指导地位是传承中华优秀传统文化的政治前提，是文化建设政治方向的根本保证。

三　坚持历史的辩证的观点看待马克思主义和中华优秀传统文化关系

　　中国共产党人是马克思主义者、历史唯物主义者，始终坚持以马克思主义的立场、观点、方法科学认识与处理文化与历史问题。必须以历史的辩证的观点认识和处理马克思主义与中华优秀传统文化关系，不能将二者简单割裂开来甚至对立起来。二者在时空视域和思想内容上的差异是毋庸置疑的。马克思主义是在近代欧洲工业社会的环境中形成的，是资本主义社会发展到一定阶段的产物，社会历史发展问题是它关注的焦点；中华优秀传统文化是在中华民族漫长的农业文明中形成的，注重人伦关系和人格修养。中华优秀传统文化中有精华，也有糟粕。马克思主义者从来都主张取其精华，剔除其糟粕。马克思主义中国化的历史证明了这一点。马克思主义只有同各国具体实际相结合才能落地生根。历史文化国情是一国实际的重要内容。要实现文化复兴，须扎根中国土壤，把源远流长、博大精深的中华优秀传统文化作为重要的思想资源，在实践中激活它，源源不断地从中汲取丰富营养。要科学改造优秀传统文化同马克思主义的融通契合之处，使其成为当代中国文化的一部分。如中国共产党对"实事求是""一分为二""小康社会""大同社会""知行关系""贵和尚中""天下兴亡，匹夫有责""水能载舟，亦能覆舟""大道之行，天下为公"等概念、判断重新做出了马克思主义的解释。马克思主义是中国共产党的灵魂和旗帜，科学揭示了人类社会的发展规律。只有坚持以马克思主义为指导传承中华优秀传统文化，传统文化才能实现现代化，才能焕发新的生机与活力，才能保证文化传承的科学性；也只有充分吸取中华优秀传统文化的丰富养分，马克思主义才能扎根中华大地，中国特色社会主义文化才能呈现出鲜明的中国特色，才能得到更广泛的传播，才能为中国人民更好地接受和认可。

正确处理马克思主义和中国传统文化的关系，需反对文化虚无主义和文化保守主义两种错误倾向。首先，要防止文化保守主义，反对以古非今、简单复古。文化保守主义者颂古非今，认为以儒学为代表的中华传统文化都是精华，否认其局限性，为此要"尊孔读经"，回归中华道统，甚至提出"儒化中国""儒化共产党""立儒教为国教"等主张。这种主张简单复古的倾向的主要危害在于，割裂了马克思主义同中华传统文化的辩证关系，淡化甚至模糊二者的根本性区别，企图以儒家学说动摇甚至取代马克思主义的指导地位。不能把弘扬中华优秀传统文化与尊孔读经简单等同起来。当今社会，孕育传统文化的政治、经济基础已不复存在，简单的回归传统已无可能。事实上，中华传统文化有思想精华，也难以避免地具有历史和时代的局限性，是一个精华与糟粕并存的矛盾体。我们要立足当代，坚持马克思主义的立场、观点、方法，去粗取精，去伪存真，因势利导，做出新的选择、阐释和发展，实现对中华传统文化的扬弃和改造，使其能与世界接轨，能与未来对话，具有接近大众日常生活的新意义，从而与当代文化相适应、与现代社会相协调，为中国特色社会主义提供精神文化支撑。其次，要防止文化虚无主义。文化虚无主义否定传统文化的历史作用和现实意义，认为传统文化已经成为现代化进程的阻力，夸大马克思主义与中华传统文化的矛盾，认为二者不可共存，更谈不上相结合的问题。为此文化虚无主义者主张割断历史，唯洋是从，要彻底的与传统文化决裂，追随所谓"现代潮流"。民族的延续、发展和振兴离不开自身的文化传统。中国共产党是马克思主义政党，中国共产党的指导思想就是马克思主义，但中国共产党人不是历史虚无主义者，也不是文化虚无主义者。中华优秀传统文化是极具价值的历史资源，是社会主义文化建设的优质养料，对增强民族认同、维护国家团结统一的政治局面具有不可替代的价值。在以中国式现代化推进中华民族伟大复兴的进程中，绝不能数典忘祖、妄自菲薄，否则就会切断民族的精神命脉，就会行无依归、丢魂落魄，就会丧失民族的文化主体性和精神独立性，就会丢掉根本、丧失命脉。在推进中国特色社会主义文化建设过程中，我们要保持清醒的认识，不能犯否定传统的错误，不能走釜底抽薪、自掘坟墓的邪路。

第二节　坚持以人民为中心的工作导向

历史唯物主义认为，人民群众是历史的创造者，是真正的英雄。马克思主义始终站在人民大众的立场上，为劳动人民谋利益。中国共产党是马克思主义政党，全心全意为人民服务是中国共产党的根本宗旨，人民立场是中国共产党的根本政治立场。"以人民为中心"是由党和国家的性质决定的，是社会主义本质的体现，是中国共产党治国理政的核心价值理念。共同富裕是中国式现代化的本质属性，人民性是共同富裕的根本立场，旨在使发展惠及所有人，而不是少数人。新时代的共同富裕主张"既要富口袋，也要富脑袋"，更加重视精神生活的共同富裕。中华优秀传统文化是中华民族的宝贵精神财富，对其的传承和发展要坚持以人民为中心的工作导向。只有不断寻找群众的共鸣点，结合人民群众的精神文化需要去传承，中华优秀传统文化才能走进群众日常生活，人民群众才会有真正的获得感。

　　人民群众不仅生产出赖以生存的社会物质财富，也是文化的创造者，是文化传承、发展和创新的主体力量。中国共产党始终坚持人民立场，人民性是中国特色社会主义文化制度的本质属性。传承中华优秀传统文化的根本目的是建设文化强国，增强文化自信，实现中华民族伟大复兴。

　　社会主义文化建设既尊重文化发展的一般规律，又有鲜明的价值导向。人民性是社会主义文化的本质特征，人民立场是中国共产党文化建设的根本立场。人民群众的历史主动和历史创造精神，是传统文化传承的源头活水。满足人民群众精神生活需要是新时代传承弘扬中华优秀传统文化的逻辑起点和价值旨归。人民群众也是中华优秀传统文化传承发展的主体性力量。没有人民群众的认可、参与、创造和共享，中华优秀传统文化的传承就会失去群众基础，就会成为无源之水。也就是说，只有让人民回归精神家园，传承民族精神血脉，文化传承发展才能生机勃勃、生生不息。新时代传承弘扬中华优秀传统文化，必须切实维护与保障人民文化权益，满足人民精神需要，增强人民的文化参与感、获得感和认同感，有力推进人民全面发展与社会全面进步。

一　为了人民

　　"为什么人"的问题，是检验一个政党、一个政权性质的试金石，是把握一种思想理论、文化形态的精神实质的落脚点，也是文化建设必须面对的首要和根本问题。"为中国人民谋幸福，为中华民族谋复兴"，是中国共产党人的初心和使命，是中国共产党领导现代化建设的出发点。

　　中国共产党人一贯坚持"为人民服务"的文化建设立场。毛泽东同志指出："对于中国和外国过去时代所遗留下来的丰富的文学艺术遗产和优良的文学艺术传统，我们是要继承的，但是目的仍然是为了人民大众。"[1] 党的十八大以来，以习近平同志为核心的党中央提出"以人民为中心"的思想，旗帜鲜明地指出人民是我们一切工作的出发点和落脚点。

　　中国特色社会主义进入新时代，我国市场主要矛盾已经转化为人民

---

① 《毛泽东选集》（第 3 卷），人民出版社 1991 年版，第 855 页。

日益增长的美好生活需要和不平衡不充分的发展之间的矛盾。"美好"
是描述生活品质的，带有浓厚的精神追求意蕴。今天的中国人更加追求
精神层面的满足，更加期待优质的文化作品。也就是说，文化需要是人
民美好生活需要的重要组成部分，文化需求水平的提升是社会文明进步
的重要标志。为此，当前继承弘扬中华优秀传统文化必须立足于为广大
人民群众服务，立足于满足新时代人民群众的精神文化生活需要，服务
于新时代人民群众对美好生活的向往，把人民群众的满意程度作为评判
传统文化传承弘扬效果的根本标准，把中华优秀传统文化中有益于人民
群众的思想文化精华发掘出来，从而丰富广大人民群众的精神生活、提
升广大人民群众的文化素质、陶冶广大人民群众的道德情操，厚植传统
文化赋予中国人独有的神气，切实提升中国人的精神动力和文化底气。

二 依靠人民

人民群众的生产生活实践是一切精神文化财富的源泉。历史唯物主
义认为，人民群众是历史的创造者，是推动社会发展的根本力量。"历
史什么事情也没有做……历史不过是追求着自己目的的人的活动而
已。"[①] 人民群众是自己思想观念的生产者，是文化的主体。建设社会
主义文化强国需要激发凝聚增强全民族的智慧和文化创造力。传承发展
优秀传统文化也必须紧紧依靠人民群众。只有人民群众积极参与和主动
创造，优秀传统文化才能深入人心，才能真正成为浸润民众日常生活的
重要文化因素。人民群众的日常生活是朴素的甚至粗糙的，但也是活泼
的生动的鲜活的丰富的。任何文化都不可能凭空产生，而是人民群众的
实践成果和精神财富。也就是说，正是人民群众的日常生活、生产实践
才是文学艺术、思想理论等精神财富的源泉，才赋予了其鲜活的生命
力。因此，人民群众的支持与参与是文化建设的群众根基和力量源泉。
只有人民群众深入其中、日常践行的文化才是真正活的文化，才是有生
命力的文化。从中国最早的诗歌总集《诗经》到楚辞、汉赋、唐诗、
宋词、元曲、明清小说等文学作品，从龙骨车、石碾等农业技术工具到
四大发明，中华优秀传统文化无处不折射着中国古代人民的智慧。如

---

① 《马克思恩格斯文集》（第 1 卷），人民出版社 2009 年版，第 295 页。

《诗经》，"国风"部分共有一百六十篇，大部分是民间歌谣，是劳动群众"饥者歌其食，劳者歌其事"的作品。中华优秀传统文化是中华民族五千多年来积累下来的思想财富和智慧财富，其创造来自人民。人民是社会精神财富的创造者，优秀传统文化只有与人民生产生活深度融合，才能流传下去，具有长久的生命力。要充分调动人民在文化建设中的积极性、主动性和创造性，要最大限度集中全民族的智慧与力量为中国特色社会主义文化的发展贡献力量。

人民群众也是中华优秀传统文化的传承者和发展者。中华民族经历过无数次的动荡战乱和外敌入侵，但中华文脉得以顽强延续。人民才是传承民族血脉的主体。中国梦是要依靠人民来实现的，中华优秀传统文化的继承和发扬也要由人民来实现。对中国人而言，中华优秀传统文化是"日用而不觉"的客观存在。传统文化浸润着中国人的日常生活，成为熏染中华民族民族性格、伦理观念、审美情趣的重要文化因素，悄然塑造着中国人的心理结构和思维习惯，影响着我们的认知模式和行为惯式。人民群众是传统文化传承弘扬最普遍、最广泛的主体。传承与弘扬中华优秀传统文化，最根本的还是要获得人民群众的自觉支持，要充分调动全体人民的自觉性、主动性、创造性。只有赢得了最普遍、最广泛的人民群众的支持，中华文化才能够真正立得住根基、护得住血脉，才能最终实现中国特色社会主义的文化自信，并进而达到文化自强的目标。

三　人民共享

中华优秀传统文化要成为全体人民共享的文化资源。中华民族伟大复兴是亿万人民自己的事业。在这个伟大的历史进程中，中国人民应当共享改革发展的成果和时代机遇。中华优秀传统文化是中华儿女在历史上创造的精神财富，是中华民族共有的精神财富。在中国历史上的很长时间内，文化主要是为统治阶级和精英阶层服务，人民群众很难具备接受教育、享受文化成果的物质和社会条件。诗词歌赋、琴棋书画等精神文化成果难以惠及广大人民群众，而只是少数上层阶级和知识分子的专利。毛泽东同志指出："文艺是为地主阶级的，这是封建主义的文艺。中国封建时代统治阶级的文学艺术，就是这种东西。直到今天，这种文艺在中国还有颇大的势力。"① 共享是社会主义的本质要求，是我们制度优越性的体现。中国共产党始终坚持人民立场，始终坚持发展成果由人民共享，把保障人民群众的文化权益作为文化建设的宗旨。中国特色社会主义文化是人民大众的文化，文化建设不是为了少数人，而是为了全体人民共享文化建设的成果。人民群众既是中华优秀传统文化的传承主体，也是国家文化建设的主体，自然也要共同享有文化建设的成果。只有让人民群众共享传统文化传承创新的成果，才能更好地发挥人民群众在文化建设中的主体作用，人民群众的文化创造力才会充分涌流，从而创造出更加丰富的文化成果，为中国特色社会主义现代化事业提供文化支撑、智力支持和精神动力。为此，传承中华优秀传统文化，要始终牢记党的宗旨，要始终不移地坚定群众立场，以人民共享为目标，使中华优秀传统文化成为人民群众共享的文化资源，从而不断增强人民群众的文化参与感、获得感和认同感，满足人民群众日益增长的精神文化生活需要。

中华优秀传统文化可以极大丰富当代人民群众的精神文化生活。人与动物的最大区别就在于人有精神需求。当前，人民群众对精神文化生活提出了更高要求，我们要大力挖掘中华优秀传统文化那些富有魅力的文化作品，通过整理、创新和发展，展现中华文化魅力，丰富人民群众的精神文化生活。中华优秀传统文化包含丰富的文化形态。如我们所熟知的曲艺，尤其是京剧、昆曲、黄梅戏等戏种都是中华优秀传统文化的集中体现。随着时代的发展，传统曲艺的表现形态和具体内容与今天人们的需求存在一定的脱节，需要以人民满意的方式进行大胆创新和创造，赋予其新的时代生机，更好地展现中华文化魅力。

用中华优秀传统文化提高人民群众的文明素养。国无德不兴，人无德不立。实现中华民族伟大复兴的中国梦，必须要传承中华传统美德。中华传统美德传承于中华文明的历史长河中，积淀在中华儿女的思维模式和行为方式中，是中华民族生存发展的伦理精神支撑。中华传统道德中蕴含着丰富的思想道德资源，要经过鉴别和扬弃，经过创造性转化，使之成为现代社会发展的道德滋养，成为涵养社会主义核心价值观的重

① 《毛泽东选集》（第 3 卷），人民出版社 1991 年版，第 855 页。

要源泉。

第三节　坚持交流互鉴、开放包容

传承弘扬中华优秀传统文化，须正确处理中华文化与世界文化的关系，亦即文化的民族性与世界性关系问题。从历史上看，中华文明与世界其他文明广泛交流，既从其他文明中吸收了丰富营养，又为人类文明做出了重要贡献。正是开放、包容的民族特性使得中华文化能够不断在与其他民族、地区文化的交流互鉴中创新发展。中华文明的博大气象，就得益于中华文化开放包容的胸怀，今天的中国，比以往任何时代都更需要一批熔铸古今、汇通中西的文化成果，也比任何时代都要有条件破解"古今中西文争"。传承中华优秀传统文化，要坚持交流互鉴、开放包容，以海纳百川的气魄包容不同文明，学习吸收不同文明的精华，不断丰富和发展中华文化。

一　传承弘扬中华优秀传统文化要主动应对全球化的时代境遇

全球化是当今世界发展的重要特征，是中国实现现代化的重要时代背景。当今世界，随着经济全球化和政治多极化向纵深发展，互联互通的全球体系已然建立起来，各个国家原有的社会封闭性被打破，各民族文化间的碰撞与融合、交锋与借鉴成为常态。全球化绝不是一个纯经济的过程，是一个动态性的综合性的复杂历史进程。西方文化在全球化过程中持续不断的向全世界传播和扩张。文化霸权主义前所未有地威胁着世界民族文化的多样性。特别是随着互联网等技术的迅猛发展和快速普及，不同国家、民族、地区间的文化阻隔被快速打破，文化交流更加普遍与迅捷，不同文化的距离被前所未有地拉近了，各民族文化联系的广度和深度呈现出前所未有的景象。在这个过程中，西方发达国家凭借其经济、科技优势，不断向发展中国家施加影响。文化的独特性是一个民族存在的重要标志，是其与中俱来的胎记。文化身份是一个民族的灵魂。对一个民族而言，一旦失去了自身的文化个性，将难以证明自己的民族身份，民族凝聚力也会受到严重影响。因此，任何一个拥有独立文化传统和文化特质的民族，都要时刻保持警醒，增强文化自觉，积极应对时代挑战，以维护本民族的文化传统、文化发展和文化安全，而非故步自封或者是妄自菲薄。

今天，中国正加速推进现代化进程，也更深入地参与到全球化进程中。在这个过程中，西方文化对中国文化的冲击是显而易见的。在这样的时代背景下，中华优秀传统文化究竟何去何从？这是一个必须回答的时代性问题。文明是流动的，开放的，因交流互鉴而丰富多彩，这是文明传统发展的重要规律。历史和现实都告诉我们，故步自封、闭关锁国、自我禁锢只会阻碍文化进步和创新。知己知彼方能百战不殆。只有自觉主动了解他者，辩证对待各种文明，积极学习借鉴其他文明的长处才能更好发展自己，才能更加积极主动地应对全球化带来的各种挑战，才有可能在学习中超越，才会对世界文明进步做出更大贡献。博采众长不仅是各民族、国家文化发展的需要，也是人类文明发展的需要。"一花独放不是春，百花齐放春满园。"很难想象整个人类只有一种文明图谱，按照同一种生活方式生活。全球化视域下，只有各种文明交流互鉴而不是相互对立，世界才会变得更加开放和美好，各国人民才会拥有更加美好的生活。全球化为异质性文化提供了交流、交锋、交融和对比、对话、对接的时空条件，各民族文化以自身独特的传统、精神品质、价值追求呈现在世界各地。全球化进程给各种文明创造和提供了新的发展机遇和动力，多彩多样的各种文明在沟通交流互鉴的基础上呈现出异彩纷呈、争奇斗艳的发展样态。全球化背景下，中国特色社会主义文化要实现大发展大繁荣，需要有全球视野，需要进一步加强中华优秀传统文化与其他文明交流互鉴，为中华优秀传统文化的传承弘扬提供更为丰富的资源和更加广阔的空间。否则，在一个封闭狭隘保守的环境里，缺乏外部因素和外来文化的对比和刺激，缺乏文明交流和对不同文明的兼收并蓄，文化就会僵化，就会失去活力，从而难以适应时代和实践的需要。

二 坚定文化自信，始终坚守民族文化主体性

传统文化具有民族性，是民族的集体记忆与精神家园，是增强民族归属感、维护文化主体性的重要资源。同时，越是民族的越是世界的，传统文化也是促进世界文化多样性的根基。在长期的社会实践活动中，中华民族形成了自己独立的文化传统。我们的文化历史悠久，有自己的

气度和神韵，有自己的民族特质和地域特色，有自己独特的价值体系，曾经造就过一个又一个的文明高峰。在漫长的历史岁月中，中国人对世界有自己稳定的看法，中华传统文化已经深深地融入进中国人的血脉之中，寄托着中国儿女的共同追求，是中国人的精神表达，体现着中华民族的文化特征，是民族文明得以延续的精神纽带，也是世界文明发展的重要营养成分。今天，我们的文化依然青春勃发，我们正在造就新的文明高峰。

坚定文化自信，就要正确认知自己的民族文化，坚守民族文化的核心思想理念和文化特质，坚守自身文化的独立性。这是因为文化自信的本质就是文化主体对自身文化自觉的心理认同和积极践行，是对自身文化价值和能力的充分肯定，是对自身文化生命力的坚定信心。对传统文化的自觉是保持民族精神主体意识的动力与源泉。只有真正认同一种文化，才能对其产生自豪感和自信心。文化认同是中华优秀传统文化发展和传承的深层心理基础。

独学而无友，则孤陋而寡闻。文化发展要博采众长。中华文化有"有容乃大"的优秀品质。对于其他文明的精髓，要认真学习借鉴，融会贯通。任何一种文明，不管它过往如何辉煌，但如果故步自封、盲目排外，必然会走向衰败。在文化交流借鉴过程中，要立足中国国情，增强文化自觉，坚持以我为主、为我所用的原则，在文明对话中创造出属于我们民族自己的东西，努力保持本民族在精神文化层面的独立自主，展现出中华文化的独特魅力。但这个过程绝不能是毫无批判的生搬硬套，"只知希腊、不知中国"是极其危险的。如果在现代化进程中放弃了民族特色，很可能不仅实现不了真正的现代化，反而有可能给国家发展带来灾难。为此，要充分利用好优秀传统文化去涵养和丰富"中国特色"的文化意蕴。

今天，要树立民族文化自信，就要克服"民族文化虚无主义"的错误倾向。该思潮以质疑和否定民族文化传统、主张全盘西化为主要特征，其目的是动摇我们的文化根基，瓦解文化自信。博大精深的传统文化是中华民族文化成熟程度的重要标志。作为世界上唯一延绵不绝的文明，悠久的文明史赋予了中华民族高度的文化自尊和自信。民族文化虚无主义对东西方进行歪曲的比较，大力推崇西方文化，鼓吹现代化就是西方化，恶意贬损文化传统，诋毁民族文化的生命张力，从而主张割断历史，"去中国化"。其主要危害在于割断中华民族的精神命脉，矮化民众的文化自信心和自尊心，消解了因文化认同而生成的凝聚力和向心力，架空我国现代化转型的文化基底，扰乱实现中华民族伟大复兴的既定部署。

中西方文化作为产生于不同的地域和社会历史环境中的文化体系，确实存在巨大的差异，但不能简单地把差异视为差距。人类文化发展的历史和现实都告诉我们，共同的文化符号、文化理念、文化心理、伦理观念和思维模式是民族文化延续的精神纽带，能够使民族共同体成员产生归属感和亲密感。任何一个国家、民族都不可能和自己的历史文化传统一刀两断，都是在承前启后、继往开来中实现发展的。民族文化认同也就是要知道自己是谁，从哪里来，要到哪里去，实质上是对本民族生活方式、价值观念的认同。民族文化认同彰显了民族成员共同的社会特征，能够最大限度消除距离和隔阂，使民族成员个体和群体之间的关系得到确认，增强民族凝聚力。传统文化是民族思想观念的总体表征。传统文化认同的存续是民族文化认同的基础。一个民族如果抛弃了自己的文化传统，不坚守甚至放弃自己的身份认同，那就是精神和灵魂上的自我毁灭，很可能意味着民族的消亡。一个否定自己历史，贬损自己的文化的民族，就会丢魂落魄，迷失方向，不但难以实现现代化，而且很可能带来难以承受的"历史悲剧"。在文明交流互鉴中，只有始终坚定地保持自我底色，保持中华民族自身的价值理念、思维方式和文化根基，才能做到真正意义上的去粗取精、去伪存真，才不至于被外来文化左右、牵着鼻子走，使中华文化在传承创新中生生不息。

三 吸收外来文化，积极吸收借鉴世界优秀文化成果

中华文化之所以历经千年而生生不息，得益于中华文化的开放性和包容性。中华文明是在中国大地上产生的文明，具有兼收并蓄的特点，始终具有接纳世界文明的胸怀。中华文明也是同其他文明不断交流互鉴中形成的文明。汉代以来，中外文化广泛交流，给中华文化带来了异域文化的新鲜血液。汉代张骞出使西域，开拓了丝绸之路，打开了文化交

流的大门。中国不仅向外传播了中华文化，而且引进了葡萄、苜蓿、石榴、胡麻、芝麻等西域物产和文化。历史证明，中华文化的发展，离不开其他文化提供的丰富营养。从中国历史来看，战国时期的诸子百家、汉代雄风、盛唐气象等，形成了世界文化史上的光辉篇章。这些历史时期的中国，开放包容，文化交流频繁，文明被注入了生机与活力，明清时期闭锁门户自外于世界文明，中国人的文化自信进入低谷时期。从"丝绸之路"到"西学东渐"，中华文化正是在持续学习吸收借鉴其他文明之长中实现了自身的发展繁荣，由此铸就了其"博采众长、兼容并蓄"的博大胸怀与宽厚品格。

他山之石，可以攻玉。西方近代工业文明高扬科学与理性的旗帜，在东西方文化交流中让中国人看到了先进的科学技术、不同的生活方式、思想文化甚至社会制度，让中国人看到了独具特色的西方文明谱系。"西学东渐"虽然严重打击了中国人的文化自信心，改变了中国社会的发展轨迹，但客观上加速了中国的现代化进程。今天的世界，全球化深入发展，国家之间、民族之间的交流日益密切和频繁，不同文化之间的距离被拉近了；与此同时，不同文化的碰撞、冲突与交锋也呈现出更加激烈的新态势。面向世界、博采众长、吐故纳新，是时代对传统文化传承发展提出的现实要求。毛泽东同志指出："中国应该大量吸收外国的进步文化，作为自己文化食粮的原料，这种工作过去还做得很不够。这不但是当前的社会主义文化和新民主主义文化，还有外国的古代文化，例如各资本主义国家启蒙时代的文化，凡属我们今天用得着的东西，都应该吸收。"[1] 要积极学习其他国家和民族一切对我们有益的文化，这是促进自身文化繁荣发展的重要条件。在对待中华优秀传统文化问题上要反对故步自封、盲目排外倾向。这种倾向看上去维护了民族文化自主性，实际上违背文化发展规律，封闭日久难免走向没落。

吸收借鉴其他文明成果，要取其精华、去其糟粕，反对妄自菲薄、全盘西化、囫囵吞枣。坚持文明交流互鉴并不是说要对西方的思想文化不加辨别地照单全收。任何文明都不是十全十美的，也不可能一无是

---

① 《毛泽东选集》（第 2 卷），人民出版社 1991 年版，第 706—707 页。

处；内容有适合中国的，也有不适合的。今天，对于西方文化，如果不加辨别地全盘接受，奉行拿来主义，其结果只能是危及自身发展。近代以来的中国历史告诉我们，不考虑中国国情，照搬外国理论和做法都是削足适履、刻舟求剑，最终都只能是镜中花、水中月。吸收借鉴外来文化，使其成为自身文化的内容，需要立足中国实际，经过一个咀嚼消化、选择性吸收的过程。良好的消化吸收过程才能把其转换成有利于我们身体健康的养分。生吞活剥，不经过咀嚼和肠胃运动，囫囵吞枣地咽下去，只会伤害自身健康。对西方哲学社会科学、文学、艺术等，要坚持用马克思主义的方法对其分析和鉴别。不加鉴别和批判地引进西方文化，中国是吃过亏的。要增强文化鉴别选择能力，加强文化整合能力，实现文化创新发展。只有从本国本民族实际出发，对外来文化进行甄别，取长补短、择善而从，开展更多文明相互学习借鉴，在借鉴中兼收并蓄、去粗取精、去伪存真，才能从根本上提升一个民族和国家的综合竞争力和文化软实力。

吸收借鉴外国优秀文化成果，要做到中西合璧、融会贯通。吸收借鉴外国优秀文化成果，绝不是把外国文化简单移植过来，也不是把外国文化和中华文化简单相加。再优秀的外来文化资源，照搬照抄都难以解决中国问题，一定要结合本国实际加以创造性地改造、升华，才能实现自身的发展壮大。中国的白话文、芭蕾舞、话剧、现代诗歌等都是既借鉴外国优秀文化，又进行了民族创造的成功案例。毛泽东同志在谈到吸收借鉴西洋音乐的时候指出："音乐可以采取外国的合理原则，也可以用外国乐器，但是总要有民族特色，要有自己的特殊风格，独树一帜。"① 习近平同志也指出："只有坚持洋为中用、开拓创新，做到中西合璧、融会贯通，我国文艺才能更好发展繁荣起来。"② 因此，我们要尊重文化与文明的生态多样性，推动文化与文明间的相互交流、学习、借鉴，实现中西合璧与融会贯通，创造出具有中国风格、中国气派的文化作品，展示中华文化魅力、传播当代中国价值观念、塑造国家形象、提高国际话语权。

---

① 《毛泽东文艺论集》，中央文献出版社 2002 年版，第 147 页。
② 习近平：《在文艺工作座谈会上的讲话》，人民出版社 2015 年版，第 26 页。

第四节　坚持创造性转化和创新性发展

"传统与现代、传承与创新、文化的民族性与时代性之间的关系问题，是文化的基本问题之一，也是任何一个时代都必须面对和解决的问题。"① 中华优秀传统文化是中华民族的宝贵文化财富，如何传承中华优秀传统文化是中国近代以来的一个文化焦点问题。近代以来，古今关系、中西关系等问题一直是中国思想界关注讨论甚至争论的焦点之一。许多著名学者都提出过一些有影响的方法，如"中体西用"的方法、"抽象继承"的方法、"综合创造"的方法等。也出现过"全盘西化""以反传统来继承传统"等错误观点，这些错误观点导致中华优秀传统文化在近代历经磨难。今天，相关争论仍未停止。

传统是生长的、日新的、活的生命。传统不是凝滞的历史，而是活在今天的过去。中国文化几千年的发展史，就是既尊重自己的传统，同时又不断转化与创新的历史。中国共产党成立后，十分重视中华优秀传统文化的传承发展，提出和实施了许多弘扬中华优秀传统文化的方针政策。党的十八大以来，习近平总书记高度重视传承中华优秀传统文化。习近平总书记指出："要处理好继承和创造性发展的关系，重点做好创造性转化和创新性发展。"② 为此，我们要尊重传统，守望传统，也要理性地面对传统，反省传统，增进文化自觉，合理推进其现代转化，让中华优秀传统文化在继承中发展、在发展中继承，从而使传统文化的基因和核心理念与新时代的语境和鲜活实践相适应，与现代性要求和现代社会发展相协调，让中华文明在革故鼎新中再谱新曲、再创辉煌。

一　中华优秀传统文化的既有性与时代性

马克思在《〈政治经济学批判〉序言》中指出："物质生活的生产方式制约着整个社会生活、政治生活和精神生活的过程。不是人们的意

---

① 关健英：《旧邦新命与文化传统 ——兼论中国传统文化创造性转化与创新性发展》，《苏州大学学报》（哲学社会科学版）2015 年第 6 期。

② 《习近平谈治国理政》，外文出版社 2014 年版，第 164 页。

识决定人们的存在，相反，是人们的社会存在决定人们的意识。"① 也就是说，任何文化的产生和发展都是由一定的社会生产方式决定的。人的本质在其现实性上乃是一切社会关系的总和，作为社会意识的文化在本质上不过是一定社会的政治和经济的反映，反过来又为一定社会的政治和经济服务。这里需要注意两点。其一，不能对唯物史观的物质决定论做简单化理解和线性解读，马克思主义在强调物质生产方式起决定作用的同时，也高度重视促进人类社会发展的其他因素与机制；其二，文化并非消极被动地受制于社会存在，具有相对独立性及自身发展规律。

人们总是在既定的历史条件下创造历史。任何国家和民族的时代条件都不是抽象的，而是前人实践活动的结果。对中国人而言，中华优秀传统文化是中国历史在长期发展中形成的既有力量，是我们无法回避和逃避的力量。中国是世界文化的发祥地之一。中华传统文化起源于农业生产实践中的农耕文明，根植于中国特定的地理条件、生产生活方式、社会结构、政治环境，是各族人民在漫长的历史进程中共同创造的，又在几千年的发展演变过程中被不断赋予意义和价值，形成了体现中华民族特色和禀赋的传统。中华优秀传统文化虽然历经岁月沧桑，却总是能够吐故纳新，保持自身的活力，在传承中发展，形成了一个相对稳定的生存系统，延续至今，塑造了一个独特的中国。今日之中国是从古代中国发展而来的。今天的文化创造也不能脱离历史一脉相承的连贯性，因为传统会潜移默化、润物无声地渗透在民族血脉之中，成为我们的文化基因。基因是根脉，是抗体。文化基因赋予一个民族不同于其他民族的独特的文化性格和文化气质，是一个民族重要的文化软实力。和而不同、厚德载物、协和万邦等，这些都是中华民族与生俱来的文化基因。中华民族形成了自己理性而温情的性格和宏大视野。今天，我们要实现精神自主，实现文化自信自强，绝不能割断历史、否定传统，而应该遵循马克思主义的方法给以批判的总结，在传承中实现发展，在发展中更好的实现传承。

中华民族延续发展至今，有着不同于以往的新的时代特点。今天，中华优秀传统文化之所以依然具有如此顽强的生命力，能够对当今社会

① 《马克思恩格斯文集》（第2卷），人民出版社2009年版，第591页。

持续的发挥着影响，并不只是因为它是我们源远流长的既有的宝贵遗产，更是因为它始终在不断发展、与时俱进，具有鲜活的生命力和强烈的时代价值。中华文化历史上虽屡受冲击，饱受磨难，但薪火相传，不绝如缕，始终顽强的保持着自身独立的系统，保持着精神气质上的连续性。中华优秀传统文化在发展过程中，吸收了不同时代的养分和精华，生命力才更加旺盛。黑格尔认为："传统并不仅仅是一个管家婆，只是把它所接受过来的忠实地保存着，然后毫不改变地保持着并传给后代。它也不像自然的过程那样，在它的形态和形式的无限变化与活动里，永远保持其原始的规律，没有进步。"① 任何民族的历史文化都不是僵死的历史残片。传统与现代不是截然分开、相互隔绝的，而是你中有我，我中有你，纠葛在一起的。今天是负载着传统的今天，传统是活在今天的传统。传统虽然是在漫长的历史岁月中积淀而成的，是过去的遗存，但传统也是发展的，是生长的、日新的、延传至今的生命，对今天人们的生产生活实践产生持续性弥漫性的影响。传统不是一个简单的"过去时"概念，是指传承至今并存在于当下生活，对当今社会生产生活具有意义和价值的"有生命的"过去。只有延绵至今并活化于当世的文化才是"传统"，在历史中死去或沉睡的东西构不成"传统"。传统文化既是历史的回音，又是现代化的号角。

今天，在中华民族伟大复兴的时代背景下，优秀传统文化成为我们实现文化创新的重要思想资源，是现代化建设的重要推动力，展示出了强烈的时代价值和生命活力。今天的中国，正以更加自信、更加从容的姿态走向世界舞台的中心，古老的中华优秀传统文化愈发光彩夺目，彰显出鲜明的文化个性魅力。

总之，实现优秀传统文化的创造性转化与创新性发展，就需要正确认识、妥善处理文化的既有性和时代性的关系，或者称之为民族性和时代性的关系，也就是继承与创新的问题。文化的民族性与时代性不是二元对立的，而是辩证统一的，统一的基础是实践。文化是人们实践活动的产物，文化的民族性与时代性相统一是建立在实践的延续性与发展性

① ［德］黑格尔：《哲学史讲演录》（第1卷），贺麟、王太庆译，商务印书馆1959年版，第8页。

基础上的。自近代西学东渐以来，如何处理好这二者的关系一直是中国思想界面临的一个难题。文化的既有性和时代性是相互蕴含，辩证统一的。既有性是文化之源，时代性是文化之流；既有性是孕育文化的精神基因，时代性是文化发展的内驱力。二者关系处理得好，传统文化就既能薪火相传、保持自我，又能与时俱进，不断创新。在中国历史上，凡是能够处理好时代性与民族性关系的时代，文化就会呈现出磅礴恢宏的气象，就会拥有高度的文化自信，比如盛唐。

二 创造性转化：激活传统文化的生机活力

"文变染乎世情，兴废系乎时序。"（刘勰《文心雕龙·时序》）任何时代的文化作品，其内涵和形式都不可避免地具有时代的烙印。中华优秀传统文化产生、发展于中国古代，主要是一种农耕文化和封建文化，其内涵和形式也必然有其时代特征。今天，人民群众对文化的内容和形式有了新的需求。中国特色社会主义进入新时代，我们学习优秀传统文化，不可能简单照搬。毛泽东同志在谈到传统文艺和当代文艺的关系时指出："对于过去时代的文艺形式，我们也并不拒绝利用，但这些旧形式到了我们手里，给了改造，加进了新内容，也就变成革命的为人民服务的东西了。"① 推动创造性转化和创新性发展，在思想内涵上要赋予中华优秀传统文化以新的时代内涵，在文化形式上要赋予中华优秀传统文化新的表达形式。

习近平总书记指出："创造性转化，就是要按照时代特点和要求，对那些至今仍有借鉴价值的内涵和陈旧的表现形式加以改造，赋予其新的时代内涵和现代表达形式，激活其生命力。"② 对中华优秀传统文化的创造性转化是以服务现实为旨归，在整理、筛选中华优秀传统文化母体的基础上，与时俱进地对其内容和形式进行现代解读和当代转化，使其与现代社会接轨、与人民需求合拍，让其内在价值体系适应当代社会发展需求，从而为今天所用、为今人所用、为现实所用。也就是说，创造性转化是促进优秀传统文化的现代转型，重在"继往"和"转化"。

---

① 《毛泽东选集》（第3卷），人民出版社1991年版，第855页。
② 中共中央宣传部：《习近平总书记系列重要讲话读本》，学习出版社、人民出版社2016年版，第203页。

要根植于传统文化的思想精髓和核心价值理念，通过内容、形式等层面的创造、转化和更新，推陈出新，激活传统文化母体的生命力，使活起来的"传统"走向"现代"，走进现代人的日常生活，使中华民族最根本的文化基因得以传承。即既要以传统文化为本体，遵循文化发展的一般性，促使其自我更新，保持民族文化的连续性；同时，又要结合现代社会需求，赋予传统文化新的时代内涵与当代形式，实现传统文化的自我超越与发展。只有这样，传统文化的转化才服务于社会主义文化建设的需求，才能有助于提升人民群众的文化素养。

对中华优秀传统文化的创造性转化主要包括两个方面。一方面，内容的创造性转化，就是基于马克思主义的立场和当代中国实践境遇，分梳出至今仍有借鉴价值的传统文化精髓内涵，并在文化创造中赋予其新的时代内涵和时代气质，实现文化内容的现代性发展。如先秦诸子百家中的法家学派的"法治"思想，对中国历史影响很大。但法家学派的"法治"思想的出发点是维护封建专制制度，和现代意义上的"法治"思想有着根本区别。今天，依法治国成了国家治理的主要方式，必须赋予中国传统"法治"思想新的时代内涵。习近平总书记本人就非常擅长古典今论，经常引用中华经典名著名篇表达中国内政外交的立场、观点，是对中华优秀传统文化创造性转化的典范。他用"为政之要，惟在得人"说明人才是党执政兴国的根本性资源；援引"吏不廉平，则治道衰"来说明廉洁对国家治理的作用；用"法者，治之端也"来强调法治是治国理政的基本方式；用"宰相必起于州部，猛将必发于卒伍"来说明干部成长规律；引用"备豫不虞，为国常道"来说明治国理政要有忧患意识。

另一方面，形式的创造性转化，就是通过现代载体和现代表达方式呈现已经过创造性转化的传统文化精髓，使中华优秀传统文化的表现形式更加符合现代人的习惯，使其更易使现代人接受，提高传承效果。中国古代，文化主要通过文字的形式承载，但古代典籍的语言让很多人望而生畏。今天，音视频成了文化传播的重要载体。因此，对优秀传统文化的创造性转化，还要从形式上做工作，赋予其现代表达形式。要把古代语言转化为简明生动的现代语言，在语言转化过程中，应追求"信、达、雅"的标准，尽量追求传统文化的民族味道。可以将文字内容转化为影音内容，但也要避免歪曲、恶搞性质的转化。纪录片《舌尖上的中国》，通过影像呈现传统饮食乃至中华优秀传统文化博大精深的内容，较好地实现了传统文化形式的现代转化。在传统文化形式的现代转化方面，要避免生吞活剥、囫囵吞枣，也要避免徒有其表、画虎类犬。

总之，"'创造性转化'以激活传统文化生命力为目标旨归"。① 通过对传统文化中具有当代价值的文化资源进行创造性转化，将传统文化当中"囿于封建时代的东西剔除出去，把超越其时代的精神解放出来"，② 使其内涵适应当代实践需求，形式符合当代人习惯，从而真正激活传统文化当中有价值的因子，使得传统文化真正渗透到当代人的日常生活里，潜移默化地影响当代人的精神家园和行为实践，融入人民"日用而不觉"的价值观，从而增强传统文化的凝聚力，把传统文化真正传承下去，成为中国特色社会主义文化的渊源性资源。

三 创新性发展：着力赋予传统文化新的时代气息

习近平总书记指出："创新性发展，就是要按照时代的新进步新进展，对中华优秀传统文化的内涵加以补充、拓展、完善，增强其影响力和感召力。"③ 由此可以看出创新性发展坚持辩证唯物主义和历史唯物主义的立场、观点和方法，以服务于新时代中国特色社会主义现代化建设需要为实践指向，以传统文化的时代性发展为追求，以创新为动力，在充分尊重传统文化的本质特征与思维特质基础上实现时代性提升，形成新的文化形态和文化样式，让传统文化有机融入现代社会，以期推进中华文化系统性整体性发展，构建中华民族共有精神家园，解决时代问题，增强国人的文化自尊与自信。也就是说，创新性发展重在"开来"和"发展"，是在新的时代背景下，立足于中国，立足于当下，着眼于未来，着眼于世界，对中华优秀传统文化创新发展并生成新内容的过程，从而使中华传

---

① 李新潮：《中华传统文化"创造性转化、创新性发展"思想研究》，博士学位论文，兰州大学，2021年，第108页。
② 丁立群：《马克思主义时代化的基本路径》，《哲学动态》2016年第6期。
③ 中共中央宣传部：《习近平总书记系列重要讲话读本》，学习出版社、人民出版社2016年版，第203页。

统文化从"现代"走向"未来"。从本质来看，中华优秀传统文化的创新性发展是在以中国式现代化推进中华民族伟大复兴的时代背景下，在继承的基础上实现新的飞跃，形成新的文化样态，而不是简单的继承与转化。"'中华优秀传统文化'是底色，'发展'是追求，根本特征是'创新'，旨归不只是'服务'，重在提炼出融入现代社会形态的新内容，这些新内容一头联结着传统文化，一头则进入到了新文化体系之中。"① 只有在创造性转化基础上实现提升和超越，才能使中华优秀传统文化的核心要义和表现形式实现质的飞跃，才能解决当今时代问题，增强当今中国人的文化自觉与自信。

"所谓创新性发展，是指中华传统文化的提升超越，重在阐发立足现实并解决当今时代问题的创新内容。"② 冯友兰认为要以"抽象继承法"传承传统文化，即力求抓住传统文化的思想精髓并不断赋予其新内涵。要保持中华优秀传统文化的生命力，就要结合时代语境更新丰富其内涵意蕴。也就说是要"以古人之规矩，开自己之生面"，不仅要"照着讲"，传承传统文化的思维特征，更要在发展的基础上"接着讲"，往前走，赓续中华民族的集体文化记忆。比如，和合哲学是中国传统哲学中最具生命力的文化内核，是中国文化的基本精神之一，蕴含着协和万邦的交往准则、和而不同的文明理念、和合共生的发展愿景、天下大同的社会理想等思想意蕴。习近平总书记非常重视对中国传统和合思想的传承发展，并对其作了深入系统全面的科学阐述。习近平总书记在深刻洞悉国内外形势、密切关注全球命运的基础上，萃取"和而不同"等理念的思想精髓和价值旨归，并将其与马克思主义共同体思想相结合，提出打造和衷共济、合作共赢的人类命运共同体，真正体现了对优秀传统文化的传承与创新，为构建和谐共生的国际秩序、促进世界繁荣进步贡献了中国智慧，成为全人类共同前进的方向。再如，民本思想是中国古代政治文化中最具特色的内容，早已内化为中华民族深层次民族文化心理。民本思想在古代主要体现为民惟邦本、民贵君轻、政

① 商志晓：《中华传统文化创造性转化创新性发展的哲学审思》，《光明日报》2017年1月9日第15版。
② 商志晓：《中华传统文化创造性转化创新性发展的哲学审思》，《光明日报》2017年1月9日第15版。

在养民等方面。习近平总书记科学继承了传统民本思想的精华，创造性地提出以人民为中心的发展思想，既实现了对传统民本思想的科学传承和文化赓续，又实现了对传统民本思想的本质性超越。

也许有人会说既然"创新性发展"重在立足现实、面向未来从旧文化中发展出新内容，那为什么不直接创造出一个全新的文化来呢？与其用旧瓶装新酒，何不直接造新瓶装新酒呢？这是因为传统是创新的滋养。传统积淀着一个民族的根脉与灵魂，是一个民族生生不息的文化基因，是无法割断的。文化传统是我们浸润其中的生活背景，是活在今天的过去，影响着我们的生活方式和心理模式。任何民族的民族之根和民族之形是不能被连根拔掉的。对今天的中国文化而言，如果缺少了民族之根与民族之形，所谓中国特色、中国气派、中国风格就无从谈起。创新离不开传统的滋养。只有立足于时代，推陈出新让传统"活"在今天，文化才能有勃勃生机，才能走进现代人的日常生活。事实上，中华文化在历史上一直是一个不断发展和与时俱进的文化系统。随着生产方式的变化，中华文化的内容和表达形式都在不断创新。中国历史上的礼仪迁革、汉字简化、白话文运动等都是中华文化不断适应时代和实践发展的典范，是中华文化既继承传统又推陈出新的成功范例。

总之，"'创新性发展'以增强传统文化影响力和感召力为目标旨归"。① 创新性发展是在创造性转换的基础上，补充丰富、拓展完善中华优秀传统文化的内涵意蕴，优化中华文化系统的内在结构，从而增强传统文化影响力和感召力。"创新性发展"不仅立足当下，着眼未来，着力延续和推进中华文化这一整体系统的未来发展，使优秀传统文化能够更好地应对时代挑战、引领社会风尚、丰富当代人的精神世界；"创新性发展"还要立足中国，放眼世界，将传统文化中具有超时空、跨国度的全人类共同价值挖掘出来，并将这种传承中华优秀传统文化又弘扬时代精神、立足本国又面向世界的文化创新成果传播出去。

---

① 范鹏、李新潮：《界定与辨析："创造性转化""创新性发展"的内涵解读》，《兰州大学学报》（社会科学版）2021 年第 2 期。

第六章　中华优秀传统文化的
传承体系构建

今天的中国，正以中国式现代化全面推进中华民族伟大复兴。世界现代化运动具有高度的复杂性。中国式现代化不仅取得了史无前例的发展成就，而且开辟了现代化的中国版本，丰富和发展了世界现代化理论，为世界现代化运动做出了新探索。中华民族伟大复兴不仅要建设一个现代化强国，更要超越现代性本身，开创人类文明新形态。中国式现代化道路绝非西方现代化道路的照搬照抄，而是一条独立于西式现代化的具有本民族精神气质、符合中国具体国情的发展道路。中国式现代化之所以能够较为成功地避开西方式现代化陷阱，除去马克思主义的科学指导外，一个非常重要的原因在于中华民族有着自己独特的传统文化根基。也就是说，中华优秀传统文化与社会主义核心价值观所具有的契合性，是中国人民能够创造中国式现代化道路的深层历史文化原因。

民族的复兴必然与文化的复兴相关联。传承中华优秀传统文化是文化自信和自觉的时代体现。文化自信既是基于我们民族苦难和奋斗史的文化自觉与自豪，又是我们民族寻找自身伟大复兴之路文化史的历史展示。文化自信是国家综合国力的重要构成要素，文化复兴是民族复兴的主要内容。1978 年以来，中华民族在阔步走向世界的同时，也在重新认识自我、找回自我。一方面，伴随着对外开放的深入进行，中国取得了举世瞩目的发展成就。今天的中国，已经深度融入全球化进程中，并且日益走近世界舞台的中心；另一方面，在中华民族伟大复兴的语境下，中国人有了更加强烈的文化自觉和文化主体意识，对自己源远流长的传统文化表现出高度的自觉和自信。

2017 年春节前夕，中共中央办公厅、国务院办公厅出台《关于实施中华优秀传统文化传承发展工程的意见》（以下简称《意见》），首次以中央文件形式专题阐述中华优秀传统文化传承发展工作。2021 年 4 月，《中华优秀传统文化传承发展工程"十四五"重点项目规划》出台，绘就未来五年中华优秀传统文化传承发展工作的蓝图。传承弘扬中华优秀传统文化是一个系统工程，也是一个长期工程。党的十八大以来，以习近平同志为核心的党中央站在实现中华民族伟大复兴的战略高度，开创了体系化传承中华优秀传统文化的新局面。传承弘扬中华优秀传统文化需要统筹建设，使其真正内化于心、外化于形、实化于行、固化于制。显然，中华优秀传统文化传承弘扬体系是多种元素组成的复杂系统。只有有效整合传承体系中各种元素，并充分发挥各元素功能，才能实现中华优秀传统文化的有效传承弘扬。

第一节　加强中华优秀传统文化研究阐释工作

传承弘扬优秀传统文化，须对传统文化科学认知、辩证理解与深度阐释。"要提高阐释研究水平，增进科学认知，既要知其然又要知其所以然，既要知其何为又要知其如何为。"[1]《意见》指出："加强中华文化研究阐释工作，深入研究阐释中华文化的历史渊源、发展脉络、基本走向……着力构建有中国底蕴、中国特色的思想体系、学术体系和话语体系。"[2] 中华优秀传统文化传承发展工程实施以来，中国文化家底逐渐摸清，研究阐发全面展开。

中华文化源远流长、璀璨辉煌。今天中国政治经济社会面貌已经和古代截然不同，但深植于中国人内心的价值体系、思维方式、民族心理等却历久弥新。今天的中国学者有责任以"讲自己""自己讲"的方式研究阐释传统文化，这是传承弘扬传统文化的前提性工作。所谓"讲自己"，是指在这样一个信息互联互通、文化交流交锋的时代，通过深

---

[1]　商志晓：《中华优秀传统文化创造性转化创新性发展的哲学审思》，《光明日报》2017 年 1 月 9 日第 15 版。

[2]　《关于实施中华优秀传统文化传承发展工程的意见》，《人民日报》2017 年 1 月 26 日第 6 版。

入的研究阐释，真正"认识自己"，让中华优秀传统文化重新焕发光彩，增强文化自信和文化自觉；所谓"自己讲"，就是立足中国特色社会主义进入新时代这个基本国情，运用马克思主义的世界观和方法论，萃取传统文化精华，更好地为中国式现代化提供精神动力和智力源泉。

一　科学区分、梳理萃取

优秀传统文化是一个民族不可割断的精神命脉。传统文化诞生于血缘宗法和小农经济的封建社会，内容庞杂、良莠不齐，因而传承弘扬中华优秀传统文化，首先要运用马克思主义的立场、观点与方法，对传统文化进行分析、整理、鉴别，梳理出精华和糟粕，从而萃取精华，清理糟粕。

（一）梳理资源，科学区分

中华传统文化产生于农耕文明时代，产生于封建宗法社会，难以避免的具有时代局限性，包含着一些过时甚至糟粕性的内容，这也正是其不能挽救民族危亡、实现民族振兴的主要原因。今天传承弘扬传统文化，要尊重文化发展规律，全面地、历史地、辩证地看待传统文化，不照搬复制，不简单否定，要根据时代和实践要求进行梳理和正确的取舍，使传统文化顺应时代发展潮流，适应现代社会需要。那么，我们应该如何科学地鉴别区分传统文化呢？

1. 要梳理资源，摸清家底

要进行全面的普查统计，建立资源档案，建立完善相关管理制度。近年来，国家统筹实施中华文化资源普查工程、国家古籍数字化工程、传统村落保护工程、非物质文化遗产传承发展工程、中国民间文学大系出版工程、中国经典民间故事动漫创作工程、中华老字号保护发展工程、中国传统节日振兴工程、国家文化公园建设工程、中医药文化弘扬工程等 23 个重点项目，组织编纂《复兴文库》《中华优秀传统文化百部经典》《中国历代绘画大系》等图书，开展可移动文物、古籍文献、美术馆藏品等文化资源普查，健全文物、非遗、古籍等名录体系，进一步梳理传统文化遗产家底。"截至 2020 年，累计完成普查登记数据 270 余万部，占总任务的 94%；累计修复古籍 360 多万页，培训古籍从业人员 1 万余人次；全国累计发布古籍数字资源达 7.2 万部；传承戏曲经典，中国京剧像音像工程录制京剧经典传统剧目350多部，中国戏曲音像工程试录制25部剧目，《全国地方戏曲普查报告汇编》已经成书。"①下一步，要继续分门别类地构建准确权威、开放共享的中华文化资源公共数据平台，加强典籍整理编纂出版工作，进一步摸清文化家底。

2. 评估价值，分类定性

事实上，文化精华和文化糟粕往往杂糅在一起，很难区分界定。季羡林认为："这两个表面上看上去像是对立面的东西，不但不是泾渭分明，反而是界限不清；尤有甚者，在一定的条件下，双方可以相互向对立面转化。"② 但是，区分文化精华和糟粕总得有一个基本标准。"每一个时代和每一个社会都有自己的特殊要求。在政治方面，在经济方面，在巩固统治方面，在保持安定团结方面，在发展文化教育方面，在提高人民的文化道德水平方面，等等，都有自己的特殊要求。……能满足这个要求的前代或当代的理论、学说或者行动，就是精华，否则就是糟粕。"③ 实践不仅是文化发展的源头活水，也是鉴别历史文化精华与糟粕的客观标准。今天，我们传承发展优秀传统文化，是为了服务于当下的实践，是为了解决新时代中国特色社会主义建设的问题，是为了回答当今时代新课题，是为了满足人民群众日益增长的精神文化需要。总之，我们传承发展优秀传统文化，是要为国家富强、民族振兴、人民幸福提供思想资源和精神动力。也就是说，只有核心精神符合当今中国时代和实践要求、与社会主义核心价值观相一致的传统文化才是值得我们继承和弘扬的。当然，这样的标准还是比较笼统，但以此为标准毕竟可以对文化精华和文化糟粕进行一个初步区分，为我们萃取文化精华，清理文化糟粕奠定基础。

（二）取其精华，去其糟粕

中华优秀传统文化自身内容庞杂，近代又遭到西方文化的挑战和一些学者的批判，这很大程度上影响了传统文化的传承和发展。今天我们要秉持客观、科学、理性、礼敬的态度对待中华优秀传统文化。传统文

---

① 《让中华文化展现永久魅力和新时代风采——中华优秀传统文化传承发展工作取得重要进展》，https://www.gov.cn/xinwen/2021-04/12/content_5599130.htm，2021年4月12日。

② 季羡林：《季羡林谈国学：精装珍藏版》，浙江人民出版社2016年版，第97页。

③ 季羡林：《季羡林谈国学：精装珍藏版》，浙江人民出版社2016年版，第98页。

化中有许多糟粕，但精华部分是主体。对待传统文化，我们应当以批判继承的方法，取其精华、去其糟粕。"

关于传统文化的精华，一些学者曾做过提炼萃取工作。张岱年认为"中国文化的优秀传统有丰富的内容，其中最主要的是两个基本思想观点：一是人际和谐，二是天人协调。"① 他还认为："古代唯物主义与无神论传统、辩证思想、人本思想、坚持民族独立的爱国传统，都是中国文化中的优良传统。"② 罗豪才认为，中华民族在长期发展过程中形成了"天下一统的国家观、人伦和谐的社会观、兼容并蓄的文化观、勤俭耐劳的生活观等为主要特征的中华优秀传统文化"。③

《意见》指出了今天传承中华优秀传统文化三方面的内容：核心思想理念、中华传统美德、中华人文精神。这三方面也就构成了中华优秀传统文化的精髓。《意见》也界定了核心思想理念、中华传统美德、中华人文精神的主要内容。

此外，中华优秀传统文化还包括语言文字、科学技术、中医中药等方面的内容，也应对这些方面进行梳理，传承其精华。

传统文化中有精华，也有糟粕，精华和糟粕往往是杂糅在一起的。毛泽东同志在谈到建设新民主主义文化时指出："不破不立，不塞不流，不止不行。"④ 如果传统文化的糟粕得不到清理批判，就会阻碍文化精华的弘扬。清理传统文化的糟粕，是实现传统文化当代价值的基础性工作。凡是阻碍时代进步、社会发展的传统文化，就属于文化糟粕。如"别尊卑、明贵贱"的等级和特权思想，"君为臣纲、父为子纲、夫为妻纲"的三纲伦理，"三从""四德"等封建道德规范，"尊尊、亲亲"的宗法思想，对今天的中国社会仍有一定的负面影响。中国文化中重和谐轻竞争、"不患寡而患不均"等价值观念，不利于竞争和市场经济的发展。还有一些文化糟粕根深蒂固，在当代社会广泛存在，如官僚主义、等级思想等。同时还要注意各种以弘扬传统文化为名，宣扬文

① 张岱年：《传统文化的发展与转变》，《光明日报》1996 年 5 月 4 日第 3 版。
② 张岱年：《中国古典哲学中的优良传统》，《高校理论战线》1993 年第 1 期。
③ 罗豪才：《弘扬中华优秀传统文化　增强民族认同感和凝聚力》，《中央社会主义学院学报》2007 年第 2 期。
④ 《毛泽东选集》（第 2 卷），人民出版社 1991 年版，第 695 页。

化糟粕的现象。比如，"孝"在传统文化中是一个非常重要的概念，但传统社会片面强调子女对父母的绝对服从。现代社会，"孝"依然是道德建设的重要内容，对和谐社会建设具有重要价值。但对于类似"郭巨埋儿"式的愚孝，要批判和摒弃。总之，要认真清理和批判传统文化的糟粕。

总之，任何民族的文化都有优劣之处。要全面、系统、深入地梳理传统文化，搞清楚中华传统文化的特点和优势，搞清楚中华传统文化中过时的、消极的阻碍我们前进的东西。科学辨析精华糟粕，区别优劣得失，既要看历史作用，又要从当下需要分析，以明晰哪些应当继承发展，哪些必须调整甚至摒弃。

二 立足当代、挖掘阐发

传承弘扬中华优秀传统文化，既要对带有自然经济、封建主义、小农意识底色的文化糟粕给予充分批判，又要立足时代，深入挖掘和阐发传统文化中的思想精髓，与时俱进，推陈出新，激活优秀传统文化的生命力，创造出符合当今实践和时代需要的东西，让优秀传统文化展现出永恒魅力和时代风采，有机融入现代社会，这对于中华民族伟大复兴中国梦的实现具有重要价值。"挖掘和阐发就是要从当代的政治、经济、科学、社会、文化生活的需要去看，使古代文化的意义能与现时代联结起来。"①

（一）立足实践，挖掘阐发中华优秀传统文化精髓

毛泽东同志指出："如果有了正确的理论，只是把它空谈一阵，束之高阁，并不实行，那末，这种理论再好也是没有意义的。"② 同样，中华优秀传统文化的传承发展应以服务现实为要旨。也就是说，传承中华优秀传统文化的根本目的是指导实践、为实践服务，接受实践的再检验。以中国式现代化推进中华民族伟大复兴是中华民族的重要实践。要从中国特色社会主义建设的需求出发，立足当前社会实践和社会发展的实际问题与时代主题，对传统文化进行挖掘阐发。

① 陈来：《中华优秀传统文化的传承与发展》，《光明日报》2017年3月20日第15版。
② 《毛泽东选集》（第1卷），人民出版社1991年版，第292页。

优秀传统文化与时代的关系，有的并不直接，需要从新的视野来考察分析、挖掘阐发，才能赋予、展示现代人觉得重要的价值含义，才能显现出其时代意义，如天人合一。每个时代都有每个时代的问题，根据时代需要更新对文本的理解，赋予其适用于今天的意义才是创造性的继承。在大力推进中国式现代化的历史进程中，我们需要立足于社会主义现代化建设的伟大实践，保持传统与现代对话的开放姿态，使传统文化的内容升华为今天我们可以利用的当代价值，创造性地用于当下时代的需要，让中华优秀传统文化精神在新的时代语境中得到合理彰显和顺利表达。传统文化的命题从不同视角看有不同的意义，传统文化的"文本"从来都不是僵死固化的"客体"，而是向不同解释者敞开的意义结构，关键是我们以什么样的视角去理解、挖掘、阐发它们。也就是说，挖掘和阐发是实践主体和文化客体之间互动的关系，传统文化的意义不是一成不变的，是随观察视角的变化呈现的。

挖掘和阐发应在以下几个方面的内容下功夫。要大力弘扬中华优秀文化的价值观，使中华文化讲仁爱、重民本、守诚信、崇正义、尚和合、求大同的价值观成为涵养社会主义核心价值观的基础和源泉。要深入挖掘中华优秀传统文化治国理政的经验，如民惟邦本、政者正也、德主刑辅、礼法合治、居安思危等智慧，作为今天的启示和镜鉴，以利于国家治理体系的改进和完善。要努力传承和弘扬中华传统美德，中华传统美德是中华文化的精髓，蕴含着丰富的思想道德资源，如孝悌忠信、礼义廉耻，自强不息、厚德载物，仁者爱人、与人为善，努力促进中华传统美德的创造性转化、创新性发展。要充分继承和发扬中华文化中有利于调理社会关系、鼓励人们向上向善的思想文化内容，引导人们树立和坚持正确的历史观、民族观、国家观、文化观，增强做中国人的骨气和底气，培育文明风尚和社会氛围。

（二）推陈出新，创新拓展传统文化的内涵

挖掘和阐发传统文化中的思想精髓不是简单的复古，不是仅研究清楚古代文本的表面意义或作者的原意，而是要根据新的时代和实践需求，将时代价值和时代精神有机融入传统文化之中，丰富、更新、升华其内涵，建构性地将原有文本阐发为符合现代社会需要的积极意义，实现传统文化内容的现代性发展。局限于字面、本源意义，已经不能适应当代社会的需要。中国共产党的全面建成小康社会、"江山就是人民，人民就是江山"等政治理念，是在新时代条件下对传统民本思想的创新、丰富和发展，赋予了民本思想新的时代内涵。"一带一路"倡议和人类命运共同体思想是对中国"和合"思想的创造性转化。同时，还要对传统文化进行扬弃式重构。传统文化是中国社会发展的历史积淀，是世世代代中华儿女的智慧结晶。但传统文化也不可避免的有时代和历史的局限性，包含着陈旧过时甚至糟粕性的内容，因此，要有区别地加以对待。例如，"忠""孝"等传统道德观念，今天依然有重要的现实价值和社会作用。但是，这些传统道德观念良莠混杂，我们要批判其中蕴含的封建性糟粕，推动其创造性转化和创新性发展，使其具有新的时代内涵、焕发出新的时代精神。

（三）立足人民，创新发展话语体系

新时代传承弘扬中华优秀传统文化，必须坚持"以人民为中心"的工作导向。文化自信不是仅对知识分子、文化人说的，更是对全体人民说的。只有全体人民特别是年轻一代能够普遍树立文化自信，能正确认识传统文化和当代文化，文化自信才能真正成为更基础、更广泛、更深厚的自信。文化认同和文化情感体现在人们日常生活中的一言一行。新的时代、新的实践、新的受众必然要求中华优秀传统文化有新的话语体系，让当代人能够理解和接受，从而提高优秀传统文化的吸引力与影响力。为此，我们不仅需要重视经典文本的学术研究，更应重视中华优秀传统文化话语表达的时代化和大众化，构建具有中国风格和时代特色、开放多元的优秀传统文化话语体系，使传统文化真正成为当代中国文化环境的重要构成因素，潜移默化地培养起民众的民族文化情感。

第一，要推动传统文化话语表达时代化。每种文化都有自己的话语系统。由于时代的局限，中华优秀传统文化原有的话语体系与当代社会的话语体系有着很大区别，很容易让受众产生隔阂与疏离感。中华优秀传统文化只有形成与现代语境相适应的话语表达体系，才能被现代人理解和接受。传统文化话语体系的创新要与当代中国马克思主义的文化语境相适应，将经典的传统话语融入现代生活语言之中，形成一种自洽的话语语境与表达方式。"要从实践出发，不断概括、提炼出符合中国当下国情和时代要求、具有中国特色的中华优秀传统文化新表述、新话语，精准、清晰描述新实践、表达新思想、阐述新见解，以现代社会的语言、话语方式及话语风格表述、阐释优秀传统文化，推动优秀传统文化话语表达与时俱进。"①

第二，要推动传统文化话语表达大众化。这是中华优秀传统文化在当代社会传播普及和转化创新的必然要求。真正优秀的文化一定是能够走进生活的文化，是在实践中不断发展创新的文化。泱泱中华，历史悠久，文化博大精深。传统文化不是阳春白雪，不是摆设，不是象牙塔里的文化。我们传统文化只有飞入寻常百姓家，才能成为滋养民族灵魂的营养。如果我们的传统文化，仅仅只待在故纸堆里、存在于博物馆里、存在于图书馆里、存在于舞台上、存在于学者们的书斋里或研讨会上，那么，它已经失去了生命力，失去了活力，失去了未来。也就是说，一种文化要能够影响和改造世界，就必须走进群众。文化要走进大众的一个必要条件就是要符合群众的认知能力和习惯。这就要求其表达要通俗易懂，要贴近大众生活。中华优秀传统文化内容厚重、内涵深邃，很多人对其望而生畏、敬而远之。文化学者龚鹏程指出："由时代的大趋势上看，政经社会体制的改造，已重新创造了一种新的生活，那原先与我们的生活生命相联结相融贯的传统文化，早就浑沌凿破……仅余的那几声文化保存之呼喊，听来宛若骊歌。虽然情意绸缪，矢言弗忘，可是行人远去，竟是头也不回的了。"② 如果没有老百姓喜闻乐见的表达话语和表现形式，传统文化就会面临湮没无闻的危险。在坚持正确价值导向的前提下，对优秀传统文化的典籍进行通俗化、大众化的诠释解读，让晦涩难懂的古代语言变得通俗易懂、生动活泼，能够引起当代人的共鸣，使优秀传统文化更好地进入当代人的生活。通过使用大众化、年轻化、时尚化的传播方式，让传统文化"活起来"，以时尚有趣的形象走进民众的精神世界，激活传统文化魅力，增强其感染力和吸引力。很多传统文化在其时代属于高雅文化，局限在上层社会，无法走进大众。今天，通过借助前沿科技对传统文化进行时尚化重构，打造更多人民群众喜闻乐见的文化产品，"活化"传统文化资源，消弭雅俗界限，让中华

① 王丽霞：《中华优秀传统文化创造性转化和创新性发展路径探析》，《山东社会科学》2021年第11期。
② 龚鹏程：《中国传统文化十五讲》，北京大学出版社2006年版，第1—2页。

优秀传统文化拥抱现代生活，在更广泛的社会层面传播。

第二节　加强中华优秀传统文化传承方式建设

传承方式在传统文化的传承体系中居重要地位。加强传承方式建设，对于促进传统文化的有效传承十分重要。今天加强传统文化的传承方式建设，既要加强民间传承、教育传承等传统传承方式的建设，也要通过数字化等现代开发利用方式有效传承传统文化。

一　完善民间传承方式

将中华优秀传统文化蕴含的思想理念、人文精神等通过适当的大众化，融入大众日常生活是一项极为重要的工作。文化主要存在于人民的日常生活当中。文化自信是全体人民的自信。对一种文化而言，当其价值理念、行为规范内化进百姓的日常生活，体现在百姓生活的衣食住行和日常交往中，成为百姓日常生活的指引、依据和规范，成为百姓心理共识和行为自觉时，文化传承的意义才更为凸显。如果传统文化远离老百姓的日常生活，只停留在经典文献上，只为少数专家和学者所理解，就不能全面发挥文化的作用。文化自信就会变成一句没有实质内容的口号。"文化自信应该包括日常生活继承传统中的有教育意义、有民族凝聚力的传统良风良俗和作为民族标识文化符号的节日。尤其是要把优秀文化转化为社会文明、转化为个人的文明行为。"① 只有全体人民特别是年轻人能正确认识传统文化和当代文化，文化自信才能根植于人民，才会有最广泛的群众基础。

文化情感是世俗的。对普通大众而言，风俗传统、礼仪规范、经验习惯、约定俗成的交往规则比任何文化典籍都更具权威性和影响力。为此，让传统文化和现代人的日常生活水乳交融，对传统文化的传承具有极为重要的意义。在中国传统社会，传统文化体现在百姓日常生活举手投足间，呈现出"日用而不觉"的状态，中国传统社会展现出了独特的生活面貌。中国传统社会"是一个熟悉的社会，没有陌生人的社会。

① 陈先达：《中国传统文化的创造性转化和发展》，《前线》2017年第2期。

熟悉是从时间里、多方面、经常的接触中所发生的亲密感觉。这感觉是无数次的小摩擦里陶冶出来的结果。"① 传统社会，小农经济稳定发展，百姓生活模式长期稳定，人们的实践活动也具有重复性，世世代代的人基本是在生活中自然而然地模仿学习日常生活规则和生产生活的方式。作为一个封闭的社会，人们遵照熟人社会、人情社会的生存规则交往生活。经过现代性的洗礼，今天的中国社会已经不再是建立在自然经济基础之上的传统社会，人与人之间的关系也不再局限于农耕文明时代的熟人社会，中国社会正从熟人社会转向陌生人社会。

传统文化的民间传承建设本质上是重建"人伦日用"。今天的中国，传承中华优秀传统文化，不仅需要理论反思与文化积淀，更需要融入日常生活和社会实践。"作为中国问题，当代中国重建人伦日用的主要任务在于，立足现代中国的社会实际，整合马克思主义与中华优秀传统文化等文化资源，重建具有中国特色和现代意味的人伦日用体系。"② 传统文化的民间传承主要是采取言传身教的方式，即通过家庭教育的渗透、乡规民约的生成、风俗习惯的影响等方式践行优秀传统文化的生活理念、价值取向和伦理规范，使传统文化进入到以日常生活为代表的感性世界。需要注意的是，今天通过民间传承的方式传承传统文化，是在现代社会的基本语境中实现传统文化进入当代人的日常生活，绝不是要复古倒退到传统伦常。"现代社会既规定了重建人伦日用的社会前提，也奠定了重建人伦日用的原则高度。"③

（一）加强家风建设

"家"是中华优秀传统文化中的一个基础性范畴，家文化是中华优秀传统文化的基石，家文化是理解中国 5000 年历史文明和中华民族精神生活的基因密码。梁漱溟认为："家文化乃中国文化的核心及伦理本位之所在，掌握了家文化就可以提纲挈领地理解中国传统文化。"④ 家

---

① 费孝通：《乡土中国 生育制度》，北京大学出版社 1998 年版，第 11 页。
② 张梧：《重建人伦日用：当代中国人学研究的重大课题》，《江海学刊》2022 年第 1 期。
③ 张梧：《重建人伦日用：当代中国人学研究的重大课题》，《江海学刊》2022 年第 1 期。
④ 梁漱溟：《中国文化要义》，安徽师范大学出版社 2014 年版，第 297 页。

国同构是中国传统社会的显著特征，中华文化是家国一体的文化。"中国古代社会的最大特点是以血缘关系为纽带建构起系统而完备的家族宗法制度，并通过嫡子之制、庙数之制、分封之制延伸至国家的政治制度之中，最终形成完备的家庭、家族与国家在组织结构上的高度共通性。这种'家国同构'的基本格局导致了忠孝相通、忠孝同义，致使家庭家教家风建设成为社会和国家存续的道德根基。"① 家风文化是中国传统家文化的核心内容，是中华优秀传统文化的重要组成部分，重视家风是中华民族的优良传统。

"家风，亦称门风、家声、父风等，是家庭或家族的风气、风格与风范，是在累世繁衍生息的过程中形成的较为稳定的生活作风、立身处世之道、道德面貌和价值观念的综合体。"② 随着社会转型发展，以工业化大生产为主的市场经济使城市人口不断聚集，私人领域与公共领域已然深度分化，特别是传统的家族式家庭逐步向小型化、独立化的方向转变，不少传统家风文化日渐流失，传统家风的规范约束作用也日渐式微。中国古人追求人丁兴旺、多子多福、光宗耀祖等。今天，社会节奏和人员流动加快，很多人远离故土，中国人的生育观念和生存方式发生重大变化，生育水平持续走低，丁克家庭涌现，核心家庭成为主要的家庭结构形式，主干家庭和联合家庭比例越来越低，这对中国传统家庭家教家风中倡导的兄友弟恭、勤劳节俭、严谨持家等生活观念产生巨大的消解作用。另外，家庭养老功能的不断弱化对中国传统家风中的"孝亲养老"观念形成持续冲击。但是，无论社会如何发展，我们的工作生活发生了多大变化，绝大多数人都生活在家庭之中。家庭依然是人生的第一课堂，是社会化的摇篮，是人们心灵的根本归宿；家风依然是社会风气的重要组成部分。因此，家庭对文明养成的作用不可替代，家风建设对思想道德建设依然具有不可替代的作用。我们要重视家庭、家风建设，发扬光大优秀传统家庭美德。

家风是家庭世代相传的价值观，是无言的教化，对完善个人道德具有重要意义。好的家风是家庭和谐兴旺的重要保障。家庭在社会发展中

① 靳凤林：《新时代家庭家教家风建设的高质量发展》，《马克思主义研究》2022 年第11 期。
② 陈延斌：《培塑新时代家风的丰厚文化滋养》，《红旗文稿》2020 年第 6 期。

具有基础性作用，家风建设对优化社会风气具有不可替代的重要作用。党的十八大以来，习近平总书记立足时代需求，就家风建设做出了系列重要论述，家风建设的重要性被越来越多的人认同。

中国古代素有重视家风的传统。优秀传统家风文化是跨越时空的宝贵精神资源。传统家风文化是历史的积淀和折射，也是当代家风建设的思想资源和重要底色。中国传统家风以修齐治平为基本理念，以"仁义礼智信"为基本价值取向，以家教、家规、家训等为具体传承方式。我们需要结合新的社会实践和时代要求，自觉对中国传统家教家风进行创造性转化和创新性发展，激活其生命力，增强其时代性和时效性，为新时代家风建设提供借鉴和滋养。

家风是家庭的精神内核。家风淳正，家道隆昌，民风归厚；家风败坏，殃及子孙，贻害社会。要挖掘整理传统家风文化，摒弃其蕴含的封建伦理道德等消极落后的地方，吸纳借鉴其有关立德修身、齐家睦亲、蒙以养正、扶危济困、为人处世等方面的精华，传承家训家教中蕴含着的崇德向善、修身养性，勤俭持家、耕读传家，忠孝廉悌、爱国敬业等传统美德，按照构建社会主义核心价值观的要求赋予其新的时代内涵，为今天的家风培育建设所用。整合社区、单位等社会资源，拓宽传统家风文化的传播。要立足全媒体时代，充分运用互联网技术，采用青年一代喜闻乐见的方式，增强传统家风文化的传播力、引导力和影响力，以增强传播效果。

（二）传统乡规民约要实现现代化转型

传统乡规民约是中国古代政治教化与乡村治理有机结合的产物。中国古代属于典型的农耕社会，乡土社会的稳定对统治者有着极为重要的意义。但是，中国古代的行政治理体系难以延伸到乡村，无法对乡村实行严格而全面的掌控和治理。于是，在由血缘、地缘关系交织而成的传统宗法社会中，乡规民约很大程度上承担起了基层社会治理功能。作为一种非正式制度，传统乡规民约"广教化而厚风俗"，其内容大多和国家法令宗旨相一致，成了国家法的有效弥补力量。也就是说，在传统中国，以乡规民约为代表的民间法和国家法以不同的规则和方式维持着乡土社会秩序，形成了极具特色的"朝野二元治理结构"。由于乡规民约在制定和实施过程中能够充分考虑到风俗习惯、亲情伦理等实际情况，往往能够以较低成本解决传统乡村的种种矛盾、纠纷，起到国家法令难以起到的某些作用，成为维护乡村社会秩序的主导力量。应该说，这种基于乡情、人伦的乡村社会规范与国家法规范并行不悖地发挥着作用，其德业相劝的教化理念、过失相规的惩罚机制、礼俗相交的治理模式、患难相恤的救助体制，在传统社会基层社会治理方面发挥了积极效用。

在中国传统社会，乡规民约体现着儒家文化的精神理念、伦理规范，成为社会的习惯法则，百姓在日常生活中践行、遵守。由于乡规民约将人从出生到死亡都规限以礼，体现在百姓衣食住行、丧葬嫁娶等日常生活的方方面面，成就了中国民间社会的伦理秩序，有效落实了儒家文化的大众传承。传统社会，乡规民约之所以能发挥如此大的作用，是因为传统中国本身是一个熟人社会，依赖礼治秩序，家族制度为其提供了组织保障，民间精英的权威也确保了其作用的有效发挥。

文化自信应包括老百姓日常生活中传承的有教育意义、有民族凝聚力的传统良风良俗。乡规民约是一份优秀的乡土文化，也是一份极具时代价值的历史文化遗产。传承和弘扬乡村优秀传统文化是乡村文化振兴的基础性工程。今天，乡规民约"作为一种传统文化形式，它的生命力取决于融入乡村社会的生活习俗、行为习惯以及日常生活方式的程度尤其是村民对其的内化和依赖程度"。① 现代化是多层面全方位的，它影响到人类思想和行为的所有领域。随着中国现代化进程的不断推进，中国社会、中国农村都发生了巨大变化。今天的中国，城市化水平快速提高，农村生产生活方式日益城市化，人口快速流动，农村精英流失严重，价值观日益多元化，民间权威缺失，人们更多地奉行"陌生人社会"的规则，"乡土逻辑"日益淡化，乡规民约生存和发挥作用的社会基础正在不断消解。

党的十八届四中全会要求发挥市民公约、乡规民约、行业规章、团体章程等社会规范在社会治理中的积极作用。在历史上的中国，儒家文化深刻影响并约束规范着乡民的日常生活。传统乡规民约是中华优秀传统文化的有机组成部分。传统乡规民约中蕴含的"克己修身""勤劳敬

---

① 周家明、刘祖云：《传统乡规民约何以可能——兼论乡规民约治理的条件》，《民俗研究》2013 年第 5 期。

业""人际和谐""孝亲敬老"等价值理念和道德观念延传至今，体现在中国人日常生活的方方面面，成为中国人普遍的社会心理和价值取向，百姓日用而不知，这就是中华优秀传统文化的社会根基，是今天乡村文化建设的重要社会基础。传统乡规民约蕴含着丰富的思想政治教育资源，如孝父母、敬师长、勤职业、尚节俭等，这些在长期历史进程中沉淀下来的行为规范对现代社会有着积极意义，与社会主义核心价值观有内在的一致性。为此，新时代乡规民约建设要加大对中华优秀传统文化的借鉴和继承，结合当代人的精神文化需求，充分挖掘传统乡规民约蕴含的思想政治教育资源，加大社会主义核心价值观在乡规民约中的有效融入，赋予其时代内涵，加速其创造性转化；深入挖掘、批判继承传统乡规民约中蕴含的治理思想，并将其有机融入进当代村规民约之中，在弘扬优秀传统文化中增强乡民的规约认同，助力乡村治理体系与治理能力现代化。结合时代需求，赋予宗祠、书院等传统场所以新功能，如陈列馆、宣传室等，发挥传统乡规民约教化乡民、联系感情的作用，实现传统文化基因与现代社会需求的有效结合。

（三）振兴传统节日

中国的传统节日主要有春节、元宵、清明、端午、七夕、中秋、重阳、冬至等，"是以自然的年度周期为时间坐标，以传统的岁时祭礼与社会生活为基础不断扩充而形成的岁时节庆体系"。[①] 传统节日是特定的人文符记，是中华文明的缩影，是中国人精神特质、审美情趣、伦理关系、价值观念和消费习惯的集中展示，在民族文化的塑造中发挥了无可替代的作用。因其特有的历史文化内涵，传统节日在今天有着特定的文化功用。

传统节日是传统文化传承的重要载体。"中国传统节日是祭祀日、庆祝日与亲情日的复合。"[②] 在全球化时代，周期性出现的传统节日以习俗的方式让民众在同一个时间经历相同的活动，在相同的仪式中体验相同的价值，使人们在耳濡目染中理解和接受传统，强化民族文化记忆和彼此间的心理认同，维护社会有机联系。传统中国是一个饱含伦理文

---

① 萧放：《节庆》，长春出版社 2016 年版，第 2 页。
② 萧放：《中国传统节日资源的开掘与利用》，《西北民族研究》2009 年第 2 期 。

化的社会，中国传统节日始终充满伦理情怀。比如春节，对大多数中国人而言，不论身在何处，都要踏上归乡之路，与家人共度除夕，所谓"有钱没钱，回家过年"，这是因为春节有全家团圆的传统。回家过年是一种仪式，一种共同的价值准则，一种集体的文化记忆，这些让中国人对自己的身份产生认同感和文化归属感。"中国传统节日是对民族文化和民族记忆的一种全民性强化，是延续民族品性、增强民族认同的链条。"①

传统节日也是增强文化自信的重要节点。全球化背景下，中国现代化进程加快推进，跨文化交流增多。为此，我们需要树立文化自觉和文化自信，需要反思自身文化的来源和得失，需要思考民族文化的未来，需要坚守自己的文化传统。我们可以"美人之美"，但切忌丢掉自己的文化血脉。传统节日集中体现了中华优秀传统文化的核心价值，生动展示了中国人的精神世界。中国传统节日中包含的伦理观和价值观持续在中国人的日常生活中发挥着重要作用，在传统节日的各种活动中，人们纪念先人，触摸民族魂灵，回归中华文化的根本。传统节日不断地给今天的中国人提供回归传统、认识自己的机会。通过回归传统，确认文化身份，强化文化认同，树立文化自信。

《关于实施中华优秀传统文化传承发展工程的意见》提出实施中国传统节日振兴工程，要丰富春节、元宵、清明、端午、七夕、中秋、重阳等传统节日的文化内涵，形成新的节日习俗。"今天，我们要利用传统节日弘扬中国传统文化，不仅要倡导文明、和谐、喜庆、节俭的过节理念，充实和丰富传统节日的内容和形式，更重要的是要深入挖掘传统节日的文化内涵，使广大民众了解传统节日的源流及所蕴含的文化精神，唤起国人参与节庆活动的热情，并形成守护精神家园的文化自觉，使中国传统节日成为展示和传播优秀民族文化的重要阵地，成为弘扬和培育伟大民族精神的重要载体，成为满足人民群众精神文化生活需要的重要渠道。"②

1. 充分挖掘节日民俗内涵

中国传统节日有着厚重而多彩的民族文化内涵，承载和传递着中华

---

① 王文章、李荣启：《中国传统节日的文化内涵》，《艺术百家》2012 年第 3 期。
② 王文章、李荣启：《中国传统节日的文化内涵》，《艺术百家》2012 年第 3 期。

民族深厚的历史文化，是中华儿女思想理念、精神信仰、审美取向、道德教化与伦理观念的集中呈现，体现着中国人的精神世界，是世代相传的民族文化标志。节日传统具有超越地域、阶层、时代的意义，节日文化是最具生命力和影响力、最具民族特色的文化。节日的核心行为和核心意义是节日的基础和框架，承载着我们的文化根源，是世世代代中华儿女共同的文化记忆，有力促进着中华民族文化认同的构建和强化。今天，我们传承传统节日，主要传承节日的核心行为与核心意义。随着时代的变迁，节日也会被重构，但只是对节日附加行为和附加意义的重构。然而，在经济社会发生重大变化的大背景之下，许多传统节日的民俗活动、艺术表演、礼仪、仪式等越来越简化，越来越碎片化。核心行为的缺失，会使传统节日失去灵魂。今天，传统节日所承载的中华文化气象日渐式微，传统节日正在成为文化记忆中一种失去内涵、空洞无物的符号。也就是说，失去了文化内涵，传统节日就变成了一个普通的日子。因此，要充分挖掘节日民俗的内涵，把符合现代文明理念、传承文化根脉的文化精髓筛选出来，并进行充分的阐释和宣传，从而唤起民众参与节日民俗活动的热情，并形成守护精神家园的文化自觉。

中国传统节日中蕴含着丰富的伦理资源，第一，要挖掘传统节日文化中蕴含的家庭伦理。中国传统节日大多是家庭节日，过传统节日，一般都要回家。如春节、元宵节、中秋节、端午节等都是团圆节，在团聚中强化亲情关系。很多传统节日都要祭祖，和祖先对话，同样能够加强家族团结。第二，要挖掘传统节日文化中蕴含的社会伦理。如端午节上的一些民俗竞技表演，和竞技体育不一样，参加者对胜负并不太在意，更多是为了交流。共同的表演活动也会增强彼此之间的社会联系和交流，比如七夕，牛郎织女相会，讲的是牛郎织女的爱情忠贞。今天我们可以挖掘这个节日中蕴含的情感忠贞的伦理资源。第三，要挖掘传统节日文化中蕴含的历史伦理。比如清明节，不仅祭祀祖先，还祭祀有功德的人，如先烈；端午节，在祭祀屈原，纪念屈原的爱国情怀，这是我们进行爱国主义教育的重要历史文化资源。鼓励支持民众在日常生活中的向上向善行为，对新的民俗进行引导和宣传，使其成为文化发展的内生动力。

2. 重建传统节日仪式

作家汪曾祺曾说，节日仪式是一个民族集体的精神抒情诗，它里面保养着这个民族常绿的童心。节日是社会生活节奏的标志，是特殊的日子，节日需要节日仪式展示其特殊性。节日仪式是传统节日的象征与灵魂，是民族集体记忆的表达。"节日中的仪式，每年不断重复着既定的内容。其程式化的仪式表演，支撑着节日的有序进行，传递着社会和历史的集体记忆，成为民族文化的象征符号。"① 没有了仪式，节日也就没有了灵魂。因此，复兴节日仪式是振兴传统节日的重要内容。

千百年来，节日仪式是生活化的仪式，节日民俗是我们生活世界的一部分，传统节日实现了自然传承。今天，许多传统节日的仪式和习俗变得越来越简化，有的正在逐渐消失。"闹元宵"的节俗已简化为"吃元宵"的食俗，腊八节只剩下喝腊八粥了。有学者指出："春节的守夜、元宵节的观灯、重阳的登高、中秋的赏月，这些浪漫而又具有丰富文化内涵的活动似乎只成为人们的记忆。在我们的节日中，只剩下了放假和吃饭。"② 随着仪式的简化，传统节俗活动日益碎片化甚至消失，传统节日的文化内涵正在被消解，传统节日正在成为文化记忆中空洞的符号。节日仪式在一定意义上赋予节日以意义和价值。周而复始的节日仪式传递着民族的集体记忆。民众正是在仪式中，反复重温和体味传统、强化民族文化认同的。仪式的缺失是一种精神和传统的缺失，保护好仪式就是保护好传统节日。为此，我们要重视节日仪式对民族文化传承的重要作用，充分发挥其在节日生活中的作用。

要恢复节日仪式的完整性。"仪式的完整性，对于仪式的象征意义的实现至关重要，一个完整的节日仪式才能构成该节日的意义。"③ 许多国家的传统节日都有一套延续至今的传统仪式。如韩国的江陵端午祭，各种传统习俗如祭祀仪式、节日表演相对完整地流传至今天，依然生机勃勃。传统节日仪式成了传统文化传承的重要载体。人们特别是年轻人能够通过参与体验传统风俗展演等节俗活动，认识并理解传统文化

---

① 林慧：《论传统节日仪式在当代的重建》，《湖南大学学报》（社会科学版）2017 年第4 期。

② 林慧：《生活在传统中——论节日遗产在当代的传承与保护》，《文化遗产》2017 年第 2 期。

③ 郑土有：《传统民俗节日仪式的当代建构》，《我们的节日——中国民俗文化当代传承浙江论坛论文选》，浙江人民出版社 2010 年版，第 227 页。

和民俗。传统与现代在日常生活中得以交融和碰撞。日内瓦登城节，完整保留了传统节日仪式。这个过程既是全民同乐的时刻，也是一场生动的历史教育。当前，要给予仪式一个相对良好的生存空间，用特定的仪式填充节日的文化空间，通过重返仪式确认我们的文化身份。要恢复和修复一些重要的节日仪式和习俗，如鞭炮、舞狮、社火、花灯、登高等，让节日回归日常生活，从而更好展现节日内涵，实现对传统节日的活态保护，重塑文化自信。

要创新节日仪式。与时俱进是传统节日在现代社会保持生命力的前提。节日仪式从来都是发展变化的，需要不断创新，使其具有现代性。节日发展从来都是不断创新的结果，今天的传统也许就是昨天的创新。要创新节日仪式的形式、主题，增加新的符合时代需求的现代元素，使传统节日更贴近今天的时代。今天，人口城镇化率逐年增高，未来城市依旧是人口流动的主要方向。传统节日形成于农耕文明时代。在工业化、城镇化、信息化的时代背景下，清明焚烧冥币等节日仪式和传统已经很难开展，还有些传统和仪式已经和现代生活相脱节。一些传统的大型节日活动需要开阔且开放的空间，否则就无法营造出原有的仪式感和神圣感，但人口密集的城市显然无法提供这样的空间，且现代城市管理必须要考虑治安、环保等诸多问题。因此，要让传统节日在现代社会依然能够生机勃勃，就必须创新节日仪式，使节日仪式与现代社会接轨。要积极和现代媒介相结合，建构新的节日空间，建立新的节日仪式。央视每年的春晚成了全球华人的新的春节仪式。

3. 要与现代生活相适应

要在传统习俗的基础上形成新的民俗规范，融入人们日常的观念和行为中，使传统节日文化作为一种生活的常态，成为中国人生活的一个部分，成为全民族文化自觉与文化自信的标志。文化传承是一个新陈代谢的过程。中西方的传统节日都在不断发生变化。今天我们的节日传统，也是历史上节日不断发展创新的结果。如端午节本来是驱邪避疫、祈求平安的节日，但在六朝时期由于历史时势，人们将它与爱国诗人屈原联系起来，将龙舟竞渡与节日食粽的习俗都解释为追悼屈原，从而将一个普通的民俗节日上升为一个具有重大伦理意义的重要节日。现代社会，缺少新意的节日很难有吸引力。传统节日要进行适当的现代性转换，使节日形式，特别是节日精神更贴近时代，与时代接轨，否则就会和我们的日常生活渐行渐远，不可避免地走向衰落。要增加新的符合时代需求的活动内容，要与现代人的文化需求相适应，与现代传播手段相适应。

各级政府要主动策划适合现代城市生活的节日活动，活动要满足城市的安全和环保要求，让城市居民有更多沉浸式的节日体验。"民俗的本质在当下和现在，即它永远在活生生的当下实现和构造的过程中让过去和未来同时到时，让过去在现在被激活，让未来在现在被披露出新的可能。"① 利用好现有的各类公共文化场所等资源，营造节日活动场景。例如，上海市在春节期间重新打造当地传统活动"豫园灯会"，带动了周边古镇的春节灯会活动，社会效益很好。要在城市因地制宜地组织居民开展喜闻乐见的节庆活动，培养人们的新节日习惯，建立共有身份认同，强化其归属感。

二 提升学校教育传承效果

学校教育是进行中华优秀传统文化教育的主要渠道。党的十八大以来，以习近平同志为核心的党中央高度重视中华优秀传统文化教育。《关于实施中华优秀传统文化传承发展工程的意见》，指出要把中华优秀传统文化贯穿国民教育始终。《完善中华优秀传统文化教育指导纲要》《中华优秀传统文化进中小学课程教材指南》《"十四五"文化和旅游发展规划》《中小学加强和改进中华优秀传统文化教育工作方案》《义务教育课程方案和课程标准（2022 年版）》等相关政策方案的出台，进一步推进了传统文化教育的深入开展，中华优秀传统文化的教育教学进入新的历史阶段，将对中国中小学教育和大学相关学科的教学科研活动产生深远的影响。

学校是文化传承的主要场所，对提升民众对本民族文化传统的认知具有决定性作用，国民教育是传统文化传承的关键所在。学校教育具有科学性、系统性和专业性，这是其他传承方式无法比拟的。但目前在学校传统文化教育中存在的师资薄弱、课程体系和教材体系不完善、大中

---

① 高丙中：《中国人的生活世界——民俗学的路径》，北京大学出版社 2010 年版，第219 页。

小学各学段衔接不够等问题，使得学校教育在传统文化传承方面的作用发挥得还不够充分。为此，在传统文化传承中，要充分发挥学校主阵地作用和课堂教学的主渠道作用，将中华优秀传统文化有机融入国民教育的各个层面与环节，构建全过程、全场域的教育模式，使学校传统文化教育成为一种常态的、贯通的和循序的教育，从而更好地引导青少年学生增强文化自信，自觉传承中华优秀传统文化。

（一）加强传统文化教育师资队伍建设

师资情况对教学质量的重要性是不言而喻的。要提高传统文化教育的质量，不仅要有专业的师资，还要提高教师队伍整体的传统文化素质。

1. 加强中小学相关师资建设

要加快培养能胜任传统文化教学的专任教师。有条件的综合性大学和师范院校可开设国学院或其他传统文化本科专业，培养能够从事传统文化教学的专业人才。目前高校也可借助中文、历史、哲学等相关师范类专业培养从事中小学传统文化教育的师资，尽快缓解中华优秀传统文化教育师资短缺的局面。

要加强现有师资培训。从现有教师队伍中选拔一批具有一定传统文化基础的教师，组织相关专家对其进行系统培训；语文、历史、政治等学科是目前中小学传统文化教育主要的依托学科，要加强对这些学科教师的培训；在中小学教师国家级培训计划、义务教育学校校长和幼儿园园长研修培训计划中加大中华优秀传统文化的培训内容，提高教师对传统文化的理解和重视程度。

聘请相关专业人才。聘请专家学者、非遗传承人、书法家、民间艺术家作为教师队伍的补充，走进校园、走进课堂、走近学生，参与教育教学工作。

2. 高校要建立一支专家型传统文化教师队伍

作为传承和弘扬中华优秀传统文化的重要阵地，高校需要建立一支传统文化素养深厚的专家型教师队伍，这支队伍不仅能够从事传统文化的教学工作，而且能够对优秀传统文化进行理论研究和价值挖掘，促进优秀传统文化的创造性转化和创新性发展，赋予它新的时代意义。高校要加大国学博士和硕士学位点的建设力度。具备条件的高校可成立相关研究机构，配备专门的研究人员，深入挖掘各种类型传统文化的价值。在各种评奖评优中要适当增加传统文化人才的比重，培养和造就一批中华优秀传统文化教学名师和学科领军人才。在相关课程的教师培训中，加大中华优秀传统文化内容的比重，强化和提高教师在日常教学中渗透中华优秀传统文化的意识和能力。

（二）大中小学各学段的传统文化教育内容要合理衔接

传统文化内容丰富，且具有明显的层次性。人的身心发展有其自身的规律，不同年龄段有不同的认知特点。不同学段的优秀传统文化教育应该依据学生不同发展阶段的特征，制定出适合该学段的优秀传统文化教育目标。为此，传统文化教育要贯穿国民教育始终，要根据各阶段学生的身心特点、认知规律和传统文化的逻辑体系，建立起循序渐进、相互衔接的课程体系，统筹安排各学段的教学内容，改变大学教育为中小学教育补课和大学教育内容与中小学教育内容重复、倒置等问题。

《完善中华优秀传统文化教育指导纲要》提出"以推进中小学优秀传统文化教育一体化为重点，整体规划、分层设计、有机衔接、系统推进，促进青少年学生全面发展。"① 小学低年级，开展启蒙教育，目的是培养学生对优秀传统文化的亲切感；小学高年级，开展认知教育，目的是提高学生对优秀传统文化的感受力；初中阶段，提高学生对优秀传统文化的理解力和认同度，让学生了解中华民族多元一体的基本国情；高中阶段，增强学生对优秀传统文化的理性认识，建立起对中华文化的文化自觉与自信；大学阶段，提高学生对优秀传统文化的自主学习和探究能力，增强学生传承中华优秀传统文化的使命感。

要做好相关教材建设与课程建设。现在，中华优秀传统文化教育的专门教材很少，要逐步建立适合不同阶段学生的传统文化教材体系。以幼儿、小学、中学教材为重点，构建中华文化课程和教材体系。教材体系的建立需要一个过程，目前可逐步加大现有课程中传统文化内容的比例。

---

① 教育部关于印发《完善中华优秀传统文化教育指导纲要》的通知［EB/OL］，http：//old. moe. gov. cn//publicfiles/business/ htmlfiles/moe/s7061/201404/16654 3. html，2018 年 10 月 27 日。

（三）坚持学校教育、家庭教育、社会教育相结合

传统文化教育是一项长期的系统工程，需要调动各种资源，整合各种力量。现代社会，学校是中华优秀传统文化教育的主要场所，学校教育更具专业性、科学性；家庭教育和社会教育在潜移默化、落细落小、典型示范、躬身践行等方面具有独特优势。要在充分发挥学校教育主渠道的同时，加强对家庭教育和社会教育的指导和引导，积极建构学校教育、家庭教育和社会教育相互配合的传统文化教育体系，也就是要以学校为主阵地，形成学校、家庭、社会三者之间的合力，充分发挥各自的功能，营造良好的优秀传统文化教育氛围，增强文化自信。

第一，家庭教育是传统文化传承的重要一环，其传承侧重点是传统文化的行为系统。家庭是人生的第一所学校，家长是孩子的第一任老师，家庭教育具有终身性。在传统文化教育中，家庭教育更是有着特殊的作用。因为，作为礼仪之邦，礼仪和习俗是中华民族传承文化的重要途径。礼仪和习俗大多是在家庭生活中潜移默化地习得的。2021 年 10 月颁布的《中华人民共和国家庭教育促进法》第三条提出"弘扬中华民族优秀传统文化"。家长要自觉教授孩子中华传统礼仪和道德观念，要在日常待人接物、为人处世方面起到垂范作用，努力形成知礼、守礼、重礼的家庭氛围，要通过传统节庆活动使子女形成孝道和敬宗睦族的观念，感受家庭伦理亲情，引导孩子建立起对传统文化的感情和兴趣，使家庭成为优秀传统文化传承与教育的重要场所。

第二，学校教育是优秀传统文化教育的中心，其传承侧重点是传统文化的知识系统。"学校教育在中华优秀传统文化教育的体系构建、内容选择、课程设计、方式方法等方面具有专门研究，科学性更强。"[1] 要将中华优秀传统文化的核心思想理念、传统美德与人文精神，融入教材中，融入课堂教学中，融入校规校训中。学校教育通过系统传授传统文化知识，使学生感受到中华文化的独特魅力，让学生树立文化自信，

---

① 张应强、张乐农：《大中小学中华优秀传统文化教育衔接初论》，《高等教育研究》2019 年第 2 期。

建立对中华优秀传统文化的认同感。

第三，社会教育是传统文化教育的重要组成部分，其传承侧重点是传统文化的价值取向系统。"社会教育是与家庭教育、学校教育相对应的，区别于家庭教育和学校教育的促进个体社会性发展的教育活动的总和。其教育活动的特点是以公共社会生活为基础，以个体主动参与社会活动和经验性体验为特点，以个体社会性发展为主要内容的教育活动形式。"① 在传统文化教育中，社会教育不但不可或缺，而且空间很大。图书馆、文化馆、博物馆、展览馆、美术馆等公共文化机构和各类爱国主义教育基地要建立起宣传普及中华优秀传统文化的长效机制。如故宫博物院推出的系列手机应用，让用户以现代的方式体验传统文化生活，广受公众喜爱。要通过电影、电视、动漫、音乐、绘本、文学作品等形式传承中华优秀传统文化。加大对传统戏曲演出、书法国画讲座、传统节日庆典、经典阅读推广等优秀的文化活动的支持力度。

三　加强数字化传承

新媒体不仅从根本上改变了信息传播格局，更改变着人们的文化生活、交往习惯和社会参与方式。传承弘扬传统文化，不仅要充分发挥好新媒体的积极作用，同时还要有效规避和减少新媒体带来的负面影响，使传统文化更好地走进大众，在全社会形成更加浓厚的学习、践行优秀传统文化的氛围，使传统文化在数字技术传承手段下绽放出时代独有的魅力。

（一）搭建中华优秀传统文化网络平台

在今天数字化技术迅猛发展、广泛应用的传播环境下，要有效推进传统文化传承弘扬、创新发展，需要充分借力数字化技术的功能性优势，构建传统文化数字媒体平台，创新传统文化的表达形式，与时俱进地推进传统文化大众化进程。

当前，网络媒体环境具有显著的商业性。实现资本增值是绝大多数新媒体平台的基本导向，能否带来人气和流量成为新媒体平台选择内容的主要标准。在"眼球经济"大行其道的媒体环境中，能够带来点击

---

① 余双好：《青少年社会教育的本质与内涵》，《中国青年研究》2007 年第 12 期。

率的娱乐性内容为平台所青睐，日益成为新媒体传播平台的主流。而传统文化经典和文学作品在网络平台却屡屡遇冷，难以吸引眼球，迎来高点击率。为此，搭建公益性新媒体平台，让民众能够在网络平台接触到高质量的传统文化内容。

1. 搭建中华优秀传统文化网络教育平台

数字化生活已成为当代人的生活常态。对伴随着网络新媒体成长的年轻一代而言，"云端"生活已成为他们生活中不可或缺的一部分，也是其文化生活的主要方式。网络教育平台教学是数字时代教育的重要方式。《完善中华优秀传统文化教育指导纲要》指出："建设不断适应时代需要的中华优秀传统文化网络教育平台。"① 为此，要充分借力数字技术，搭建以传承传统文化知识为导向的公益性数字教育平台，创新传统文化的教育模式，打破传统文化教育的时空限制，通过技术赋能找到推进传统文化教育的新渠道。

加强青少年优秀文化教育是一项事关国家和民族前途的大事。要建立公益性的中华优秀传统文化网络教育平台，以青少年喜闻乐见的方式传承弘扬传统文化。网络教育平台要转变教育理念，既要考虑经典文化的严肃性，也要创新运用多种视听觉元素，以虚拟场景、音视频等极具感染力的方式多层次表达传统文化的思想精髓，给青少年提供极富数字化特色的传统文化教育内容和形式。也就是说，网络教育平台要打造传统文化的"形象文本"，以图像和文字共同表达传统文化的内涵和魅力，引导青少年形成学习传统文化经典的习惯，增强对传统文化的认同，提升传统文化的教育实效。算法、数据以及计算能力是数字技术的核心要素。网络教育平台可尝试利用数字技术手段向关注传统文化的青少年精准推送传统文化的相关资讯。

2. 推动数字博物馆发展

博物馆是承载和传承中华优秀传统文化的重要公共文化场所。数字博物馆是建立在数字空间里的虚拟博物馆。数字博物馆收藏、展示、研究的是数字形式的藏品。数字博物馆充分利用多媒体技术，以照片、视

---

① 教育部关于印发《完善中华优秀传统文化教育指导纲要》的通知，2018 年 10 月 27 日，http：//old. moe. gov. cn//publicfiles/business/htmlfiles/moe/s7061/201404/16654 3. html。

频、VR、Hadoop 数据处理、D3. js 数据多维度展示等新技术，全方位地再现传统文化的精髓。博物馆作为提供公共文化服务的机构，是传承弘扬中华优秀传统文化的重要渠道，数字博物馆为中华优秀传统文化的数字化传承提供了可能。

2021 年中宣部等九部门联合发布《关于推进博物馆改革发展的指导意见》（以下简称《意见》）。《意见》提出："加强与融媒体、数字文化企业合作，创新数字文化产品和服务，大力发展博物馆云展览、云教育，构建线上线下相融合的博物馆传播体系。"[①]

通过运用新媒体数字技术改造和完善博物馆，建立不同地域、专题和内容的博物馆网站，利用多重虚拟的展示形式为观众提供一个良好的传统文化学习平台，让观众能够虚拟触摸文物实物、虚拟游览历史文化遗迹，能够线上观看民间艺术表演等。这种方式，不仅更有利于藏品的良好保存，而且能更加生动、直观地展示优秀传统文化。如中国国家博物馆，推出了网上展览，并与社交网站的观众进行互动，同时推出了"在线展厅"，使展品在虚拟展厅中展示。南京博物院已建成虚拟数字博物馆，观众可以实现沉浸式漫游。再如凤凰卫视和故宫博物院联合打造的高科技互动艺术展演项目《清明上河图》，将北宋市井风貌凝结成 15 分钟的精彩画面，观众有如踏入宋代盛世情景之中，实现了沉浸式的体验。

（二）深挖文化内涵，助力品质提升

传统文化是民族文化的瑰宝。精神价值的弘扬是文化传播的核心。"中国传统文化最显著的特点不是言传而是意会，而数字媒体时代更多的是程序和程式化，体现不出千年来的文化韵味，对意会更是无从体现。因此，价值观的不易表达，使得传统文化在数字媒体时代的迷失，倒是情理之中的事了。"[②] 为此，在新媒体语境中要把提升文化内涵作为第一要务，深入挖掘阐发传统文化思想精髓，推陈出新，打造文化精品，有效矫正数字媒体传播中的同质化、碎片化、浅表化、娱乐化倾

① 国家发展改革委联合中宣部、国家文物局等部门印发实施《关于推进博物馆改革发展的指导意见》，https：//www. ndrc. gov. cn/fzggw/jgsj/shs/sjdt/202105/t20210525_ 1280807_ ext. html，2021 年 5 月 25 日。

② 黄佳：《数字媒体如何传播传统文化》，《新闻爱好者》2010 年第 9 期。

向，提升传统文化数字化产品的内容品质。

第一，立足当代实践，充分发掘传统文化与时代观念的契合点。服务现实是我们今天传承发展优秀传统文化的根本目的。借助数字技术传承传统文化，主要还是为传统文化传承提供新的手段和方式。对文化作品而言，科技只是推动力，内容才是王道。好的文化产品是丰富深刻的思想内容与优秀的艺术形式的结合体。传统文化要得到更好的传播，就得深度挖掘传统文化内涵，寻找传统文化与现代社会价值观的契合点，牢牢把握优秀传统文化的思想精髓，守正创新，赋予传统文化以适宜的时代形势，推出有深度、有内涵、有思考的文化精品，实现传统文化与传播效果的良性互动。优秀传统文化与时代的关系，有的并不直接，需要以新的视野、新的角度考察分析、挖掘阐发，才能开显其当代意义。为此，要以时代性为现实观照，保持传统与现代对话的开放姿态，找准传统文化与时代的对接点，充分挖掘传统文化和普通大众精神情趣的连接点、契合点、共鸣点，借助鲜活的时代主题来讲述传统文化，并通过合理阐释赋予其现代意义。任何文化都存在于一定的传播媒介中，我们接收到的文化事实上是已经黏附了传播手段本身的文化。中国传统文化资源存量巨大。在数字媒介环境下，要立足当代人的日常生活，将其中经典的、利于视听转化的文化元素进行数字化转化，创作出能够体现文化精神、符合现代审美的优质内容，从而使传统文化获得新的诠释与生命。如河南卫视的"中国节日"系列晚会，在"经典文化"与"节日文化"之间找到了新的连接点，运用数字技术对传统文化进行了现代美学演绎，创造性地激活了传统文化元素，中国文化的审美精髓和内在精神得以生动表达与传播。

第二，在新媒体语境中打造传统文化精品。新时代，人们对精神生活的需求持续提高，对高品质、个性化的文化作品的需求也越来越强烈。文化消费是一种差异性消费，传统文化是中国文化产业确立自身文化标识的根本所在。内容是文化产品的核心竞争力。文化产品走向消费是情感的互动与传递。好的文化产品需要文化情感的合理融入和价值观的充分表达。网络时代，数字技术和传统文化的融合极大推进了传统文化的大众化进程，但高端文化产品供给相对不足，一些产品粗制滥造，既缺乏历史深度，又缺乏现代意义。为此，要以数字技术助力内容生产，打造适宜新媒体传播的传统文化精品甚至是当代经典，更好地满足人们不断提高的文化消费需求，实现传统文化与大众生活的现代结合，从而潜移默化地影响当代人的精神家园和行为实践。要培育独具民族特色的文化品牌，拥有更多具有自主知识产权的创新技术，提高文化产品的国际市场占有率和竞争力。要从传统文化中寻求文化创意，在文化"差异性"中提取文化资源的精髓，开发出具有浓郁民族特色的数字文化产品和服务，在丰富社会大众的视觉体验中传承中华优秀传统文化。如央视《典籍里的中国》，在270度环幕投影舞台上，通过古今对话的方式，让观众置身于历史与现实、情与景的交融中，从而加深了人们对民族历史的集体记忆。

（三）发挥政府在传统文化数字化传播中的作用

新媒体时代，既要推动传统文化的产业化内生发展，也要积极发挥政策的扶持作用，使基层群众能够更加便捷地获取传统文化方面的公益性数字公共文化服务，培育更深厚的传统文化社会认同。

1. 推动传统文化数字化产业内生发展

发展文化产业是市场经济条件下满足人们多样化文化需求的重要途径，是坚定民族文化自信、提升文化软实力的必然选择。今天，对传统文化的市场需求是推动传统文化产业发展的根本动力，而传统文化产业是传统文化传承发展的重要力量。新媒体时代，传承发展传统文化也要遵循市场经济下文化发展的特有规律，提高资源配置效率和产品竞争力。"未来着力发展文化产业，充分挖掘、汲取、描摹中华优秀传统文化和时代精神价值，创造思想精深、艺术精湛、制作精良的文化产品，不仅有利于对内在坚定文化自信中凝聚归属感和认同感，也有利于对外在交流融汇中增强中华文化传播力与影响力。"[①]

新媒体不仅是内容生产者、信息传播者，更是信息流动的最重要渠道和平台。党和政府要强化对新媒体平台的治理，更好发挥新媒体资源的作用。落实"党管媒体"原则，平衡资本逻辑，确保新媒体平台的传统文化产品的质量，避免劣币驱逐良币。健全完善文化法律法规体系，加强文化法治环境建设。加强文化执法，严把文化产品市场准入

① 范周：《推进文化事业和文化产业全面发展》，《红旗文稿》2022年第9期。

关，维护国家文化安全，促进文化产业高质量发展。另外，政府要制定相关政策予以支持，力争产出一批高质量的传统文化题材的文化产品，打造融通中外的文化符号，增强中国文化产业的市场竞争力，增强中华传统文化的传播力和影响力。

2. 发挥政府的政策支持作用

传统文化的传承发展是一项长期的系统工程，且根本上是一项非营利性的公益性事业。要加大国家对相关领域的扶持力度，通过数字视听产品这一生动叙事方式提升受众对传统文化的理解和审美能力。"着力打造一批形态多样、手段先进、具有竞争力的新型主流媒体，建成几家拥有强大实力和传播力、公信力、影响力的新型媒体集团，形成立体多样、融合发展的现代传播体系。"① 加大国家对文化事业的扶持力度，多措并举促进有关传统文化的公共文化产品和服务提质升级，通过数字化视听产品这一生动的叙事方式，使基层群众能够更加便捷地获取相关公共文化服务，从而提升受众的文化理解和文化审美能力，增强优秀传统文化的吸引力，使受众从"文化接收者"转变为"文化传承者"，更好地推动优秀传统文化的传承弘扬。充分发挥国有文化企业的主力军力量，在实现社会效益与经济效益相统一的基础上，加快和数字化产业融合，将传统文化产品融入新媒体技术中，开发出基于传统文化内容的多样化数字形态产品，努力提升传统文化产品传播的广度和深度，强化龙头带动效应，不断提升传统文化产品的核心影响力。运用新媒体数字技术改造和完善博物馆，将传统文化传承由单向线性传播转为多元的互动交流，延伸传统文化教育的课外课堂。

四　大力发展传统文化产业

社会主义市场经济条件下，发展文化产业是坚定民族文化自信、提升文化软实力的必然选择，也是增强综合国力和国际竞争力的重要途径。文化产业是促进文化资源产业化和市场化的现代服务业，中华优秀传统文化则是促进文化产业发展的重要资源。"文化产业的兴起则为传

① 《习近平主持召开中央全面深化改革领导小组第四次会议强调　共同为改革想招一起为改革发力　群策群力把各项改革工作抓到位》，《人民日报》2014年8月19日第1版。

统文化的创造性转化提供了现实机制，将'取其精华，弃其糟粕'从理论推阐推进到现实操作层面。"① 文化产业为传统文化提供了与市场高度融合的平台，为传统文化走入大众生活提供了功能强大的产业机制和四通八达的市场机制。因此，文化产业在传统文化传承中具有无可比拟的突出优势。如何有效开发传统文化资源，扩大市场规模，延伸产业链条，使传统文化融于经济建设，实现传统文化与大众生活的现代结合，从而更好地传承弘扬中华优秀传统文化，是新时代文化建设面临的重大课题。

（一）加强创意研发

文化创意产业因其低碳环保、附加值高、智力密集、立足于文化创新与创造等特征，已经逐渐发展成为中国新的经济增长极。通过文化创意产业，实现传统文化与文化产业的深度融合，使传统文化融入现代社会，成为推进文化自信、铸就文化辉煌的重要途径。

1. 传统文化能够为文化产业提供独特创意

创意是文化产业的点金石。文化产品唯有创新才能发展，唯有求异才能生存。创意是文化产业最为关键的要素。传统文化资源是文化富矿，但创意是文化资源转变为文化产业的关键环节。文化创意依赖传统文化资源，但不是简单复制传统文化，而是借助现代手段对其进行再创造，从而激活历史文化资源，超越其固有的局限。在全球化背景下，美国、英国、日本、韩国、意大利、印度等国家很好地发掘利用了自身民族文化，文化产业体现出独特的、浓郁的民族气质，不仅实现了经济效益，更传承弘扬了本民族的文化。美国的文化创意产业非常善于从世界各地的文化遗产中寻找素材。迪士尼公司拍摄的动画片《花木兰》《功夫熊猫》，甚至直接取材于中国民间故事，大量运用中国传统文化元素，在全球取得了很高的票房。

传统文化是一种稀缺的经济资源，也是文化创意的最佳来源。每个民族都有自己的历史传统和文化积淀，文化资源也都具有独特性和差异性。"不论是在民族内部，还是在国际市场，'独特'的民族文化作为

① 栾淳钰：《论文化产业发展与传统文化传承互促机制的构建》，《云南社会科学》2016年第2期。

'共同体'的历史记忆与精神积累是文化产品吸引力和竞争力的源泉，发展文化产业最为重要的问题就是如何在文化'差异性'中提取与凝聚资源精髓，创新本土化色彩。"① 历史文化资源能够为文化产业提供独特创意，是一个民族的文化产业确立自身文化标识最重要的资源。如徽州传统文化，它在今天有大量的文化遗存，是有着很强现实性的文化。

我们在开发利用文化资源时，要突出差异性、个性化，彰显自己的特色和优势，从我们的历史文化资源中寻找灵感和题材，开发出一批具有浓郁中华文化底蕴的优秀文艺作品，走出具有自身民族特色的文化发展之路。每个民族的生活都具有特殊性。越是民族的，就越是世界的。纵观全球优秀文化作品，都会以强烈鲜明的民族特色获取全球民众的关注与喜爱。例如，韩国电视剧《大长今》，细腻呈现了韩国历史、传统医药、饮食、服饰等，吸引了全球无数观众。日本动画《聪明的一休》《风之谷》等，以日本式的表达呈现出了日本民族的风俗礼仪、审美特点以及民族个性等，风靡全球，广受欢迎。目前中国文化产品的创新性不够，跟风模仿的现象比较突出，大量传统文化资源还在沉睡之中。此外，还普遍存在为追求经济利益盲目、过度和庸俗开发传统文化资源的问题。

2. 加强创意研发，形成新的文化业态

创意是传统文化资源转化为文化产业的关键环节。创意是传统文化资源转化为文化产业的关键环节。文化创意让更多历史文化资源活起来，是文化传承的纽带。文化遗产不会自然转化为文化产品，要通过创意进行文化遗产的资源型转化。通过现代创意设计，对其进行再创造，实现文化资源与文化产业的有效衔接，使其成为走进现代人生活的文化创意产品，文化遗产才能产生经济社会效益。文化创意产业和传统文化结合已成为一种趋势，传统文化的开发越来越离不开创意元素的加入。只有把现代创意融入传统文化资源的开发利用之中，使传统文化融入现代生活，中华优秀传统文化才能焕发出新的生命力。"时至今日，文化

---

① 曹海峰：《文化认同视域下文化产业进程中的问题及对策》，《河南大学学报》（社会科学版）2018 年第 3 期。

创意产业已经发展为以消费时代人们的精神文化娱乐需求为基础，以创意为核心，以高科技手段为支撑，以网络等新传播方式为主导，以文化艺术与经济的全面结合为自身特征，向大众提供文化、艺术、精神、心理、娱乐产品的新兴产业，并且形成跨国、跨行业、跨部门、跨领域重组或创建的新型产业集群。"① 中华传统文化为创意产业提供了取之不尽、用之不竭的文化资源，是中国创意产业特色化、国际化发展的文化根基；创意产业则是传统文化的现代表达，是推动优秀传统文化有机融入现代社会的有效途径。众多市场与口碑双赢的文化产品无不呈现出鲜明的民族特色和独特的价值取向。好莱坞电影具有浓郁的个人主义色彩、印度宝莱坞电影载歌载舞、日本动漫呈现出日本民族文化的集体荣誉感，这些都是很好的例证。创意产业不是简单复制传统文化，而是利用文创产业，借助现代技术对其进行多种形式的创意表达。

中国有着丰富的历史文化资源。我们在漫长历史长河中所记载和形成了各种历史人物、历史事件、神话传说、传奇小说、民间故事、诗词文学、书法绘画、文物古迹、老字号、民间工艺、民俗民风及文艺传统等，具有举世公认的文化价值和历史价值。发展文化创意产业，要充分挖掘传统文化中蕴含的创意资源，寻找传统文化和创意产业的对接点。要在保护好历史风貌和重点文物古迹的前提下，努力使历史文化资源变成可读、可感和可消费的文化产品。如桂林知名文化创意品牌《印象·刘三姐》，把漓江山水和民间文化有机融合，开创了中国山水实景演出的全新模式。

今天，传统文化和地域特色文化已然成为各地文化创意产业最重要的资源，如古都文化之于北京、南京，晋商文化之于山西，大运河文化之于常州和扬州等。各历史文化名城立足其丰富的传统文化资源，逐步走出了自己的文化创意产业之路。如陕西省的西安市，拥有大量高级别的文化遗产。"宝贵的文化遗产构成了西安文化创意产业最重要的文化资源禀赋。西安以建设世界历史文化名城为战略定位，充分发挥其得天独厚的历史文化优势，挖掘其文化遗产的现代内涵，在充分保护其文

---

① 徐仲伟、周兴茂、谈娅：《关于文化创意产业的几个基本理论问题》，《重庆邮电大学学报》（社会科学版）2007 年第 6 期。

遗产的同时，多维度、全方位地开发和利用文化遗产资源，把文化优势转化为发展文化创意产业的经济优势，走出了一条'在保护中发展，在发展中创意，在创意中创新'的文化创意产业可持续发展之路。"①西安依托其文化遗产，把文化旅游业打造成西安文化创意产业的重点行业，同时把西安打造成了影视之都、动漫之都、演艺之都和文创产品设计之都。大唐不夜城、大明宫遗址公园、大唐芙蓉园等项目成为知名旅游精品项目；《裂变》《纵横》《崛起》《大秦赋》等系列电视剧成为近年来不可多得的历史题材电视剧精品；《长恨歌》《大唐追梦》等大型实景剧也是产业融合的成功案例。山西立足晋文化，将省内的晋商文化、佛教文化、边塞文化、耕读文化等整合打造为独具山西特色的文化创意产业。"徽州传统文化本质上是以儒家文化为核心的中国乡村民间文化"。② 徽州传统文化的遗存很多都得到了开发，融入现代社会。

（二）坚持保护与开发相兼顾

文化遗产（包括物质遗产和非物质文化遗产）的抢救、保护与开发问题是一个具有全局性的时代课题。市场经济下，过度的商业化追求使得很多地方在文化遗产的开发中存在急功近利的庸俗化开发、竭泽而渔的掠夺式开发、模仿重复的低层次开发等情况，很多文化遗产遭到不同程度的破坏，传统文化的"身份认同"与"审美经验"被错误地表征。为此，要正确认识和处理文化遗产保护与开发的关系，努力将保护与开发有效结合起来，这不仅是民族文化产业参与国际竞争的重要基础，而且也是强化民族认同、增强民族凝聚力的重要途径。

1. 正确认识保护与开发的关系

在保护开发文化遗产的过程中，存在两种极端情况：一种是片面追求经济效益，过度开发文化遗产，由于忽视了对文化遗产的保护，开发出的文化产品失去了质朴风格和原生态特色，丧失了赖以生存和传承的文化价值和意义，这种做法不仅影响了文化产业的健康发展，更损害了传统文化本身；二是片面强调保护，限制开发，这种做法使

---

① 孙汀、李同昇：《文化遗产的当代保护、继承与发展——基于西安市文化创意产业的模式分析》，《河南师范大学学报》（哲学社会科学版）2022 年第 6 期。

② 刘伯山、王培鑫：《新时代徽州传统文化遗存的开发与价值评估》，《学术界》2019 年第 4 期。

得传统文化无法实现活态传承，从而融入现代社会，保护的目的不只是防止传统文化消失，更不是为了阻止现代人开发利用文化遗产，保护是为了更好、更积极地利用传统文化，使传统文化真正走进现代生活。总之，这两种做法既保护不好，也开发不好传统文化资源。

事实上，文化遗产的保护与开发是相辅相成的。实践证明，合理的开发利用是现代社会保护传承文化遗产的有效方式。市场经济条件下，对文化遗产的开发利用是必然趋势。在保护的基础上，进行合理、有序的开发，创造一定的经济效益，是文化遗产保护和文化产业发展的方向。在文化遗产的开发利用中获得经济利益，不仅能够更好地调动人们保护文化遗产的积极性，也能够为文化遗产的保护持续提供资金支持。因此，利用传统文化资源要正确处理开发与保护之间的关系，在开发利用中要贯彻保护为主、抢救第一、合理利用、加强管理的方针。

2. 立足保护

保护好文化遗产是弘扬优秀传统文化的必要前提。今天，政府、企业和居民都知道保护传统文化资源的重要性，但是在具体保护实践中，往往片面注重产业开发带来的实利，忽视了传统文化的魅力和永久性效益。为此，要建立切实的制度和采取有效措施，进一步加大对文化遗产的保护力度，防止产业开发破坏文化资源。

英国、法国、意大利、美国等欧美国家在传统文化传承方面有着较为成熟的经验。欧美国家主要通过"政府主导，民间推动"的方式保护文化遗产。政府采取的保护措施主要有：设立高级别的专业管理机构；为文化遗产的保护提供资金支持；通过设立历史街区、国家公园来整体保护文化遗产等。特别是设立历史街区这种方式，将历史遗迹与现代人的生活有机结合在一起，传统文化生动直接地展现在人们面前。另外，民间组织的保护和民众的积极参与也是文化遗产保护的重要方式。欧美地区"政府主导，民间推动"的方式，对中国文化遗产保护有着很好的参考价值。

今天，我们要进一步完善文化遗产保护的政策法规体系，使文化遗产的利用与开发建立在持续合理保护的基础上。要坚持文化遗产保护的完整性，本着"尊重历史、尊重科学、保持原貌"的原则，使文化遗产在保护中不变形，在开发中不失格，打造真正的传统文化精品。"加大对'非遗'传承人的补助力度，通过政策扶持为'非遗'创造市场，吸引更多的年轻人自愿学习传承，以确保非遗传承'后继有人'。"① 要营造保护优秀传统文化的良好社会氛围，发动社会力量和民间资本参与保护，改变过去由政府买单保护的单一模式。要坚持"谁开发、谁受益、谁保护"的原则，鼓励企业和个人踊跃投资开发文化遗产，并将开发收益中的一部分运用到文化资源的保护上，实现传统文化资源的持续保护与开发。总之，开发是硬道理，保护也是硬道理，但硬开发是没道理的。

3. 合理开发

实践证明，唯有合理开发利用，文化遗产才能更好地传承弘扬。要按照"既要保护更要利用、在利用中保护"的工作思路，在保护好文化遗产的基础上积极稳妥、科学有序地进行开发，创造一定的经济效益，实现文化传承和经济发展的双赢。

开发利用传统文化资源，首先要综合评估其价值，包括其文化价值、科技价值、艺术价值、经济价值等。要科学分析哪些资源适合产业化开发，哪些资源只能进行部分地开发利用，哪些资源暂时还不具备开发的条件或者根本就不适合产业化开发。要坚持积极有效的保护与适度的开发相结合。对那些暂时还不具备开发条件或者根本就不适合产业化开发的文化资源，予以严格保护，切忌盲目、粗放和简单地开发。对适合开发的文化资源，要在保护为主、抢救第一的基础上合理开发利用，寻找合适的机制和模式进行产业化运作，充分发挥传统文化资源在文化传承和推动经济发展方面的作用。如山东曲阜就是通过旅游这个媒介，让广大游客感受儒家文化的真谛，旅游业所创造的经济效益又反哺到"三孔"等文化遗产的保护之中，实现了保护与开发两者的协调共进。再如徽州传统物质文化遗存直接促进了徽州人文旅游事业的发展，成为当地重要的经济增长点。"黄山市的旅游过去一直是以黄山自然风光游为主体，自 20 世纪 90 年代徽州人文旅游大规模开发以来，徽州人文

---

① 李先明、成积春：《中华优秀传统文化传承体系的构建：理论、实践与路径》，《南京社会科学》2016 年第 11 期。

旅游的总人数持续增加，2002 年第一次追平了黄山风景区；2008 年达到了黄山风景区的 1.6 倍；2018 年则达到了黄山风景区的 4 倍。徽州人文旅游早已成为了黄山市的支柱产业之一。"① 徽州传统非物质文化的遗存是徽州文化的直接体现，它不仅具有很高的历史文化价值，还具有开发价值。今天，很多徽州的传统工艺和技术以产业开发的形式得到了传承发展。② 但优秀传统文化的传承从根本上讲是一项公益性事业，需要因地制宜、科学规划，需要利用市场但不泛市场化，要避免只顾经济利益，不顾社会效益，过度开发的现象出现。

（三）提升传统文化产业的国际化水平

世界历史表明，民族复兴往往是以民族文化的复兴为先导的。在民族复兴的过程中，其话语体系逐渐从特殊性表述走向一般性表述，成为世界主导文化形态之一。对于中国这样一个新兴大国而言，依托传统文化提升国际话语权对于实现民族复兴具有重大的现实意义。文化产业是文化生产与传播的主要载体，文化产业的繁荣是文化传播与发展的先决条件。市场经济下，发展文化产业是提升文化软实力的必然选择。文化软实力是一个国家综合国力的重要内容，会赋予一个国家更多话语权。

文化消费是一种差异性消费，没独特性的文化产品是缺乏竞争力的。中华优秀传统文化是中华民族的精神标识、文化血脉和价值系统，是中国文化产业确立自身文化标识、国际身份的根本所在。为此，要进一步推进传统文化与现代科技和商业模式的有效融合，培育具有全球影响力的中国特色品牌，加快提升中国文化产业的国际化水平。

1. 推动传统文化和现代科技相结合

现代信息社会，技术是文化创新的重要支撑，传统文化与现代科技的结合已成为未来的发展趋势。现代信息技术使文化突破了时空限制在全世界迅速传播，为人们提供了巨大的文化消费空间。"西强我弱"是今天全球文化产业的基本格局。要提高中国文化产业的竞争力，文化产业就需要有特色。充分挖掘自身传统文化才能使我们的文化产品在内容

---

① 刘伯山、王培鑫：《新时代徽州传统文化遗存的开发与价值评估》，《学术界》2019 年第 4 期。

② 刘伯山、王培鑫：《新时代徽州传统文化遗存的开发与价值评估》，《学术界》2019 年第 4 期。

上独具民族特色，最大程度体现中华文化魅力。加快推进传统文化与现代科技相融合，培育独具民族特色的文化品牌，是改变我们在全球文化产业竞争格局中处境的重要路径。要大力提高自主研发能力，在文化产业的关键环节推出更多具有自主知识产权的创新技术，提高传统文化产业的科技含量，生产出更多的高、精、尖文化产品，提升中华优秀传统文化产业的国际竞争力。

科学技术是文化产业发展的重要引擎，科技进步为文化产业发展提供了不竭的动力。文化和科技的融合已经在很大程度上改变了文化的生产方式，极大解放并发展了文化生产力。现代科学技术使文化产品无论在数量、质量上，还是在规模、效益上，都获得了空前发展。二者的结合极大激活了历史文化资源的商业价值，推动了文化产业的数字化转型，数字动漫、数字演艺、网络文学等新型文化业态不断涌现；文化产品的表现力、吸引力不断增强，受众范围不断扩大，更好地满足了新时代人民群众的精神文化需求。在全球文化市场上，谁更够更早更好地实现先进的科学技术与文化产业的融合，谁就将占据文化产业发展的先机。

要大力发展特色旅游，展现中国辉煌的传统文化，提升文化产业的国际影响力和竞争力。旅游业是促进中外文化交流的重要途径。要积极开辟融合传统文化和现代科技的创新型旅游项目，打造具有浓郁中华优秀传统文化特色的国际精品旅游线路和旅游产品，提升旅游产业的国际竞争力。要大力发展具有中国文化特色的演艺娱乐业，积极打造具有世界影响力的演艺娱乐品牌。我们有着异彩纷呈的传统艺术文化，如武术、京剧等，要将传统艺术文化与数字技术结合起来，把创新形式和丰富内涵结合起来，推动中国传统艺术走向世界。要积极发展外向型文化教育业，打造享誉世界的汉语文化教育品牌。语言是文化互通最重要的工具。随着中国的快速发展，世界上越来越多的人想要学习汉语及中国文化。要抓住发展机遇，进一步发展外向型文化教育业，加大对孔子学院等汉语文化教育机构的支持力度。

2. 打造具有世界影响力的中国文化品牌

文化品牌对文化产业具有巨大的提升和带动作用。全球化背景下，文化品牌很大程度上代表了一个国家文化产业的水平，大型文化跨国公司日益成为全球文化生产和贸易的主体。迪士尼、亚马逊、时代华纳等知名跨国公司对全球文化产业格局有着举足轻重的影响。要提高中国文化产品的国际市场占有率和竞争力，就需要树立国际品牌意识，加强品牌建设，全力打造具有世界影响力的中国文化品牌。中华优秀传统文化是我国独特的文化优势。打造文化品牌，离不开传统文化的支撑。

中国文化产业要提高国际竞争力，不仅要扩大市场份额，更要占据全球文化市场制高点。在全球文化产业分工链条中，中国文化产业要逐步从组装、加工等中下游环节走向创意、授权等上游环节，精心制作、打造能够享誉全球的文化精品。"要以创新创意为动力，充分挖掘中国文化的独特元素，精心打造具有中国特色、中国风格和中国气派的文化精品。逐步形成国际市场竞争力强、产品附加值高的国际知名文化产品和服务品牌。"①

中国文化品牌，一定要讲好品牌故事，讲好中国故事，打造融通世界的文化内涵。好的故事能够跨越语言障碍、超越文化纷争、穿越心理隔阂，潜移默化地提升中国文化的感召力。一定意义上讲，讲故事的水平直接决定了文化传播的效果。最近几年，"以游戏、网络文学等为代表的数字文化产品出海力度较大，成为中国文化对外传播的新载体和新表现形式。阅文集团成功将中国的网络文学和运营模式带到海外，引发了一股海外中国网文热；李子柒以短视频为依托传播不一样的中国文化和自然风光，Youtube 海外粉丝关注量刷新吉尼斯纪录，开拓了讲好中国故事的新思路。"②

中国文化品牌要精准提炼品牌价值元素，充分研究中国故事国际表达的有效方式，打造融通中外的话语体系，用与国际社会接轨的语言表达和传递中国品牌的文化底蕴，避免出现传播学中所讲的自说自话、"鸡同鸭讲"的困境。要打造融通中外的文化符号，更好地承载中国文化价值。融通中外的文化符号，既要富含中华文化意蕴，体现中国人的文化理念和价值观念，又要兼顾国外受众的文化心理和审美需求，要能

① 卫志民：《中国文化产业"走出去"问题研究：制约与突破》，《福建论坛》（人文社会科学版）2014 年第 12 期。

② 潘爱玲、王雪、刘昕：《新发展格局下中国文化产业高质量发展的战略思路与实现路径》，《山东大学学报》（哲学社会科学版）2022 年第 6 期。

够引起国外受众的共情进而实现潜移默化传播中国文化的目的。中国文化企业要善于吸收其他文化的养分，整合不同文化元素。既要充分挖掘能够充分代表中国文化特色的中国元素，又要寻找能够引起不同民族和地域的人共鸣的元素，实现民族特色与国际市场需求的有机统一，提高中华优秀传统文化产品对国外受众的吸引力。

总之，中国要充分利用后发优势，实现文化产业的跨越式发展，打造一批具有国际知名度的文化品牌，扩大中国文化产业的全球战略优势。

第三节　构建中华优秀传统文化的
传承弘扬机制

中华优秀传统文化的传承弘扬不是一蹴而就的，是一个长期的、循序渐进的过程，是一项功在当代、利在千秋的事业。要使优秀传统文化的传承不浮于形式、流于观念，真正解决中华优秀传统文化的传承危机，除了构建科学、合理的传承体系，还需要建立完善的保障机制来保证传承体系的正常运转。

一　加强组织领导

中华优秀传统文化的传承发展，是一项难度很大的系统工程，需要坚强的组织领导。从中国历史来看，历代政权的高度重视和有力推动是儒学能够深刻影响中国社会两千余年的关键因素。今天，若要使中华优秀传统文化更好地服务于社会主义现代化建设事业，更需要党和政府的主导推动。

中国共产党在领导人民进行革命、建设、改革的伟大实践中，始终是中华优秀传统文化的忠实继承者、弘扬者和建设者。党的十八大以来，中国共产党在推进治国理政的实践中，对传统文化的认识达到了新高度。新时代，要更好地发挥中华优秀传统文化对现代化建设的作用，各级党委和政府就要切实把中华优秀传统文化传承发展工作摆上重要日程，加强宏观指导，提高组织化程度，更好地发挥对优秀传统文化传承弘扬的组织领导作用。

（一）尊重文化发展规律

传承中华优秀传统文化，要加强党的领导，贯彻好党的文化政策，把握好文化发展的正确方向。党对中华优秀传统文化传承工作的领导，一定要尊重和遵循文化发展规律。毛泽东同志指出："利用行政力量，强制推行一种风格，一种学派，禁止另一种风格，另一种学派，我们认为会有害于艺术和科学的发展。艺术和科学中的是非问题，应当通过艺术界科学界的自由讨论去解决，通过艺术和科学的实践去解决，而不应当采取简单的方法去解决。"① 习近平同志也强调："加强和改进党对文艺工作的领导，要把握住两条：一是要紧紧依靠广大文艺工作者，二是要尊重和遵循文艺规律。"② 加强党对中华优秀传统文化传承发展工作的领导，要依据其特征和发展规律，整合各方力量发掘、整理、创新、发展优秀传统文化，提升中华优秀传统文化在当代社会的吸引力和影响力。

（二）科学制定规划

科学的顶层设计是传承中华优秀传统文化的关键环节。2017 年 1月 25 日，中共中央办公厅、国务院办公厅出台《关于实施中华优秀传统文化传承发展工程的意见》，首次以中央文件形式专题阐述中华优秀传统文化传承发展工作。2021 年 4 月 20 日，中央宣传部正式印发《中华优秀传统文化传承发展工程"十四五"重点项目规划》，制定出未来五年传承发展路线图，绘就了传承发展工作的蓝图。各级地方政府要根据这些顶层设计，主动作为，把传统文化传承发展纳入当地经济社会发展总体规划，纳入考核评价体系，纳入党校、行政学院的教学，推动形成有利于传承发展优秀传统文化的机制和社会氛围。

（三）抓好贯彻落实

良好的规划需要落实才完整。顶层设计完成后，就要落实。在落实中，特别要防止形式主义和官僚主义，防止"形象工程"和"政绩工程"，真正把中华优秀传统文化传承好、发展好。"各级党委宣传部门要发挥综合协调作用，整合各类资源，调动各方力量，推动形成党委统

① 《毛泽东文集》（第 7 卷），人民出版社 1999 年版，第 229 页。
② 习近平：《在文艺工作座谈会上的讲话》，人民出版社 2015 年版，第 28 页。

一领导、党政群协同推进、有关部门各负其责、全社会共同参与的中华优秀传统文化传承发展工作新格局。"①

要鼓励引导各种社会力量广泛参与到中华优秀传统文化的传承弘扬中去。要充分发挥文化界的作用。好的文艺作品往往能引起社会的强烈反响和好评。要引导文艺界多创作传统题材的文艺精品,润物无声地弘扬优秀传统文化。要更好地发挥学术界的作用。传统文化典籍汗牛充栋,内容庞杂,精华与糟粕杂糅。学术界要加强整理阐释,为优秀传统的传承发展奠定学术基础。要发挥批评界的作用,确保中华优秀传统文化传承工作的正确方向。要引导群众积极参与到传统文化的传承工作中来。传统文化只有扎根民间、服务群众,才能得到真正的传承发展,传统文化的当代价值才能充分发挥出来。要引导群众自觉接受传统文化,积极践行传统美德,自觉爱护文化遗产,使传统文化在民间根深叶茂、开花结果。

二 加强政策保障

文化政策是国家政策体系中不可或缺的组成部分。中国的文化政策,也就是指党和政府为加强对文化事业的领导、促进文化发展而制定的路线、方针、原则和规范,是国家文化意志的表达,是管理国家文化事业的主要方式和手段。中华人民共和国成立以来,党和政府高度重视文化建设,构建起了较为健全的文化建设的政策保障体系,为文化建设提供了重要支持。

传统文化作为农业文明的产物,要在现代社会实现传承和延续,不仅需要文化工作者进行创造性转化的理论探究,而且需要国家构建系统的政策扶持体系。目前,对于优秀传统文化的传承,国家自上而下地构建起了政策保障体系。这些政策既有事关全局的整体性部署,也有对专项问题的具体规定。但现有的政策保障机制还有很多不完善的地方,如地方对于传承传统文化资金保障方面的政策不足、各相关部门之间的合作机制不完善、激励表彰政策不够等。今天,要更好地传承弘扬中华优

---

① 《关于实施中华优秀传统文化传承发展工程的意见》,《人民日报》2017年1月26日第6版。

秀传统文化，就要加强相关扶持政策的制定与实施，更加注重政策措施的系统性、协同性与可操作性，构建起更为完善的政策保障机制。

（一）加大对传承传统文化的资金支持力度

世界各国政府通过不同的途径解决文化遗产的保护资金问题。在英国，政府提供了绝大部分的文化遗产保护基金；美国政府主要是通过所得税减免等优惠政策吸引民间资本进行文化遗产保护；意大利政府利用当地文化旅游景点的门票收入作为文物保护的资金，并从发行的彩票和游戏产业收入中拿出一定比例的经费进行文物修复。

传统文化保护需要巨额的资金投入。事关全局、耗资巨大的大型文化传承工程和项目需要中央层面的协调推进，区域性文化传承则需要地方政府的大力推动。"加大中央和地方各级财政支持力度，同时统筹整合现有相关资金，支持中华优秀传统文化传承发展重点项目。"① 各级政府及产业主管部门要加大对传统文化传承的资金支持和其他物质条件支撑，加强对传统文化资源的挖掘、整理和保护工作，鼓励广大人民群众参与喜闻乐见的中华优秀传统文化精神文明活动，丰富人们的文化生活，满足人们的精神需求。

"制定和完善惠及中华优秀传统文化传承发展工程项目的金融支持政策。加大对国家重要文化和自然遗产、国家级非物质文化遗产等珍贵遗产资源保护利用设施建设的支持力度。"② 鼓励金融机构发展"文创贷"体系，打造科创贷、研发贷、租金贷等系列相关产品，推出契合文化企业发展的特色信贷服务。"充分利用国有文化资本投资基金，综合运用银行信贷、债券发行、股权融资、财税政策为传统文化产业龙头企业做大做强提供资本支持，形成财政资金、金融资本、社会资金多方投入的良好格局。"③ 文化商品具有一定的公共品特性，政府有必要对文化产业给予一定的经济扶持。特别是那些已经有了品牌效应的外向型文化企业，

① 《关于实施中华优秀传统文化传承发展工程的意见》，《人民日报》2017 年 1 月 26 日第 6 版。
② 《关于实施中华优秀传统文化传承发展工程的意见》，《人民日报》2017 年 1 月 26 日第 6 版。
③ 向晓梅、胡晓珍、吴伟萍：《我国文化产业高质量发展的理论逻辑与政策取向》，《广东社会科学》2023 年第 3 期。

其产品和服务有助于提升中国文化的影响力，政府有必要对这些品牌企业给予适当的税收优惠和补贴。

（二）完善相关领域和部门的合作共建机制

中华优秀传统文化的传承发展是一项复杂的系统工程，相关领域和部门的合作共建机制亟待完善。"从2018年建立由中央宣传部牵头的中华优秀传统文化传承发展工程部际协调组以来，各成员单位共同研究协调传承发展重大问题，论证、指导重大工程项目实施，各地陆续制定出台相关扶持政策，加强督查调研，提供制度保障，中华优秀传统文化传承发展形成全国一盘棋。"①顶层设计的加强，使优秀传统文化的传承发展日益呈现出系统化的整体规划与分层推进相协调的状态，传承弘扬传统文化的合力正在形成。

要及时补充完善修订相关政策，提高相关政策的可操作性。要制定文物保护和非物质文化遗产保护专项规划。制定和完善历史文化名城名镇名村和历史文化街区保护的相关政策。通过完善相关保护政策，更好地发挥文物、历史文化名城等文化载体在传统文化传承中的作用，在城镇化进程中更好地保护历史文脉。通过完善相关奖励、补贴政策，落实税收优惠政策，引导和鼓励企业、社会组织及个人捐赠或共建相关文化项目。建立健全中华优秀传统文化传承发展重大项目首席专家制度，培养造就一批人民喜爱、有国际影响力的中华文化代表人物。国家要建立起传统文化传承的专家库，专家库的组建、入库资格、激励机制、职责规范等方面要有具体规定和要求。

目前，对传统文化方面的专家学者、代表人物及先进工作者的表彰与支持力度不够，对非物质文化遗产传承人的保护与保障措施不完善，导致社会认可度不高与社会关注度不够，使一些传统手艺与"绝活"面临后继无人的尴尬境遇。为此，要完善中华优秀传统文化传承发展的激励表彰制度，对于在中华优秀传统文化保护、弘扬、传播、交流等方面做出重要贡献的社会组织、企业和个人，按规定进行激励和表彰。

---

① 《让中华文化展现永久魅力和新时代风采——中华优秀传统文化传承发展工作取得重要进展》，https：//www.gov.cn/xinwen/2021－04/12/content_ 5599130.htm，2021年4月12日。

三　加强文化法治环境建设

文化是民族的灵魂和纽带，文化法治是促进和保障民族认同的法治基础和法治路径，也是实现国家治理体系和治理能力现代化的重要支撑。以法律形式保护中华民族和中国人民的文化自信，保障文化强国建设，是新时代中国特色社会主义文化法治建设的重要目标。

"'文化法治'是党中央推进依法治国的重要领域，也是我国深化文化体制改革、实现文化大发展大繁荣的法治保障。"① 近年来，中国不但在国家层面初步建立起覆盖文化遗产保护领域的法律法规，各地也陆续制定出台了相关地方性法规，文化遗产的立法保护工作取得了显著成就，对于优秀传统文化的传承弘扬发挥了积极作用。同时我们也必须清醒地认识到，中国文化法治建设依然滞后，存在立法数量总体偏少、文化建设各领域立法不平衡、立法层次仍然较低、文化执法的保障不充分等诸多问题。要通过加快相关文化立法、保障文化执法等措施，积极构建完善的文化法律法规体系，进一步规范文化执法，加强文化法治宣传，创造良好的法治环境，使中华优秀传统文化传承发展在法治框架下稳定前行。

（一）完善文化立法

文化保护，立法先行。相对于文化政策，文化法律法规更具有稳定性、规范性和强制性。通过法定程序把党的文化政策主张上升为国家法律，推动文化工作不断从政策保障向法治保障转变，为传统文化传承提供更为权威和稳定的遵循。党的十八大以来，中国文化立法工作驶入快车道，取得显著成绩，奠定了中国文化法治的基石。但是，"在文化发展的相关领域如文化市场、文化传播、网络视听内容管理、国家文化公园等方面，一些基本的、重要的法律制度仍然缺失，一些法律如《文物保护法》《著作权法》《非物质文化遗产法》等亟需修订修改。"② 中国已经制定了《中华人民共和国文物保护法》和《中华人民共和国非物质文化遗产法》，但是缺乏一部文化遗产整体保护的法律。为了加大

---

① 周刚志：《中国文化法治70年回眸》，《湖南大学学报》（社会科学版）2019年第5期。
② 朱兵：《以文化法治促进国家治理体系和治理能力现代化》，《行政管理改革》2020年第6期。

对传统村落、历史遗址的保护，我国尤其需要继续完善文化遗产保护立法。总之，要进一步完善文化立法，为传统文化的传承发展提供基本遵循。此外，"在教育、科技、卫生、体育、城乡建设、互联网、交通、旅游、语言文字等领域相关法律法规的制定修订中，增加中华优秀传统文化传承发展内容"。①

（二）加强文化执法和文化法治宣传

"法律的生命力在于实施，法律的权威也在于实施。"② 目前，中国文化执法中，还存在有法不依、执法不力的问题。"2016 年 11 月，河南汝州百余座汉墓遭房地产开发商毁坏，事后汝州市文化广电新闻出版局按照《文物保护法》对涉事单位仅处以罚金'40 万元'的行政处罚。"③ 类似的案件，往往都是罚款了事，难以起到震慑作用。为此，要坚持"执法必严、违法必究"，确保法律权威。如对文物破坏行为，要严格依据《中华人民共和国文物保护法》和《中华人民共和国刑法》相关条款，追究相关责任人的法律责任。充分发挥各行政主管部门在传承中华优秀传统文化中的重要作用，建立完善联动机制，严厉打击违法经营行为。如文化执法及监管部门要严厉打击以传统文化产业化名义宣扬封建文化糟粕的行为，完善相关惩戒机制，确保传统文化产业健康发展。

"徒法不足以自行。"全民守法是法治的重要内容。文化生产、传播和消费都在法律的调整范围之内，都要受到法律的约束。为此，中国要加强文化法治宣传和普及教育，使民众建立文化法治理念，增强依法传承弘扬中华优秀传统文化的自觉意识，形成礼敬守护和传承中华优秀传统文化的良好法治环境。

---

① 《关于实施中华优秀传统文化传承发展工程的意见》，《人民日报》2017 年 1 月 26 日第 6 版。

② 《中共中央关于全面推进依法治国若干重大问题的决定》，人民出版社 2014 年版，第 15 页。

③ 《河南汝州"汉墓群被毁"事件追踪——多人被追责 原址建展馆》，《中国文化报》2017 年 1 月 20 日第 2 版。

参考文献

一 经典文献

《马克思恩格斯文集》（1—10卷），人民出版社2009年版。

《马克思恩格斯选集》（1—4卷），人民出版社2012年版。

《毛泽东选集》（1—4卷），人民出版社1991年版。

《毛泽东文集》（1—8卷），人民出版社1993—1999年版。

《邓小平文选》（1—3卷），人民出版社1993—1994年版。

《江泽民文选》（1—3卷），人民出版社2006年版。

《胡锦涛文选》（1—3卷），人民出版社2016年版。

《习近平谈治国理政》，外文出版社2014年版。

《习近平谈治国理政》（第2卷），外文出版社2017年版。

《习近平谈治国理政》（第3卷），外文出版社2020年版。

《习近平谈治国理政》（第4卷），外文出版社2022年版。

《十八大以来重要文献选编》（上），中央文献出版社2014年版。

《十八大以来重要文献选编》（中），中央文献出版社2016年版。

《十八大以来重要文献选编》（下），中央文献出版社2018年版。

《习近平关于全面从严治党论述摘编》，中央文献出版社2016年版。

《习近平关于社会主义文化建设论述摘编》，中央文献出版社2017年版。

习近平：《在纪念孔子诞辰2565周年国际学术研讨会暨国际儒学联合会第五届会员大会开幕会上的讲话》，人民出版社2014年版。

习近平：《青年要自觉践行社会主义核心价值观——在北京大学师生座谈会上的讲话》，人民出版社2014年版。

习近平：《在文艺工作座谈会上的讲话》，人民出版社 2015 年版。

习近平：《在庆祝中国共产党成立 95 周年大会上的讲话》，人民出版社 2016 年版。

习近平：《在哲学社会科学工作座谈会上的讲话》，人民出版社 2016 年版。

习近平：《决胜全面建成小康社会　夺取新时代中国特色社会主义伟大胜利——在中国共产党第十九次全国代表大会上的报告》，人民出版社 2017 年版。

习近平：《高举中国特色社会主义伟大旗帜　为全面建设社会主义现代化国家而团结奋斗——在中国共产党第二十次全国代表大会上的报告》，人民出版社 2022 年版。

《中共中央关于党的百年奋斗重大成就和历史经验的决议》，人民出版社 2021 年版。

《中共中央关于坚持和完善中国特色社会主义制度、推进国家治理体系和治理能力现代化若干重大问题的决定》，人民出版社 2019 年版。

二　中文著作

（清）阮元校刻：《十三经注疏》（下），中华书局 1980 年版。

（清）王先谦撰，沈啸寰、王星贤点校：《荀子集解》，中华书局 1988 年版。

安学斌：《少数民族非物质文化遗产研究：以云南巍山彝族打歌为例》，民族出版社 2008 年版。

蔡尚伟、温洪全等：《文化产业导论》，复旦大学出版社 2006 年版。

陈登原：《中国文化史》（上），商务印书馆 2014 年版。

陈独秀：《陈独秀文章选编》（上），生活·读书·新知三联书店 1984 年版。

陈鼓应注译：《庄子今注今译》，中华书局 1983 年版。

陈鼓应注译：《老子今注今译》，商务印书馆 2003 年版。

陈鼓应：《老子注译及评介》，中华书局 1984 年版。

陈序经：《东西文化观》，中国人民大学出版社 2004 年版。

陈先达：《文化自信中的传统与当代》，北京师范大学出版社 2017

年版。

陈湘安：《文化法则与文明定律：中华文明复兴的千年机遇》，中国友谊出版公司 2013 年版。

成积春等：《传承、弘扬、创新——中华优秀传统文化在山东》，中国社会科学出版社 2017 年版。

费孝通：《乡土中国　生育制度》，北京大学出版社 1998 年版。

费孝通：《中华民族多元一体格局（修订本）》，中央民族大学出版社 1999 年版。

冯天瑜等：《中华文化史》，上海人民出版社 1990 年版。

冯友兰：《中国哲学简史》，涂又光译，北京大学出版社 2013 年版。

傅秋爽：《北京中华优秀传统文化传承与传播创新研究》，中国社会科学出版社 2019 年版。

高丙中：《中国人的生活世界——民俗学的路径》，北京大学出版社 2010 年版。

龚鹏程：《中国传统文化十五讲》，北京大学出版社 2006 年版。

何中华：《马克思与孔夫子——一个历史的相遇》，中国人民出版社 2021 年版。

黄寿祺、张善文译注：《周易译注》，上海古籍出版社 2001 年版。

黄高才、黄沛钰主编：《中国文化概论》，西安交通大学出版社 2009 年版。

季羡林：《季羡林谈国学：精装珍藏版》，浙江人民出版社 2016 年版。

乐黛云等主编：《迎接新的文化转型时期——〈跨文化对话〉丛刊（1—16 辑）编》，上海文化出版社 2006 年版。

李申申等：《传承的使命：中华优秀文化传统教育问题研究》，人民出版社 2011 年版。

《梁启超全集》（第 12 卷），北京出版社 1999 年版。

李素霞、杜运辉：《中华优秀传统文化的传承与创新研究》，光明日报出版社 2021 年版。

李山译注：《管子》，中华书局 2009 年版。

李宗桂等：《中国优秀传统文化的现代价值》，人民出版社 2019 年版。

梁漱溟：《中国文化要义》，安徽师范大学出版社 2014 年版。

刘向信、刘志扬、韩书堂：《马克思主义与中国传统文化》，社会科学
　　文献出版社 2009 年版。

吕思勉：《中国通史》，群言出版社 2016 年版。

钱穆：《新亚遗铎》，生活·读书·新知三联书店 2004 年版。

钱穆：《中华文化十二讲》，九州出版社 2011 年版。

商志晓、万光侠、王增福等：《中华传统文化弘扬与现代化发展研究》，
　　中国社会科学出版社 2021 年版。

邵汉明主编：《中国文化精神》，商务印书馆 2000 年版。

邵汉明主编：《中国文化研究 30 年》，人民出版社 2009 年版。

沈壮海等：《文化何以自信》，中国人民大学出版社 2020 年版。

沈壮海：《论文化自信》，湖北人民出版社 2019 年版。

田广林主编：《中国传统文化概论》，高等教育出版社 1999 年版。

王易：《传统文化与思想政治教育创新》，中国人民大学出版社 2018
　　年版。

萧放：《节庆》，长春出版社 2016 年版。

国家教委高教司组编，张岱年、程宜山主编：《中国文化与文化论争》，
　　中国人民大学出版社 1990 年版。

张岱年、方克立：《中国文化概论》，北京师范大学出版社 1994 年版。

张继功、李反修、李森主编：《中国优秀传统文化概论》，陕西师范大
　　学出版社 1998 年版。

赵洪恩、李宝席主编：《中国传统文化通论》，人民出版社 2003 年版。

　　三　中文译著

［美］费正清：《中国：传统与变迁》，张沛译，世界知识出版社 2002
　　年版。

［法］安田朴：《中国文化西传欧洲史》，耿昇译，商务印书馆 2000
　　年版。

［法］伏尔泰：《风俗论》（上），梁守锵等译，郑福熙、梁守锵校，商
　　务印书馆 1994 年版。

［美］弗朗西斯·福山：《历史的终结及最后之人》，黄胜强等译，中国
　　社会科学出版社 2003 年版。

［德］黑格尔：《哲学史讲演录》（第1卷），贺麟、王太庆译，商务印书馆1959年版。

［德］利奇温：《十八世纪中国与欧洲文化的接触》，朱杰勤译，商务印书馆1962年版。

［美］斯蒂格利茨：《全球化及其不满》，李杨、章添香译，机械工业出版社2010年版。

［英］爱德华·泰勒：《原始文化》，蔡江浓编译，浙江人民出版社1988年版。

［英］齐格蒙特·鲍曼：《全球化——人类的后果》，郭国良、徐建华译，商务印书馆2013年版。

［英］汤因比、［日］池田大作：《展望21世纪——汤因比与池田大作对话录》，荀春生等译，国际文化出版公司1985年版。

［德］夏瑞春编：《德国思想家论中国》，江苏人民出版社1997年版。

［日］星野昭吉：《全球政治学：全球化进程中的变动、冲突、治理与和平》，刘小林、张胜军译，新华出版社2000年版。

［美］约瑟夫·奈：《软实力》，马娟娟译，中信出版社2013年版。

［美］约翰·R.麦克尼尔、威廉·H.麦克尼尔：《人类之网：鸟瞰世界历史》，王晋新等译，北京大学出版社2011年版。

［加拿大］伊曼纽尔·阿德勒、文森特·波略特：《国际实践》，秦亚青等译，上海人民出版社2015年版。

四　中文论文

常怀云：《中国传统文化的国际化传播困境》，《出版广角》2017年第19期。

蔡立雄：《功能转换与当代中国农村宗族制度演化》，《中国经济史研究》2010年第4期。

蔡瑞艳、钮维敢：《全球化视域下的资本主义阵营文化扩张与发展中国家文化安全》，《宁夏社会科学》2021年第5期。

曹海峰：《全球化语境中文化认同的现实考验与建构策略》，《学术界》2016年第12期。

曹海峰：《全球化视阈下民族认同与中华文化创新》，《大连理工大学学报》（社会科学版）2014 年第 3 期。

曹海峰：《文化认同视域下文化产业进程中的问题及对策》，《河南大学学报》（社会科学版）2018 年第 3 期。

陈来：《二十世纪中国文化中的儒学困境》，《浙江社会科学》1998 年第 3 期。

陈曙光、李娟仙：《西方国家如何通过文化殖民掌控他国》，《红旗文稿》2017 年第 17 期。

陈曙光：《中国话语与话语中国》，《教学与研究》2015 年第 10 期。

陈文胜：《城镇化进程中乡村社会结构的变迁》，《湖南师范大学社会科学学报》2020 年第 2 期。

陈文胜：《城镇化进程中乡村文化观念的变迁》，《湘潭大学学报》（哲学社会科学版）2019 年第 4 期。

陈先达：《当代中国文化研究中的一个重大问题》，《中国人民大学学报》2009 年第 6 期。

陈先达：《市场经济条件下有效地调适传统文化和道德规范与当代的关系》，《红旗文稿》2016 年第 24 期。

陈延斌：《培塑新时代家风的丰厚文化滋养》，《红旗文稿》2020 年第 6 期。

陈志刚：《习近平关于中华优秀传统文化的新思想新定位》，《新视野》2020 年第 5 期。

程敬华、庄龙玉：《现代化背景下传统文化传承的多元联动机制探索》，《学习论坛》2019 年第 10 期。

党晓虹、刘新民：《传承与超越：传统乡规民约融入乡村治理现代化探究》，《农业考古》2022 年第 4 期。

丁立群：《马克思主义时代化的基本路径》，《哲学动态》2016 年第 6 期。

段超：《中华优秀传统文化当代传承体系建构研究》，《中南民族大学学报》（人文社会科学版）2012 年第 2 期。

段友文、王禾奕：《论古村落传统文化资源与创意产业的深度融合——以山西省万荣县阎景村为例》，《山西大学学报》（哲学社会科学版）2014 年第 1 期。

范鹏、李新潮：《界定与辨析："创造性转化""创新性发展"的内涵解读》，《兰州大学学报》（社会科学版）2021 年第 2 期。

范周：《推进文化事业和文化产业全面发展》，《红旗文稿》2022 年第 9 期。

费孝通：《关于"文化自觉"的一些自白》，《学术研究》2003 年第 7 期。

费孝通：《经济全球化和中国"三级两跳"中的文化思考——在"经济全球化与中华文化走向"国际学术研讨会上的讲话》，《中国文化研究》2001 年第 1 期。

费孝通：《中华文化在新世纪面临的挑战》，《文艺研究》1999 年第 1 期。

封英：《发挥好文化产业在传承中华优秀传统文化中的作用》，《红旗文稿》2017 年第 7 期。

傅才武、申念衢：《当代中国文化政策研究中的十大前沿问题》，《华中师范大学学报》（人文社会科学版）2019 年第 1 期。

高丙中：《民族国家的时间管理——中国节假日制度的问题及其解决之道》，《开放时代》2005 年第 1 期。

高长武：《科学对待中国传统文化，需要反对四种错误倾向》，《红旗文稿》2016 年第 14 期。

高琦、娄淑华：《习近平论中华优秀传统文化的价值》，《思想教育研究》2018 年第 3 期。

高清海：《中华民族的未来发展需要有自己的哲学理论》，《吉林大学社会科学学报》2004 年第 2 期。

关健英：《旧邦新命与文化传统——兼论中国传统文化创造性转化与创新性发展》，《苏州大学学报》（哲学社会科学版）2015 年第 6 期。

管宁：《术有专攻与天容万物：传统何以再生》，《中原文化研究》2021 年第 6 期。

郭万超、孟晓雪：《中华传统文化传承和弘扬存在的主要问题》，《人民论坛·学术前沿》2017 年第 2 期。

韩美群：《新时代传承与发展中华优秀传统文化的方法论探析》，《马克思主义与现实》2020 年第 5 期。

韩庆祥、陈曙光:《中国特色社会主义新时代的理论阐释》,《中国社会科学》2018 年第 1 期。

韩文乾:《习近平关于新时代国家形象重要论述探析》,《科学社会主义》2021 年第 6 期。

郝建平:《中华文明在世界文明史中的地位》,《天府新论》2006 年第 2 期。

何显明:《传统文化创造性转化的社会实践基础》,《哲学研究》1999 年第 7 期。

何宇:《"一带一路"战略下我国文化产业国际化问题研究》,《郑州大学学报》(哲学社会科学版)2017 年第 2 期。

何中华:《中国传统文化当代价值重估》,《理论学刊》2017 年第 4 期。

呼和:《新时代美好生活需要怎样的文化建设》,《人民论坛》2019 年第 4 期。

黄佳:《数字媒体如何传播传统文化》,《新闻爱好者》2010 年第 9 期。

黄永林:《论民间文化资源与发展文化产业的主要关系》,《华中师范大学学报》(人文社会科学版)2008 年第 2 期。

解丽霞:《制度化传承·精英化传承·民间化传承——中国优秀传统文化传承体系的历史经验与当代建构》,《社会科学战线》2013 年第 10 期。

金民卿:《理解中国特色社会主义新时代重大意义的三个维度》,《青海社会科学》2017 年第 6 期。

靳凤林:《新时代家庭家教家风建设的高质量发展》,《马克思主义研究》2022 年第 11 期。

乐黛云:《中国传统文化的一些特点及其对世界可能的贡献》,《浙江大学学报》(人文社会科学版)2007 年第 4 期。

李强:《从社会学角度看现代化的中国道路》,《社会学研究》2017 年第 6 期。

李先明、成积春:《中华优秀传统文化传承体系的构建:理论、实践与路径》,《南京社会科学》2016 年第 11 期。

李孝纯:《谈谈中华文化的精神特质与时代价值——学习习近平总书记关于中华优秀传统文化的重要论述》,《江淮论坛》2014 年第 6 期。

李心峰：《当前专家学者关于中华传统节日符号与仪式的探讨》，《艺术百家》2012 年第 4 期。

李子嘉：《论新媒体对传统文化传播的影响》，《中华文化论坛》2015 年第 9 期。

李宗桂：《民族文化素质与人文精神重建》，《哲学研究》1994 年第 10 期。

李宗桂：《试论中国优秀传统文化的内涵》，《学术研究》2013 年第 11 期。

李宗桂：《试论中国优秀传统文化的评价标准》，《社会科学战线》2017 年第 8 期。

栗洪武：《民国初年由学堂向学校嬗变过程中传统文化的断层及其补救》，《华东师范大学学报》（教育科学版）2011 年第 2 期。

林慧：《论传统节日仪式在当代的重建》，《湖南大学学报》（社会科学版）2017 年第 4 期。

林慧：《生活在传统中——论节日遗产在当代的传承与保护》，《文化遗产》2017 年第 2 期。

蔺子荣、王益民：《中国传统文化与东方伦理型市场经济》，《中国社会科学》1995 年第 1 期。

罗豪才：《弘扬中华优秀传统文化 增强民族认同感和凝聚力》，《中央社会主义学院学报》2007 年第 2 期。

刘伯山、王培鑫：《新时代徽州传统文化遗存的开发与价值评估》，《学术界》2019 年第 4 期。

刘辉、张军龙：《利用新媒体拓展传统文化传承和创新的路径》，《中州学刊》2021 年第 8 期。

刘建军：《论马克思主义基本原理同中华优秀传统文化相结合》，《中国人民大学学报》2021 年第 6 期。

刘建萍、王天娇：《数字技术赋能传统文化创新发展探究》，《福建论坛》（人文社会科学版）2022 年第 12 期。

刘同舫：《新时代社会主要矛盾背后的必然逻辑》，《华南师范大学学报》（社会科学版）2017 年第 6 期。

刘文英：《关于中华民族精神的几个问题》，《哲学研究》1991 年第 11 期。

刘芝凤、和立勇：《弱经济价值非物质文化遗产保护刍议——以福建省非物质文化遗产保护为例》，《中国人民大学学报》2018 年第 1 期。

栾淳钰：《论文化产业发展与传统文化传承互促机制的构建》，《云南社会科学》2016 年第 2 期。

马得勇、陆屹洲：《国家形象形成的心理分析》，《国际政治科学》2022 年第 1 期。

欧阳英：《解析当今世界全球化：一种哲学思考》，《山东师范大学学报》（社会科学版）2022 年第 1 期。

潘爱玲、王雪、刘昕：《新发展格局下中国文化产业高质量发展的战略思路与实现路径》，《山东大学学报》（哲学社会科学版）2022 年第 6 期。

邱柏生：《论文化自觉、文化自信需要对待的若干问题》，《思想理论教育》2012 年第 1 期。

容中逵：《家庭教育：你在传统文化传承中都做了些什么？——论当前我国家庭教育中的传统文化传承问题》，《教育理论与实践》2008 年第 16 期。

佘双好：《青少年社会教育的本质与内涵》，《中国青年研究》2007 年第 12 期。

沈湘平：《坚持把马克思主义基本原理同中华优秀传统文化相结合》，《中国高校社会科学》2021 年第 5 期。

孙吉胜：《传统文化与十八大以来中国外交话语体系构建》，《外交评论》（外交学院学报）2017 年第 4 期。

孙力、翟桂萍：《科学社会主义原理视域下的新时代和社会主义初级阶段》，《思想理论教育》2018 年第 9 期。

孙汀、李同昇：《文化遗产的当代保护、继承与发展——基于西安市文化创意产业的模式分析》，《河南师范大学学报》（哲学社会科学版）2022 年第 6 期。

孙玉娟：《我国乡村治理中乡规民约的再造与重建》，《行政论坛》2018 年第 2 期。

万光侠、夏锋：《新时代弘扬中华优秀传统文化服务现代化强国建设的系统思考》，《东岳论丛》2019 年第 5 期。

王彬：《中华优秀传统文化是文化自信的根基》，《山东社会科学》2018 年第 2 期。

王丽霞：《中华优秀传统文化创造性转化和创新性发展路径探析》，《山东社会科学》2021 年第 11 期。

王兵、尚庆飞：《解读中国特色社会主义新时代历史方位的三重维度》，《江苏行政学院学报》2018 年第 4 期。

王舒啸：《传统节日与现代城市生活的错位问题初探》，《文化遗产》2022 年第 4 期。

王朔柏、陈意新：《从血缘群到公民化：共和国时代安徽农村宗族变迁研究》，《中国社会科学》2004 年第 1 期。

王文章、李荣启：《中国传统节日的文化内涵》，《艺术百家》2012 年第 3 期。

王学伟：《现代价值观念：优秀传统文化的评价标准》，《中州学刊》2016 年第 7 期。

王云霞：《美国传媒与文化产业发展现状及启示》，《南方电视学刊》2016 年第 2 期。

卫志民：《中国文化产业"走出去"问题研究：制约与突破》，《福建论坛》（人文社会科学版）2014 年第 12 期。

向晓梅、胡晓珍、吴伟萍：《我国文化产业高质量发展的理论逻辑与政策取向》，《广东社会科学》2023 年第 3 期。

萧放：《传统节日：一宗重大的民族文化遗产》，《北京师范大学学报》（社会科学版）2005 年第 5 期。

萧放：《中国传统节日资源的开掘与利用》，《西北民族研究》2009 年第 2 期。

徐仲伟、周兴茂、谈娅：《关于文化创意产业的几个基本理论问题》，《重庆邮电大学学报》（社会科学版）2007 年第 6 期。

晏振宇、孙熙国：《传统文化创造性转化路径的思考》，《中国特色社会主义研究》2015 年第 6 期。

杨翰卿：《中国优秀传统文化和哲学资源的当代开发利用》，《学习论坛》2000 年第 2 期 。

杨起予：《文化自信的历史由来和现实思考》，《上海师范大学学报》（哲学社会科学版）2019 年第 6 期。

杨云香：《新媒体环境下中华传统文化的传承与传播》，《郑州大学学报》（哲学社会科学版）2018 年第 6 期。

喻国明、兰美娜、李玮：《智能化：未来传播模式创新的核心逻辑——兼论"人工智能＋媒体"的基本运作范式》，《新闻与写作》2017 年第 3 期。

云杉：《文化自觉文化自信文化自强——对繁荣发展中国特色社会主义文化的思考（中)》，《红旗文稿》2010 年第 16 期。

张诚：《中国共产党文化自信的历史逻辑》，《紫光阁》2016 年第 8 期。

张菊玲：《高校要做新时代传承发展中华优秀传统文化的主引擎》，《中国高等教育》2019 年第 6 期。

张清敏、田田叶：《十八大以来中国外交中的文化因素》，《国际论坛》2016 年第 2 期。

张梧：《重建人伦日用：当代中国人学研究的重大课题》，《江海学刊》2022 年第 1 期。

张应强、张乐农：《大中小学中华优秀传统文化教育衔接初论》，《高等教育研究》2019 年第 2 期。

张应强、张洋磊：《从科技发展新趋势看培养大学生核心素养》，《高等教育研究》2017 年第 12 期。

张永奇：《中华优秀传统文化传承发展机制的构建：价值、内容与策略》，《马克思主义研究》2017 年第 12 期。

张造群：《优秀传统文化：中国文化走向世界的重要根基》，《社会科学战线》2014 年第 11 期。

赵信彦、周向军：《习近平关于中华优秀传统文化"两创"重要论述的内在逻辑》，《当代世界社会主义问题》2021 年第 3 期。

郑飞：《马克思主义基本原理同中华优秀传统文化相结合的历史与逻辑》，《哲学研究》2021 年第 12 期。

周刚志：《中国文化法治 70 年回眸》，《湖南大学学报》（社会科学版）2019 年第 5 期。

周家明、刘祖云：《传统乡规民约何以可能——兼论乡规民约治理的条件》，《民俗研究》2013 年第 5 期。

朱兵：《以文化法治促进国家治理体系和治理能力现代化》，《行政管理改革》2020 年第 6 期。

后　记

党的十八大以来，党中央高度重视中华优秀传统文化的传承发展，习近平总书记多次作出了重要论述，这为新时代推进中华优秀传统文化的传承发展提供了基本遵循，也为相关研究指明了方向。本书坚持马克思主义的立场、观点和方法，以政治学、历史学、民俗学等多学科视角进行研究，梳理了中华优秀传统文化在今天历史语境中的价值，分析了中华优秀传统文化当代传承面临的时代机遇和挑战，以及当代传承中需要进一步解决的问题，对中华优秀传统文化传承体系的构建进行了初步探索。

本书在写作过程中，查阅参考了大量相关文献，受到诸多启发，并在写作过程中参考了相关观点，在此谨表感谢！感谢中国社会科学出版社的胡安然编辑为本书出版付出的辛勤努力！感谢山西中医药大学相关领导和同事对本书出版给予的支持！还要感谢我的家人，没有他们的支持，我难以完成书稿写作！

中华优秀传统文化的当代认识与传承初探，是一个具有挑战性和现实感的课题，值得长期深入研究。由于研究时间较短，且受限于本人研究水平，本书还存在很多不足之处，还有许多需要改进的地方，敬请各位专家和读者多提宝贵意见。

陈淑娟

2024 年 9 月 17 日